吳萬居 著

文史哲學術叢刊

宋代書院與宋代學術之關係

文史哲出版社印行

國立中央圖書館出版品預行編目資料

宋代書院與宋代學術之關係／吳萬居著. -- 初版. -- 臺北市；文史哲，民80

面；　公分. --（文史哲學術叢刊；1）

參考書目：面

ISBN 957-547-065-6（平裝）

1.書院 - 中國 - 宋(960-1279)　2.哲學 - 中國 - 宋(960-1279)

525.99　　80003311

文史哲學術叢刊 ①

宋代書院與宋代學術之關係

著者：吳萬居

出版者：文史哲出版社

登記證字號：行政院新聞局局版臺業字〇七五五號

發行所：文史哲出版社

印刷者：文史哲出版社

台北市羅斯福路一段七十二巷四號

郵撥〇五一二八八一二彭正雄帳戶

電話：三五一一〇二八

實價新台幣四八〇元

中華民國八十年九月初版

ISBN 957-547-065-6

自序

書院制度於中國教育史上，極其重要。自兩宋以降，千餘年間，雖未納入正式教育體系，然於敦隆教化、扶持治道，實功不可沒。顧書院之名，原係古代修書、藏書之地，迨乎兩宋始爲講習之所。清黃以周儆季雜著史說略卷四曰：「今之書院，在古爲天子藏書之所，其士子之所肄業者，在漢謂之講堂，亦謂之精舍，或謂之精廬。華陽國志：文翁立文學精舍講堂，爲書院之權輿。而其名實始於唐開元之麗正。麗正本曰修書院，乃乾元之舊殿，後又改爲集賢殿書院，其制與漢之東觀蘭臺等，初非士子肄業之處，此猶今之文淵諸閣也。至宋有白鹿、石鼓、嶽麓、應天府四書院，又別有嵩陽、茅山書陽，其地不在朝省，而有天子之賜書，故額之曰書院。其書不能如今文滙、文宗、文瀾之富，而謂之院，亦猶今之稱閣也。沿及南宋講學之風聿盛，奉一人以爲師，聚徒數百，其師既沒，諸弟子群居不散，討論緒餘習聞，白鹿、石鼓諸名不復加察，遂尊其學館曰書院。其地乃私居也，其書之有否，不可得而知也，其師開館授徒，不啻漢之立精舍設教也。」是知早期精舍講堂，原與書院無異，而同具講習性質。其名稱常與書院並稱不廢，故石井書院又名鰲頭精舍，桂巖書院又名桂巖精舍，臨蒸書院又名臨蒸精舍。論規制則書院大於精舍，象山書院原名應天精舍，迨大其堂廡，始更名書院。西山書院原名西山精舍，延祐四年始更名書院。環峰書院原名龜峰精舍，淳祐四年始更名書院。考亭書院原名竹林、滄洲精舍，淳祐四年始更名書院。武彝書院原名武彝精舍，淳祐四年益大其規，始更名書院。是則，精舍與書院雖名異而實同也。

歷來有關書院研究專書與論文甚多，如盛朗西之中國書院制度、劉伯驥之廣東書院制度、曹松葉之宋元明清書院概況、張正藩之中國書院制度考略、張彥民之宋代書院制度研究、呂仁偉之浙江書院研究等，均多可釆。日本學者之研究中國書院者，如大久保英子之明清時代書院の研究、小林正直之宋代の書院、林友春之中國における書院の推移、宮崎市定之アジア史研究，亦有可觀。唯諸書大抵用力於書院制度本身之研究，罕能及於書院精神之探索，縱有及者，亦多含糊籠統，語焉不詳，宋代書院本係宋代社會之一剖面，不僅反映宋代教育思想與學術風氣，亦反映傳統文化於有宋一代之動向。斯編之作，不擬瑣碎於書院制度之考辨，而著眼於其精神之探究，藉以尋繹宋代書院與宋代學術之關係。又社會之治亂，原繫乎學術之良窳，尤賴乎教育。宋書院教育雖不無缺點，然其崇德尙義，篤行好學，尊師重道與夫教訓合一之精神，實足爲現代教育之取鑑焉。

本編凡分六章，都二十餘萬言。第一章爲中國書院制度之緣起與發展，旨在剖析中國書院制度形成之內因、外緣及流變。第二章爲宋代書院興盛之原因及其功能，旨在考察宋代書院何以興盛及對社會之貢獻。第三章爲宋代書院之教育宗旨與內涵，旨在論述宋代書院教育之方針及實質。第四章爲宋代書院教育之精神特色，旨在論述宋代書院教育自由講學、尊嚴師道、教訓合一及循序漸進之教學精神。第五章爲宋代書院與宋代學術之關係，旨在探討書院講學對宋代經學以及宋代理學之影響。第六章爲結論，旨在評議書院之得失，期以其精神濟當代學風之弊。凡此六章外，並益以四附錄。附錄一爲宋代書院創建一覽表，考宋代書院之設，見諸方志、文集、古今圖書集成職方典者，凡四百有奇，顧書院創建之沿革原非本文撰述之旨趣，是以依各省府縣治，編爲此表，以便檢覽。附錄二爲宋代書院師長一覽表，宋儒之講學或主持書院而見諸方志、文集、宋元學案者，逾百數十人。因囿於篇幅時間，未克一一述其行誼學殖，故參之史志，編爲此表。附錄三爲宋代書院刊本書影，宋代書院原兼刻書，然所刻諸書，千載以還，卷帙散佚，今幸存者十無其一，故特輯錄宋代書院刊本書影二幀，以明宋代書院刻書之梗概。附錄四爲參考書目舉要，列舉撰述本編所參引之重要典籍與期刊論文。

斯編之作，自蒐集資料以迄草擬成章，歷時數載。撰擬期間，栖栖皇皇，焚膏繼晷，頗覺心餘力乏，幸蒙呂師凱之耳提面命、董師金裕之因機指點，方使本編不致胎死腹中。又本編得以如期成帙，李師威熊之不憚其煩，解蔽析疑，刊謬補缺，實居首功焉。他如師門同窗之切磋砥礪，內子天蕙之精神鼓舞，盛德美意，均銘感五中。猥以駑鈍，兼居海隅，閉門造車，疏舛缺漏，在所不免，魯魚亥豕，亦所在多有，惟願博雅君子，不吝賜正，斯爲幸矣。

辛未年夏月吳萬居謹識於大成崗

宋代書院與宋代學術之關係目錄

第四章　宋代書院教育之精神特色

第一章　中國書院之緣起與發展

中國書院制度之崛起，對宋代教育之普及，社會風氣之改善，民族意識之培養，厥功至偉。本章之撰述，旨在剖析中國書院制度之緣起與流變，並依今存之史料，尋求其變化之迹。

第一節　書院制度形成之內因與外緣

自歷史角度觀之，凡一制度之形成，絕非憑空而來，常有其主、客觀因素，並經長期之醞釀而成，書院制度自不例外。因主、客觀諸因素交互影響，書院制度乃於十世紀末，于宋代教育舞臺，扮演一重要角色。（註一）其後書院之開展，雖亦不免經歷一篳路藍褸之滄桑歲月，然因傳統士子之奮厲無前，終使書院制度由草創而趨於成熟，由黯淡而日益光耀。茲將書院制度形成之內因與外緣，略述如后：

一、中國書院制度形成之內因

書院制度產生之內因，與儒家學術理想之孕育，及傳統知識分子之自覺，關係至為密切。

㈠、儒家學術理想之孕育

中國傳統文化以儒家思想為主流，而於儒家文化之大經大脈中，知識、道德、政治三者間之關係，每爲歷代儒者思考之主題。實則知識之追求，道德之提昇與政治之安定，乃中國哲學思想之主要內涵。自傳統儒家觀之，道德乃人之所以爲人之內在根本，知識乃其外在憑藉，而政治則係其由內而外，以道德知識美化人間之途徑。（註二）孔子云：「知及之，仁不能守之，雖得之，必失之。」（註三）可見：孔子對知識、道德、政治三者之反省，乃視道德爲三者中之至要環節。孔子不僅欲以道德貫通知識，且欲以道德提昇政治之水平，而此道德政治哲學，乃儒家思想之精華，大學云：

古之欲明明德於天下者，先治其國。欲治其國者，先齊其家。欲齊其家者，先修其身。欲修其身者，先正其心。欲正其心者，先誠其意。欲誠其意者，先致其知，致知在格物。

又云：

自天子以至於庶人，壹是皆以修身爲本。

格物以致其知，誠意以正其心，皆所以修己也。修己旨在使自己成爲道德之「完人」，是爲安身立命之基，此乃成己、內聖之工夫。修身以齊其家、以治其國、以平天下，則係透過道德實踐，使人類生活臻於完美和諧之域，此乃成物、外王之工夫。內聖以格、致、誠、正爲起點，欲人自覺做聖賢工夫，以完成其德性人格（註四），並於日常生活之體驗中，不斷提升自我，而達於「天人合一」之境界。外王則以修、齊、治、平爲重心，透過道德實踐，措萬物於安定之鄉，登斯民於衽席之上，而「止於至善」。（註五）而此乃儒家道德哲學與政治哲學之終極理想。由於此理想之孕育，終衍生一套完密之教育理論。

禮記學記云：「發慮憲、求善良，足以謏聞，不足以動衆。就賢體遠，足以動衆，未足以化民。君子如欲化民成俗，其必由學乎？」又云：「玉不琢不成器，人不學不知道。是故，古之王者建國君民，教學爲先。」此乃傳統儒家教育思想之精義。傳統儒家每以知識之追求，乃在成就道德之人格，而道德人格之挺立，乃爲提升政治之水平。既欲成就理想人格，以提昇政治水平，自須由教育著手，荀子勸學云：

蓬生痲中，不扶而直，白沙在涅，與之俱黑。蘭槐之根是爲芷，其漸之滫，君子不近，庶人不服。其質非不美也，所漸者然也。故君子居必擇鄉，遊必就士，所以防邪僻而近中正也。

教育環境之良窳，不僅影響學習心理，更左右教育成敗，此係孟子所謂「一齊人傅之，衆楚人咻之，雖日撻而求其齊也，不可得矣。」（註六）之理。學記又云：「君子之於學也，藏焉，脩焉，息焉，遊焉。」周禮亦曰：「大司樂掌成均之法，以治建國之學政，而合國之子弟焉。凡有道者，有德者，使教焉。死則以爲樂祖，祭於瞽宗。」（註七）如何造就一理想教育環境，使學生藏於斯、脩於斯、息於斯、遊於斯，融生活教育與人格教育爲一爐，並於教師以身作則下，收潛移默化之功？如何樹立一可暗示教育目標之精神空間，使學生有所取則，以收見賢思齊之效？又如何使「講習熟而型摹立，心性開而志氣振，其於民皆有赧然油然，而不忍自甘於淫放者」

〔註八〕，凡此皆傳統儒家深思冥想之課題。歷經長期之實踐檢驗，傳統知識分子終發現：唯有書院教育制，始能「質疑辨難，以明其教；習雍容登進主客揖讓之儀，以和其氣；窮性命精微，推廣天地萬物，以爲國家之用。」〔註九〕亦唯有書院教育精神，方能重整即將破產之倫理道德，而成就理想人格。在繼承固有傳統，開展中國文化之學術理想孕育下，書院制度大興，而成爲地方教育之主流。書院制度之起，非僅教育史上之大事，實亦傳統知識分子爲實踐中華文化之一具體行動。清葉長揚曰：

士之集於此者，其所誦讀皆六經四書之文，其所講習皆孔孟程朱之理，當實心以制行，實心以學文。居家則思實心以事親信友，歷仕則思實心以致君澤民。則上之可以爲邦家有賴之士，而次亦不失爲鄉黨自好之人。〔註一〇〕

此言得之也。書院本基於儒家文化理想，故以成就理想人格爲主旨。受業諸生，如能「專心致志，以渾厚質直之資，爲崇實務本之學」，「由是文行並修，明體達用」，則可以「處爲眞儒，出爲名臣」。〔註一一〕而此正是國家作人養士之意。

㈡、傳統知識分子之自覺

傳統知識分子常見之精神特質，即「憂患意識」。所謂「憂患意識」，乃古聖先賢面臨人世苦難危殆之際，企圖以一己之力量重整社會秩序，而激發之一承當苦難、創造理想之道德勇氣，與憂國憂民、蒿目時艱之意識型態。而此一對憂患人間之悲憫情懷，與修慝防微之觀照，不僅爲中國道德哲學之根源（註一二），且爲儒家理想人格之發端。（註一三）對個體而言，憂患意識係一「戒愼乎其所不睹，恐懼乎其所不聞」（註一四）之愼獨工夫；對群體而言，憂患意識則爲一「先天下之憂而憂，後天下之樂而樂」（註一五）之悲憫情懷與歷史擔當。易言之，憂患意識乃知識分子之一自覺精神，此可自三方面瞭解：一則知識分子於求學過程中嚴敬之態度，此乃對學問之嚮往；二則知識分子視學問之傳承關係文化之延續，此乃對師道之尊崇；三則知識分子以正學斥異端、闡聖道，此乃對道統之維護。（註一六）斯三者不僅爲傳統知識分子之一貫特色，且爲中國書院制度形成之內因。

回顧中國歷史，凡一新制度之創，每與現實社會有關。隋唐之際，佛老盛行，韓愈以攘斥佛老自任，並「奮不顧流俗，犯笑侮，收召後學，作師說，因抗顏爲師。」（註一七）此乃對道統之維護與對師道之尊崇。迨乎五代，雖面臨一「天地閉、賢人隱」之黑暗時代，諸多有志之士，構屋立舍，以爲群居講學之所，而此「抱經伏農野，守死善道，蓋五十年而不改」（註一八）之精神，於師道之扶持，機運之開創，文化之再生，功不可沒。

宋承五代之餘，士人爲維護人格尊嚴，再度體認對國家、民族、社會、文化所肩負之使命，特重品德修養，以聖人自期；提倡經世實學，以改善世風，欲救魏晉以降人心陷溺之積弊，故藉講學以喚醒學子之憂患意識，而培養其支撐國家社會之人格。（註一九）宋林之奇云：

某嘗觀孔子有言曰：「德之不脩，學之不講，聞義不能徙，不善不能改，是吾憂也。」此雖四言，而實一言也，其大要爲講學而言也。講學而明，則德之必修矣，聞義之必能徙矣，不善之必能改矣。行一物而三善皆得者，其惟講學乎。（註二〇）

黃榦撰朱子行狀云：

先生以爲制治之原，莫急於講學；經世之務，莫大於復讎，至於德業成敗則決於君子小人之用舍。（註二一）

宋儒對講學之重視，可見其一斑。「治天下者，莫亟於正人心、厚風俗，其道在尙教化以先之。」（註二二）「尙教化」則以講學爲先。柳詒徵曰：

周張二程，皆於私家講學，而師道大興，濂洛之學，遂成統系。朱陸諸子，亦隨在講學，或設書院，或於家塾。雖爲世所詆毀，而師生相從，講習不倦。（註二三）

宋儒之所以殷殷垂教後學，講習不倦者，一爲承襲前代山林讀書與寺院講學之風，另者新時代之需要，與自我意識之覺醒，亦不可忽視。由於對學問之嚮往、對師道之尊崇，加之追尋眞理與化民成俗之心靈需求，宋儒乃能於佛老思想衝擊下，將理想導向於不離人倫而具鳶飛魚躍之機，致廣大而盡精微，極高明而道中庸，有體有用之孔孟大道。陳郁夫曰：

新儒學興起於北宋知識分子之自覺，知識分子自覺人之莊嚴與對社會文化之使命，以上續民族慧命，重振「內聖外王」之學爲己任，外闢佛老而建立起民族之眞正文化。他們講明心性與天道，使人生理想有極深遠之源頭；主靜主敬，以收斂翕聚生命而有力外抗物慾，注重道德修養，作爲人群之表率與模範；四處講學，鼓舞民族生命；建立「家規」、「鄉約」、「學規」等，使中國人小而日常生活，大而進德修業，都有宗旨與途徑可循。他們努力之結果，儒家思想成爲社會之正統思想，「良心」、「天理」超越法律習俗成爲人心之主宰，倫理綱常成爲維繫社會之中心力量。他們之工作確是「爲天地立心，爲生民立命，爲往聖繼絕學，爲萬世開太平」之工作，理想極崇高，成果也極偉大。我們如果說，北宋以後之中國社會是以新儒學爲思想基礎之社會，一點也不過分。（註二四）

理學之興，乃中國思想史之一大事，對傳統教育之影響甚鉅。蓋因理學之興，國人之新形象因而誕生，而此新教育理想，則行之於書院。自是以降，書院教育理想，遂成爲中國教育理想之一大指標。（註二五）

二、中國書院制度形成之外緣

中國書院制度之形成，固有其內因，然外在因素，尤不可忽視。如洙泗遺風之影響，禪林精舍之啓示，山林讀書風氣之誘發等，均與書院之興息息相關。茲就此三者分述於后：

(一)、洙泗遺風之影響

中國私人講學之風，起於孔子。史記稱孔子以詩、書、禮、樂教授生徒，弟子三千，身通六藝者七十二人。（註二六）戰國時由於「王道既微，諸侯力政，時君世主，好惡殊方」（註二七），諸子百家，蠭出並作，爭鳴一時，而將中國學術推向一光輝燦爛之黃金時代。自大體言之，先秦時代之私學傳統，乃受現實之影響。此一傳統，爲有志之士（如孔孟）於面臨古文明式微，所提出之一救世良方。彼等於現實情勢中，一面致力於私人講學，而寄以偉大之學術理想，另面則企圖以此偉大學術理想，重新塑造社會，以提升人生之境界。於此理想與現實之依違中，私人講學傳統，乃能貫穿古代封建社會，成爲傳統教育之一大特色。（註二八）

漢移秦鼎後，深知雖馬上得天下，然並不能馬上治之。唯有文治武功齊頭並進，始爲長治久安之道。（註二九）定朝儀（註三〇）、揚儒術，則成爲治國之當務之急。漢武之世，採董仲舒之議，罷黜百家，表章六經，獨尊儒術（註三一）。儒術既尊，官學遂盛，其時之太學，生徒常數千人，或多至二三萬人。而郡縣每置學官，學生亦常數百千人。然因官學之設，不足以饜學子之思，且名額備受限制，而未能廣庇天下。急於闡揚群經微言大義而經世致用者，乃於官學之外，從事私人講授。漢書儒林傳載：

申公，魯人也。……歸魯退居家教，終身不出門。……弟子自遠方至受業者千餘人，申公獨以詩經爲訓故以教。

胡毋敬，字子都，治公羊春秋，爲景帝博士。……年老，歸教於齊，齊之言春秋者宗事之。

此外，田何、丁寬、伏生、京房、施讎、孟喜、梁丘賀，亦各以經義教授，其事蹟並見漢書儒林傳，皆爲書院制度之先導。陳傅良云：

書院不知起於何時，以予所聞，漢初郡國往往有夫子廟而無教官，且不置博士弟子員，其學士嘗課試供養與否，闕不見傳記。然諸儒以明經教於鄉，率從之者數千百人，輒以名其家，宋、齊、魯、燕、趙之間，詩、禮、易、春秋講論家各甚盛，則今書院近之矣。（註三二）

西漢末葉，天下鼎沸，士風漸壞。王莽謀篡，趨炎附勢者衆，然大師碩儒，却能洞燭奸私而持節不失。迨乎王莽篡位，彼等乃紛紛避居山林，隱德不仕，以事莽爲恥，以講學爲業。學者高其節操，仰其道業，遂翕然景從，歸者如流。（註三三）後漢書有云：「昔王莽更始之際，天下散亂，禮樂分崩，典文殘落……四方學者多懷協圖書，遁逃林藪。」（註三四）受業生徒，亦每逾數百十人。如：

王良字仲子，東海蘭陵人。少好學，習小夏侯尚書。……教授諸生千餘人。（註三五）

桓榮字春卿，沛郡龍亢人。少學長安，習歐陽尚書，事博士九江朱普。貧窶無資，常客傭以自給，精力不倦，十五年不窺家園，至王莽篡位乃歸。會朱普卒，榮奔喪九江，負土成墳，因留教授，徒衆數百人。（註三六）

洼丹字子玉，世傳孟氏易。至王莽時，嘗避居教授，專志不仕，徒衆數百人。（註三七）

劉昆字桓公，陳留東昏人，梁孝王之胤也。少習容禮，平帝時，受施氏易於沛人戴賓。能彈雅琴，知清角之操，王莽世教授弟子恒五佰人。（註三八）

漢光武之後，私學益盛。依後漢書儒林傳所載：楊政、張興、歐陽歙、宋登、楊倫、魏應、薛漢、杜撫、董鈞、丁恭、周澤、甄宇、傅業、樓望、程曾、張玄、李育、潁容、謝該諸儒，皆嘗聚徒教授，帳下門生不下千百餘人。後漢書儒林傳云：

> 自光武中年以後，干戈稍戢，專事經學，自是風世篤焉。其服儒衣，稱先王，遊庠序，聚橫塾者，蓋布之於邦域矣。若乃經生所處，不遠萬里之路，精廬暫建，贏糧動有千百，其耆名高義開門受徒者，編牒不下萬人，皆相傳祖，莫或訛雜。

私人講學之盛，與干戈戢，禮樂興有關，然典籍得之不易，實爲私人講學盛行主因。柳詒徵云：

> 私家傳授之盛，古所未有也。漢人講學，必從師者，以家無書籍，傳寫不易，非專家之師授以章句，無由得而成學也。後漢書雖已有賣書於肆者，疑亦祇京師有之，而僻壤遐陬，仍苦無書。以此之故，從師受業者，往往不遠千里，或傭作執苦，以助讀書之資。（註三九）

證之以桓榮「貧窶無資，常客傭以自給」之事，柳氏此言，誠不虛之論。教育乃政治之本，禮記學記云：「君子如欲化民成俗，其必由學乎。」欲謀國家之長治久安，本須從教育著手。漢武帝表彰儒術，原欲以經術領導政治，重振大漢天威。影響所及，卒造成漢代經學之鼎盛。經學之鼎盛，復激起私人講學之熱潮，而「精廬暫建，贏糧動有千百」之精神，可謂書院制度產生之先河。前人論及書院制度之緣起，必溯源於漢代之私學傳統，良有以也。（註四〇）

(二)、禪林精舍之啓示

佛教自漢季傳入中國後，對中國文化之影響頗為深遠。魏晉之玄學、宋明之理學，或多或少，均嘗於佛教影響下，吸收其部分精神與內容，而構築其理論基架。而書院講學更係傳統儒者於佛教陰影下自求突破而衍生之一教育制度。佛教雖於漢季即傳入中土，然佛學介入中國上層學術界，則始於魏晉。六朝以還，佛教益盛，寺院僧舍遍佈天下。北魏時期僅洛陽一帶方二百二十里，即有寺院一千三百六十七所之多。（註四一）其時之高僧如竺法深、支道林，或兼通周易、莊老之學，每以玄理與名士往來談辯，或構築精舍，以為講道之所。佛學之傳，可謂盛矣。梁釋慧皎高僧傳卷一載：

帛遠字法祖，本姓萬氏，河南人……少發道心，啓父出家，辭理切摯，父不能奪，遂改服從道。祖才思儁徹，敏朗絕倫，誦經日入九千言，研味方等，妙入幽微。世俗墳索，多所該貫。乃於長安造築精舍，以講習為業，白黑宗稟幾且千人。

又卷五載：

竺僧朗，京兆人。少而遊方，問道長安，還關中，專當講說。……於金輿谷崑崙山中別立精舍，猶是太山西北之一巖也，峰岫高險，水石宏壯。朗創築房室，製窮山美，內外屋宇數十餘區，聞風而造者百有餘人，朗孜孜訓誘，勞不告倦。

又卷六載：

釋慧遠本姓賈氏，雁門樓煩人也。弱而好書，珪璋秀發，年十三隨舅令狐氏遊學許洛，故少爲諸生，博綜六經，尤喜莊老。……於是率衆行道，昏曉不絕，釋迦餘化，於斯復興。旣而謹律息心之士，絕塵清信之賓，並不期而至，望風雲集，彭城劉遺民、豫章雷次宗、雁門周續之、新蔡畢穎之、南陽宗炳、張萊民、張季碩等並棄世遺榮，依遠遊止。遠乃於精舍無量壽像前建齋，立誓共期西方。

又卷七載：

竺道生本姓魏，鉅鹿人。……宋元嘉十一年冬十一月庚子，於廬山精舍，升於法座，神色開朗，德音俊發，論議數番，窮理盡妙，觀聽之衆，莫不悟悅。法席將畢，忽見麈尾紛然而墜，端坐立容隱几而卒。

「精舍」一詞最早見於後漢書包咸傳，本爲儒士所設，以爲講學之所。至乎魏晉六朝，僧侶佛徒亦取精舍聚徒講學之習，襲用漢儒精舍之名，以稱其講經傳道之所。漢儒之「精舍」與佛徒之「精舍」，在基本上並無差異，即名稱上亦唯相沿用耳，非有儒釋之別也。（註四二）雖言「精舍」之名首出於經生，然此時期佛徒具有講道性質之「精舍」，於形式、精神上，對中國書院制度之起，實具有啓示作用。而佛教僧侶相互結社，與其清規戒律，影響書院制度尤深。楊國賜曰：

書院與精舍禪林有極密切之關係，六朝以還，……僧道又各有精舍以授其徒，此乃書院之

前身。〔註四三〕

隋唐以降，佛法益昌，佛徒每依名山勝景建立叢林，勤修禪道。盛唐時期，天下寺凡五千三百五十八所（三千二百四十五所僧寺，二千一百一十三所尼庵）〔註四四〕，迄乎會昌五年詔毀天下佛寺前，天下佛寺尚存四千六百所、蘭若四萬人、僧尼二十六萬五百人。〔註四五〕寺院之多，僧徒之衆，可謂徧於天下矣。爲管理之便，百丈懷海禪師乃於八世紀擬訂清規，爲禪宗訂定一管理制度，此即後世所稱之「百丈清規」。懷海手訂之百丈清規，今已不存，唯依後人編修之敕修百丈清規所載，當時禪林制度組織系統，大致如下：

- 住持
  - 東序知事
    - 都監寺
    - 維那
    - 副寺
    - 典座
    - 直歲
    - 列直雜務
      - 寮元
      - 延壽堂主
      - 浮頭
      - 園主
      - 磨主
      - 水頭
      - 炭頭
      - 莊主

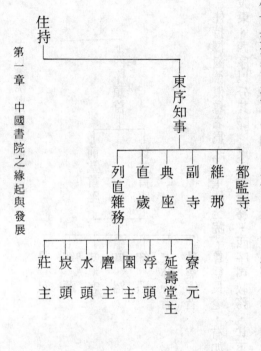

- 西序頭首
  - 前堂首座
  - 後堂首座
    - 書記
    - 知藏
    - 知客
    - 知浴
    - 知殿
    - 衣鉢侍者
    - 湯藥侍者

住持擇齒德俱尊者為之，主持全院，尊為長老，有如印度之「舍利弗須菩提」。（註四六）下設東、西序以分其職。東序掌庶務，西序司教務，其下亦各有所司。（註四七）至於禪林之講學制概分五類，分期舉行。一曰講經，多於結夏節（四月十五日）舉行。二曰小參、晚參。參即聚家開示，益於悟道。小參於平居隨時開講，晚參則於夜間舉行。三曰普說，乃普通討論之集會。四曰普茶，於月之十四及三十日舉行，屬於茶會性質。五曰請益，乃學者向長老問道請益之時。（註四八）此嚴密制度與規約精神，對書院制度之成立，頗具有啓示作用。南懷瑾曰：

宋明以來理學家們講學之「書院」規約之精神，是受禪宗「叢林制度」以及「百丈清規」之影響而來。（註四九）

盛朗西亦曰：

宋儒每以上承道統，排斥異端自命，但夷考其實，則其思想之內容，著作之形式，在在受佛教禪宗之影響，故其講學之書院制，亦不能不視與禪林制有相當關係也。（註五〇）

此言甚是，朱子知南康軍，葺白鹿洞書院，其嘗云：「因復慨念廬山一帶老佛之居，以百十計，其廢壞無不興葺。至於儒生舊館，只此一處，既是前朝名賢古迹，又蒙太宗皇帝給賜經書，所以教養一方之士，德意甚美，而一廢累年，不復振起。吾道之衰，既可悼懼，而太宗皇帝敦化育材之意，亦不著於此邦，以傳於後世，尤長民之吏所不得不任其責者。」（註五一）老佛之居隳壞無不修葺。至於儒生舊館却一壞累年，朱子爲此大致其嘆。此「對比心理」（註五二）實出自佛老之刺激，可視爲禪林精舍對書院制度之另一影響。雖然黃建中有「時人多謂宋元書院制度脫胎於禪林，翩其反矣」之論（註五三）伍振鷟有「書院乃興於唐，經五代，至宋而大盛之一種制度，其性質亦由修書、而讀書、而授徒講學，逐步轉變，並非如後人所謂因受佛教禪林制度之影響而建立者」之說（註五四），然自歷史演變之迹觀之，中國書院制度之興，應受禪林精舍之影響。正如孫彥民所云：

誠然，宋儒講學書院之中，乃繼承漢魏私人授徒之風而來；禪林精舍之制度亦受儒家講學之影響，唯書院制度之建立，仍不能不謂受佛門之刺激。（註五五）

此言可謂持平之論矣。

(三)、山林讀書風氣之誘發

士人讀書講學山林之風，漢已有之。册府元龜卷五九八載：「劉焉居陽城山，積年教授。」又載：「摯恂以儒術教授，隱千南山，不應徵聘，名重關西。」魏晉以降，政治權柄持於世家大族之手，讀書仕宦爲世族之專利。然因佛教盛行，僧徒之中不乏兼通經史之學者。是故社會名流每與僧侶交遊，寒門士子亦每就學於山林寺院。初唐時由於社會安定，官學發達，士子競趨學官，私家教授逐漸衰普，乃鮮隱遁山林之士。中葉以還，中央太學蠲爲茂草，讀書山林寺院乃蔚爲風氣。據近人嚴耕望之研究，當時名山如終南山、華山、嵩山、中條山、太行山、泰山、廬山、衡山、羅浮山、蜀山、九華山及會稽山，多爲士子麕集之所，足證讀書山林寺院風氣之盛。嚴望耕曰：

宋代書院制度，不但其性質由唐代士子讀書山林寺院之風尚演進而來，即「書院」之名稱亦由此種風尚中所形成。宋人承之而大其規制，以爲群居講學之所耳。」（註五六）

嚴氏此說，誠有見而發。書院制度之所以興，山林讀書風氣之誘發，誠功不可沒。而山林讀書風氣之形成，除受佛教寺院教育之影響外，隱逸風尚係其主因。佛教寺院教育前目已論，此僅就隱逸風尚，述之於后：

1. 隱逸志在科舉

科舉考試爲中國固有取士之制，傳統士子爲求一官半職，每不惜竭慮殫精，窮年累月，攻苦食淡。所謂「十年寒窗無人問，一舉成名天下知」與「男兒立身須自強，十年閉戶潁水陽。業就功成見明主，擊鐘鼎食坐華堂」〈註五七〉，乃舊日部分士子熱中功名之心態。全唐文卷八八八，徐鍇陳氏書堂記云：

古之學者，家有塾，黨有庠，術有序，國有學，此繫乎人者也。聖王之處士也就閒燕，孟母之訓子也擇鄰居，元豹隱南山而成文章，成連適東海而移情性，此繫乎地者也。然則稽合同異，別是與非者，地不如人；陶鈞氣質，漸潤心靈者，人不若地。學者察此，可以有意於居矣。

此可援以通釋唐代山林讀書風氣興盛之因。蓋唐中葉以後，科考以「進士」爲重，而進士又以詩賦爲重。詩賦之作尙性靈，故士子每避居山林，藉以陶冶心靈，變化氣質。舊唐書卷一七七載：

崔愼由字敬止，清河武城人。……父從，少孤貧。寓居太原，與仲兄能同隱山林，苦心力學。屬歲兵荒，至於絕食，弟兄採梠拾橡實，飲水棲衡，而講誦不輟，怡然終日，不出山巖，如是者十年。貞元初，進士登第。

崔氏隱居山林，苦心力學而一舉成名。當時士子若此習業山林，以功名利祿爲其鵠的者，亦不乏其人，遂使原本沾染佛教遺世信念，理想清高，冀由主流超逸而重返主流之心靈渴求〈註五八〉，抹上濃厚之功利色彩。

2. 隱逸志在山林

除潛心習業以干祿外，林栖谷隱，韜光隱晦，亦是知識分子讀書山林之主因。隱逸之風，古已有之，或考槃高臥，或采薇而食，或友山林，或群麋鹿，不一而足。歐陽修曰：

> 古之隱者，大抵有三概：上焉者，身藏而德不晦，故自放草野而名從之，雖萬乘之貴，猶尋軌而委聘也。其次，挈治世具弗得伸，或持峭行不可屈於俗，雖有所應，其於爵祿也，汎然受，悠然辭，使人君常有所慕企，怊然如不足，其可貴也。末焉者，資槁薄，樂山林，內審其才，終不可當世取捨，故逃丘園而不返，使人常高其風而不敢加訾焉。……唐興，賢人在位衆多，其遁戢不出者，纔斑斑可述，然皆下概者也。雖然，各保其素，非託默于語，足崖壑而志城闕也。然放利之徒，假隱自名，以詭祿仕，肩相摩於道，至號終南嵩少爲仕塗捷徑，高尚之節喪焉。〔註五九〕

舊日社會每多名士隱居山林，以清高自期，以讀書爲業，以講學爲功，而從遊日衆，人君高其義，亦時紆貴降尊，三顧草廬而委以重任。遂使本無心仕途者，獲致意外之功名。如舊唐書卷一九二載：「陽城字沆宗，……隱於中條山，遠近慕其德行，多從之學。」又卷一四〇載：「盧群字載初，范陽人。少好讀書，初學於太安山，淮南節度使陳少遊聞其名，辟爲從事。」十國春秋載：「陳貺，閩人，性澹漠，孤貧力學，積書至數千卷，隱廬山幾四十年……。元宗聞其名，以幣帛往徵之。」此風一開，天下群起效尤，矯揉造作，則非眞隱士矣！雖然如此，知識分子之麇集名山，對書院制度之形成，却具推波助瀾之效。自歷史角度觀之，寺院教育與山林講學本係中國教育史上之一重要環節。迨乎宋初，宋儒落實山林講學精神，並與理學之發展相結合，而形成一新興之教育制度——書院。是故書院制度之興，除受洙泗遺風之影響與禪林精舍之啓示外，山林讀書風氣之誘發，實居其關鍵焉。

附註

註一　宋代最早之書院，乃江西白鹿洞書院。依白鹿洞書院志載：白鹿洞書院於南唐昇元中建學置田，號稱廬山國學。宋初置書院，學徒常數百人。宋太宗太平興國二年（九七七年）詔賜九經，並以明起爲褒信縣主簿，七年（九八二年）置南康軍，以白鹿洞屬焉。由此可知，宋代書院之起最遲不晚於十世紀末。

註二　參見黃俊傑，內聖與外王——儒學傳統中道德政治觀念的形成與發展，中國文化新論思想篇頁二四五～二八三。台北聯經出版事業公司，七十一年出版。

註三　見論語，衛靈公篇。

註四　參見牟宗三，心體與性體頁四，台北正中書局，六十二年十月台二版。

註五　參見李師威熊，儒家的內聖外王之道，收於根葉集頁一六〇～一七五，台北華正書局七十年十一月初版。

註六　見孟子，滕文公下。

註　七　見周禮注疏卷二十二，春官大司樂。

註　八　見明張鼐，與當事興復書院書，引自江南通志卷九十。

註　九　同前註。

註一〇　見雲龍書院記，引自天下書院總志卷三。

註一一　湖北通志卷五十九引陳鈞羅峰書院記曰：「今諸生之在書院也，專心致志，以渾厚質直之資，爲崇實務本之學，則其近道爲甚易。由是文行並修，明體達用，處爲眞儒，出爲名臣，是乃聖朝作人養士之意也。」

註一二　牟宗三謂：「中國哲學之道德性是根于憂患意識。」見中國哲學的特質，頁十二，台北學生書局，六十四年十月三版。

註一三　見林火旺，儒家憂患意識的內涵與傳承，近代中國二十九期。

註一四　見中庸章句，首章。

註一五　引自范仲俺，范文正公集卷七，岳陽樓記。

註一六　參見張元，宋代理學家的歷史觀，第一章第一節，臺灣大學歷史研究所博士論文。

註一七　引自柳河東集卷三十四，答韋中立書。

註一八　見黿歸來子序張穆之觸鱗集，引自文獻通考卷三十。

註一九　參見陳郁夫，內聖外王之學的復興——新儒學的發展，收於中國文化新論學術篇頁二三三～二八三，台北聯經出版事業公司，七十年出版。

註二〇　見拙齋文集卷八，上何憲書。

註二一　見欽定四庫全書勉齋集卷三十六。

註二二　引自福建通志卷六十二，御製學校論。

註二三　見中國文化史，頁二一五，台北正中書局，五十年四月台四版。

註二四　同註十九。

註二五　參見李弘祺，宋代教育散論，頁一一三，台北東昇出版事業有限公司，六十九年四月初版。

註二六　見史記卷四十七，孔子世家。

註二七　見漢書卷三十，藝文志諸子略。

註二八　參見李弘祺，絳帳遺風——私人講學的傳統，收於中國文化新論學術篇頁三五三～四一〇，台北聯經出版事業公司七十年出版。

註二九　史記卷九十七載：陸生時時前說稱詩書，高帝罵之曰：「迺公居馬上而得之，安事詩書。」陸生曰：「居馬上得之，寧可馬治之乎？且湯武逆取而以順守之，文武並用，長久之術也。」

註三〇　漢朝儀傳爲叔孫通所定，見漢書卷四十三。

註三一　董仲舒天人三策曾曰：「春秋大一統者，天地之常經，古今之通誼也。今師異道，人異論，百家殊方，指意不同，是以上亡以持一統，法制數變，下不知所守。臣愚以爲諸不在六藝之科孔子之術者，皆絕其道，勿使並進。」後爲武帝所採，終有罷黜百家之舉，見漢書卷五十六。

註三二　見止齋文集卷三十九，潭州重修嶽麓書院記。

註三三　參見楊幼炯，中國文化史頁一〇〇，台北臺灣書店五十七年五月初版。

註三四　見後漢書卷七十九，儒林傳。

註三五　見後漢書卷二十七，宣張二王杜郭吳承趙鄭列傳。

註三六　見後漢書卷三十七，桓榮丁鴻列傳。

註三七　見冊府元龜卷五九八，後漢書儒林傳所載略同。

註三八　同註三十四。

註三九　見中國文化史，頁四〇七～四〇八，台北正中書局，五十年四月台四版。

註四〇　如陳道生，書院制度之源流（思與言一卷四期）；葉鴻灑，論宋代書院制度之產生及其影響（國立編譯館館刊二卷三期）即是。

註四一　見楊衒之，洛陽伽藍記卷五。

註四二　宋王觀國學林卷七曰：「精舍本為儒士設，至晉孝武帝立精舍以居沙門，亦謂之精舍，非有儒釋之別也。」

註四三　見宋明新儒與書院之發展，中國文化大學創新周刊六期。

註四四　見張九齡等，唐六典卷四。

註四五　見司馬光，資治通鑑卷二四八，會昌五年條。

註四六　見勅修百丈清規卷二，住持章第五。

註四七　參見勅修百丈清規卷四，兩序章第六。

註四八　參見王鳳喈，中國教育史頁一四〇～一四一，臺灣國立編譯館，四十三年十二月台三版。

註四九　見宋明理學與禪宗，收於宋明理學研究論文集頁二七一～二九〇，台北黎明文化事業有限公司，七十二年七月初版。

註五〇　見中國書院制度頁二十三，上海中華書局，二十三年十一月出版。

註五一　見朱子大全文集卷九十九，白鹿洞牒。

註五二　「對比心理」一詞，乃孫彥民之創見，見宋代書院制度之研究頁十四，政治大學教育研究所教育研究叢書乙種，五十二年六月出版。

註五三　見先秦學校制度與教育理論，收於中國文化論集第一集。

註五四　見中國大學教育發展史頁一二六，台北三民書局，七十一年十月初版。

註五五　見宋代書院制度之研究頁十三。

註五六　見唐人讀書山林寺院之風尚——兼論書院制度之起源，中央研究院歷史語言研究所集刊三十本下。

註五七　見全唐詩卷一三三，李頎緩歌行。

註五八　同註二十八。

註五九　見新唐書卷一九六，隱逸傳。

第二節　書院制度之源流

書院制度自濫觴以至於成立，至少經歷四階段。即始於秦漢，正名於隋唐，醞釀於五代，而成立於兩宋。至於宋後七百年，書院制度之發展，蓋襲宋代，並無創新之處。茲將書院制度之源流略述於后：

一、濫觴期

私人講學濫觴於孔子，乃爲不爭之事實。孔子生於春秋末造，「世衰道微，邪說有作，臣弑其君者有之，子弑其父者有之」（註一）之黑暗社會。孔子認爲如欲振衰起弊，而躋斯民於大同之域，則須崇尚道德教育。易言之，教育乃培養道德之最佳途徑，而道德之齊整則爲社會、政治清明之根本。（註二）爲此，孔子乃於春秋末造，身率天下，首開私人講學之風。其後，又因王官失守，諸子紛陳，遂形成百家爭鳴之勢，而致中華學術於登峯造極之境界。

孔子講學之制與講學之法，雖因史乘散佚，難以稽考，然講學之地，則見於史志之中。王應麟玉海卷一六一引九域志曰：「鄆州古講堂，孔子爲中都宰，於此堂教授，袞州有孔子學堂雩臺。」後漢書亦載：

三月（永平十五年），徵琅邪王京會良成，徵東平王蒼會陽都，又徵廣陵侯及其三弟會魯，祠東海恭王陵。還幸孔子宅，祠仲尼及七十二弟子。親御講堂，命皇太子、諸王說經。〔註三〕

所謂「學堂」、「講堂」，乃書院之濫觴。

迨及兩漢，獨尊儒術，崇尚經學，以爲經學可以經世濟民，平亂反治，在士子奔競心理之趨使下，經學不免成爲當時知識分子之干祿之資與仕宦之具。其時士子麕集太學，論學講友，動輒名聞京師。然於奔競干祿之餘，以天下國家自任之士，却能一本初衷，於追求學術理想過程中，默承自孔子辛勤建立之私學傳統，其所講學之地，或名講堂，或稱精舍，向無定稱，後漢書載：

包咸字子良，會稽曲阿人也。少爲諸生，受業長安，師事博士右師細君，習魯詩、論語。王莽末，去歸鄉里，於東海界爲赤眉賊所得，遂見拘執。十餘日，咸晨夜誦經自若，賊異而遣之，因在東海，立精舍教授。〔註四〕

此乃「精舍」一詞見諸正史之始。後漢書又載：

李充字大遜，陳留人也。……後遭母喪，行服墓次，人有盜其墓樹者，充手自殺之。服闋，立精舍講授。〔註五〕

劉淑字仲承，河間樂成人也。祖父稱，司隸校尉。淑少學明五經，遂隱居，立精舍講授，諸生常數百人。〔註六〕

檀敷字文有，山陽瑕丘人也。少爲諸生，家貧而志清，不受鄉里施惠。舉孝廉，連辟公府，不就。立精舍教授，遠方至者常數百人。（註七）

冊府元龜卷五九八亦載：

董春少好學，究極聖旨，後還歸立精舍，遠方門徒學者常數百人。

除稱爲精舍，又有「精廬」者，如後漢書卷五十三姜肱傳云：

（姜）肱嘗與季江謁郡，夜於道遇盜，欲殺之。肱兄弟更相爭死，賊遂兩釋焉，但掠奪衣資而已。既至郡中，見肱無衣服，怪問其故，肱託以它辭，終不言盜。盜聞而感悔，後乃就精廬，求見徵君，肱與相見，皆叩頭謝罪，而還所掠物，肱不受，勞以酒食而遣之。

所謂「精廬」，章懷太子注即「精舍」，即「講讀之舍」，故後漢書儒林傳論有「若乃經生所處，不遠萬里之路，精廬暫建，贏糧動有千百」之語。

晉常璩華陽國志卷三載：

孝文帝末年，以廬江文翁爲蜀守。……始，文翁立文學精舍、講堂，作石室一，作玉堂在城南。永初後，堂遇火，太守陳留高眹更修立，又增造二石室。州奪郡文學爲州學，郡更於夷里橋南岸道東邊起文學，有女牆，其道西城，故錦官也。

「精舍」、「精廬」、「講堂」，雖名稱不一，然實質則無以異也。此種具有三代遺意之講學處，不僅在精神上爲宋人所規撫，即於名稱上，亦每爲宋人所沿襲。如：

西山精舍，在蒲城縣東，宋嘉定十四年眞德秀建爲講學之所。〔註八〕

志學精舍，在十七都，宋孝廉郭廷發與兄松壑，弟梅莊講肄所。〔註九〕

曾潭講堂，宋儒傅夢泉師事朱子、陸象山、張南軒，講學曾潭之滸，從遊日衆，構屋以居之。〔註一〇〕

武彝講堂，在福山雙林寺後，宋子與門人黃幹、蔡沈、黃鐘講學於此。〔註一一〕

所謂「精舍」、「講堂」云者，不僅其名稱承自漢代，即其內涵亦尚存漢代私學之傳統精神。故漢代「精舍」、「講堂」，乃宋代書院之前身。

二、正名期

書院之名，首見於唐玄宗時之麗正書院與集賢殿書院。〔註一二〕故安徽通志卷九十二云：

「古講學之地無書院之名，名之立自唐始。麗正、蓬萊、石鼓是也。」新唐書卷四十七百官志載：

（開元）六年，乾元院更號麗正修書院，置使及檢校官，改修書官爲麗正殿直學士。八年，加文學直，又加修撰、校理、刊正、校勘官。十一年，置麗正院修書學士，光順門外，亦置書院。十二年，東都明福門外亦置麗正書院。十三年，改麗正修書院爲集賢殿書院，五品以上爲學士，六品以下爲直學士，宰相一人爲學士知院事，常侍一人爲副知院事，又置判院一人，押院中使一人。

唐六典卷九亦載：

開元十三年，召學士張說等宴於集僊（仙）殿，於是改名集賢殿修書所爲集賢殿書院，五品以上爲學士，六品以下爲直學士，以張說爲大學士知院事。……集賢院學士掌刊緝古今之經籍，以辨明邦國之大典，而備顧問應對。凡天下圖書之遺逸，賢才之隱滯，則承旨而徵求焉。其有籌策之可施於時，著述之可行於代者，較其才藝，考其學術而申表之。凡承旨撰集文章，校理經籍，月終則進課於內，歲終則考最於外。

唐玄宗時雖有書院之名，然此時書院僅設於朝省，旨在編錄國史、整理古籍，其性質有如今之圖書機構，並無聚徒講學之學校性質。清袁枚云：「書院之名起於唐玄宗時麗正書院、集賢書院，皆建於朝省，爲修書之地，非士子肄業之所。」〔註一三〕此言甚是。

安史之亂，乃唐室由盛而衰之關鍵，對唐代學術風氣影響甚鉅。自是以降，中央則宦官干政，政治腐敗；地方則藩鎮割據，杌棿不安。值此多事之秋，士子每避居山林，襲書院之名，稱其讀書之所，而以攻讀詩書爲業。此類書院之名，每見於御製全唐詩中，如：

第四郎書院（全唐詩卷二七八）

杜中丞書院（全唐詩卷二九九）

費君書院（全唐詩卷三三三）

田將軍書院（全唐詩卷五七四）

此類書院之設，基本上係私人撫琴、品茗、集會、賦詩、讀書、潛修之所，而無私人講學性質。全唐詩卷五七〇，李群玉書院二小松云：

一雙幽色出凡塵，數粒秋煙二尺鱗。從此靜牕聞細韻，琴聲長伴讀書人。

又卷三一〇，于鵠題宇文褧山寺讀書院書云：

讀書林下寺，不出動經年，草閣連僧院，山厨共石泉，雲庭無履跡，龕壁有燈煙。年少今頭白，删詩到幾篇。

又卷二七九，盧綸趙氏昆季書院因與會人並率爾投贈云：

詩禮挹餘波，相權在琢磨。琴尊方會集，珠玉忽駢羅。謝族風流盛，于門福慶多。花攢騏驥櫪，錦絢鳳凰窠。詠雪因饒妹，書經為愛鵝。仍聞廣練被，更有遠儒過。

當時書院之性質與功能，可見一斑。除全唐詩外，此類具有讀書性質之書院，亦可見於史志中。如：

丹梯書院，在巴州治南書案山，唐狀元張曙讀書地。（註一四）

鳳翔書院，在南溪縣治北半里，唐進士楊發讀書處。（註一五）

青蓮書院，在鹽亭縣東六十里，唐李白讀書處。（註一六）

九峰書院，在龍游縣東九峰山下，唐侍郎徐安貞讀書處。（註一七）

類似此種書院，地方志所載甚多。此類書院其始雖不具講學肄業性質，然因藏書甚富，却每成為士子群集之所。迨乎唐末，天下喪亂，教育制度崩潰，民間教育失去重心，士子流離失所，有志斯文之士，遂拓其書院堂廡而爲講學之所，藉以收容士子。（註一八）由於有心人士之努力與嘗試，具有講肄性質之「書院」，遂首見於唐末混亂社會。如：

東佳書院，在東林山下，唐義門陳袞建，聚書千卷，以資學者，子弟弱冠，悉令就學，一名義門書院。（註一九）

松洲書院，在二十四都，唐陳珦與士民講學處。（註二〇）

皇寮書院，在二都渝州，唐吉州通判劉慶霖流寓永豐，建以講學，其十二世孫炎修。（註二一）

凡此不僅已有「書院」之名，且具私人講學性質矣。黃晴文云：

唐代之書院並非教育機構，僅爲官家修書、藏書或私人構屋讀書之所。（註二二）

此言大體不差，唯黃氏謂唐代書院全非教育機構，則未免武斷。唐末之書院雖未能形成嚴密制度，然却已有私人講學性質。至於其方式是否一如宋代聚徒授業，由於文獻不足，則不得而知。正如王鏡第所云：

唐自開元以後，固已有書院之名，惟曾否見於開元以前，及其時曾有否如石鼓青山諸冠名，尚不可知耳。私人聚徒講習，爲往史之陳迹，唐代私學雖衰，亦未可斷其靈卉芳草，遽絕於空山，惟曾否即以書院授徒，亦不可知耳。（註二三）

三、醞釀期

新五代史一行傳敍云：

嗚呼！五代之亂極矣，傳所謂「天地閉，賢人隱」之時歟！當此之時，臣弑其君，子弑其父，而搢紳之士安其祿而立其朝，充然無復廉恥之色者皆是也。吾以爲自古忠臣義士多出於亂世，而怪當時可道者何少也，豈果無其人哉？雖曰干戈興，學校廢，而禮義衰，風俗隳壞，至於如此，然自古天下未嘗無人也，吾意必有絜身自負之士，嫉世遠去而不可見者。

歐陽修此言，誠已道盡五代之亂離社會面。五代時，天下紛擾，戰禍連年，幾無寧日。由於長年戰亂，人心失調，導致道德淪喪，而有「君不君，臣不臣，父不父，子不子，至於兄弟、夫婦人倫之際，無不大壞，而天理幾乎其滅矣」〔註二四〕之局。一些深具憂患意識之士，蒿目時艱之餘，乃重新檢討問題之癥結，企圖尋繹一可扶顚定傾且長治久安之道。彼憬悟唯有從教育著手，始能掃清「禮義衰、風俗隳壞」之弊，使民風歸於醇厚，社會趨於安定和諧。遂擇名山勝地，構屋築舍，收招生徒，相與講習其中，於兵荒馬亂之際，弘揚傳統私人講學精神，以維繫世道人心。朱子云：

予惟前代庠序之教不修，士病無所於學，往往相與擇勝地，立精舍，以爲群居講習之所。〔註二五〕

盛朗西亦云：

洎乎五代，天下大亂，干戈興，學校廢。遍查五代史，國子監徒存其名，郡國鄉黨之學，

僅得一二學館而已，書院無有也。（註二六）

除「精舍」、「學館」外，亦有稱「學堂」、「學院」、「書樓」、「家塾」或「學舍」者。如：

（羅）紹威形貌魁偉，有英傑氣，攻筆札，曉音律，性復精悍明敏，服膺儒術，明達史理。好招延文士，聚書萬卷，開學館，置書樓，每歌酒宴會，與賓佐賦詩，頗有情致。（註二七）

所謂「學館」、「書樓」云者，即唐末之書院。雖無書院之名，卻與唐末書院無異。又如：

陳褒，江州德安縣人，唐元和中給事中（陳）京之後。十世同居，長幼七百人，不置奴婢。日會食堂上，男女異席，未冠笄者別又為一席。……築書樓延四方學者，鄉鄰化其德，獄訟為之衰息。（註二八）

元宗名璟，父烈祖，母曰宋太后。璟謙和明睿，奢儉得中。……在吳朝為太子諭德，後累居丞相。嘗於廬山構書堂，有物外之意。（註二九）

安中令諱彥威，冀山後人，五代史有傳。……中令長子守忠，溫和多禮，善接下，孝友出於天性，撫其弟妹慈愛。弟守亮好學，守忠廣延儒士，厚以衣食奉之，由是賓客學院中，常有數十人食客。（註三〇）

江州陳氏，乃唐元和中給事陳京之後，長幼七百口，不畜僕妾，上下雍睦，凡巾櫛椸架，男女授受，通問婚葬，悉有規制。食必群坐廣器，未成人者別一席。犬百餘隻，一巨舩共食，一犬不至，則群犬不食。別墅建家塾，聚書延四方學者，伏臘皆資焉。江南名士，皆肄業於其家。〔註三一〕

胡仲堯，洪州奉新人，累世聚居，至數百口。構學舍於華林山別墅，聚書萬卷，大設廚廩，以延四方游學之士，南唐李煜時嘗授寺丞。〔註三二〕

從上列史料觀之，五代時期雖係一黑暗時代，然文化薪火之傳遞並未斷絕，潛德幽光，尚可一見，正如一行傳敍所云「自古天下未嘗無人也」。縱然干戈興，學校廢，人心失調，社會失常，然有志之士，於「載胥及溺」之荒亂時代中，每能以天下自任而傳遞文化薪火，保存學術元氣。其所講學之所，雖無書院之名，却已有宋代書院講學之性質，而書院之有徒，蓋始於此。〔註三三〕至於李元剛厚德錄、李昌齡樂善錄所載，則不僅已有書院之名，且有書院講學之實矣。

竇禹鈞，范陽人，爲左諫議大夫致仕。諸子登第，義風家法爲一時標表。……于宅南建書院四十間，聚書數千卷，禮文行之儒，延致師席，凡四方孤寒之士無供需者，咸爲出之，無問識與不識。有志於學者，聽其自至，故其子見聞益博。由公之門登顯貴者，前後接踵。〔註三四〕

竇禹鈞……家尙儉，建書院四十間，藏書萬卷，延文行師儒有志於學者，聽其自至，是以由公門而貴者，前後接武。〔註三五〕

至此書院不僅爲讀書潛修之所耳，實更有聚書典藏，收容士子，私人講學與準備科考之用，而此與宋代書院頗爲相似，是故五代書院可視爲宋代書院之雛形。

四、成立期

後周世宗顯德七年（西元九六〇年），趙匡胤於陳橋兵變黃袍加身，改元建隆，結束五十三年之漫漫長夜，爲中華文化之開展帶來一線生機。（註三六）顧趙宋立國於戎馬倥偬之際，天下初足，百廢待興，於文教事業自無暇顧及。然而，因海內底定，文風漸開，在心理上不免有興學之需求。於是乎，有志之士擇名山勝地，構屋築舍以爲群居講習之所，而朝廷嘉其義行，亦每賜經、賜田、賜額以褒表之。當時所謂四大書院者，即源於此。呂祖謙云：

國初斯民新脫五季鋒鏑之阨，學者尙寡，海內承平，文風日起，儒生往往依山林，即閒曠以講授，大率多至數十百人。嵩陽、嶽麓、睢陽及是洞爲尤者，天下所謂四書院者也。祖宗尊右儒術，分之官書，命之祿秩，錫之扁榜，所以寵綏者甚備。（註三七）

其時所謂「四大書院」，實已爲地方教育之重心。所謂四大書院，史志之載，頗有異同。文獻通考卷四十六以白鹿洞、石鼓、應天府、嶽麓爲四大書院，並云：「嵩陽茅山，後來無聞。」王應麟玉海卷一六七則據呂祖謙白鹿洞書院記之說，以嵩陽、嶽麓、睢陽、白鹿洞爲四大書院，今併存其說。茲將白鹿洞、嶽麓、石鼓、睢陽（應天府）、茅山、嵩陽六書院之沿革，略述於后：

㈠白鹿洞書院：在府北十五里，廬山五老峰下，唐貞元中，洛陽人李渤與兄涉隱於此。渤嘗養一白鹿自隨，人稱白鹿先生。寶歷中，渤爲江州刺史，就其地創臺榭，遂以白鹿洞名。南唐昇元中，建學置田，命國子監九經李善道爲洞主，號曰廬山國學。宋初置書院，與睢陽、石鼓、嶽麓並名天下，學徒常數百人。太平興國二年，詔從知江州周述請，俾國子監給印本九經，驛送至洞，又官其洞主明起爲褒信縣主簿，七年，置南康軍，遂屬焉。……淳熙六年，朱子知南康軍，訪遺阯，檄教授楊大法縣令王仲傑重建書院，援嶽麓書院例，疏請敕額，併高宗御書石經與監本九經藏於其中，時劉仁季送漢書藏書院，遂列聖賢爲學次第以示學者，一時名儒如陸九淵、劉清之、林擇之皆來講學。（註三八）

㈡嶽麓書院：在嶽麓抱黃洞下，朱洞始建以待四方學者，作講堂五間，齋序五十二間。咸平初，州守李允則崇大其規，中開講堂，揭以書樓，塑先師十哲之像，畫七十二賢，允則復奏書院修廣舍宇，生徒六十餘人，請下國子監賜諸經釋文、義疏、史記、玉篇、唐韻，從之。祥符五年，山長周式請於州守劉師道廣其居。八年，召式見便殿，拜國子主簿，使歸教授，因舊名賜額，仍增給中秘書，於是書院之稱，聞於天下。乾道初，帥臣劉珙重建爲四齋，定養士額二十人，以張栻主教事，朱子自閩至，相與講學，手書忠孝廉節四大字於堂。（註三九）

㈢石鼓書院：在石鼓山，舊爲尋眞觀，唐刺史齊映建合江亭於山之右。元和中，州人李寬結廬讀書其上，刺史呂溫嘗訪之。太守宇文炫題山之東曰東巖，西曰西溪。宋至道中，郡人李士眞援寬故事請於郡守，即故址創書院以居學者。景祐中，郡守劉沅請於朝，得賜額，遂與睢陽、白鹿、嶽麓稱四大書院焉。淳熙中，部使者潘畤，提刑宋若水，先後修葺。開慶中，燬於兵。提刑俞掞重建，並構仰高樓，提學黄榦出公帑置田三百五十畝，以贍生徒。（註四〇）

㈣應天府書院：在商邱城西北隅。眞宗大中祥符二年，應天府民曹誠即楚邱戚同文舊居造舍百五十間，聚書數千卷，博延生徒，講習甚盛。府奏其事，詔賜額曰應天府書院，命禮部郎舜賓主之，仍令本府幕職官提舉，以曹誠爲助教。（註四一）

㈤茅山書院：在三茅山。仁宗天聖二年五月，知江寧府光祿卿王隨言：處士侯遺於茅山營葺書院，教授生徒，積十餘年，自營糧食，望於茅山齋糧剩數，就莊田內量給三頃充書院贍用，從之。（註四二）

㈥嵩陽書院：在太室南。舊志即太室書院，五代周時建。宋至道三年，賜名太室書院，藏九經其中。是年河南守臣上言，甘露降書院講堂，宋景祐二年，敕西京重修，更名嵩陽書院，王曾奏置院長，給田一頃供爨。（註四三）

上述六書院，白鹿洞書院肇於南唐，應天府書院肇於後晉，嵩陽書院肇於後周，至於石鼓書院本爲唐李寬讀書處，只有茅山、嶽麓創於宋初。故書院制度，實奠基於五代，而成立於宋初。顧宋初書院之設，其始原欲收容士子，資其以優遊肄業之所。其後理學漸盛，而理學家每據書院作傳道、授業、解惑之所。朱子曰：

契戠本州州學之外，復置嶽麓書院，本爲有志之志不遠千里求師取友至於是邦者，無所棲泊，以爲優遊肄業之地，故前帥樞密忠肅劉公，特因舊基復創新館，延請故本司侍講張公先生往來其問，使四方來學之士，得以傳道、授業、解惑焉。（註四四）

自漢代之精舍、唐代之書院、五代之學館，逮乎宋初，書院遂發展爲一理想之教育制度。其時四大書院不僅堂廡特大，其內部組織，似亦有一完密行政與教學系統。稽之史料，當時書院之組織系統，大致如下：

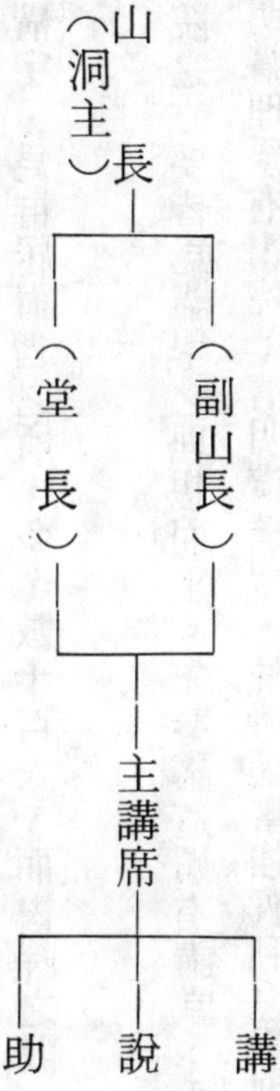

山長或稱洞主、洞正、山主，主持一院之事。（註四五）其職銜之所以冠以「山」者，陳繼新曰：「蓋謂書院建於山林勝地，饒有清望之意。」（註四六）至於山長稱洞主或洞正，則由於書院因洞建舍之故。山長之下，或設副山長、堂長。（註四七）副山長爲山長之副貳，輔助山長主持院務。堂長猶禪林制度之「首座」，於院中供職，紀綱衆事，表率生徒。（註四八）副山長以下，有講書、說書及助教等目。（註四九）均以典教爲職，其下則爲學生。（註五〇）

宋代書院本係一介於官學、私學間之教育制度。北宋時期如四大書院者，因經費充足，規模特大，故每有嚴密組織形態。迄乎南宋之世，書院多爲理學家私人講學之所，較乏嚴密之組織系統。元代以書院納於官學，明代恢復爲私學，清代又予以制度化，並與科舉相結合。歷經四代，書院之制大備，而其地位亦幾重於學校矣。清徐乾學云：

自嬴秦燔書，漢唐以來，學或興或廢，其所以教人者皆非古法。於是有志於學者，相與擇地構宇，爲群居講習之所，多至數十百人，而書院之設，幾幾重於學校矣。（註五一）

陳道生亦云：

書院之立要皆爲講學之理想而來。先秦講道術有講堂；兩漢講經學、魏晉講玄釋有精舍；宋明講理學有書院；清明講樸學、晚清講富強實利之學則有詁經精舍，學海堂及求是書院。其規模大約由動之定，由疏之密，其源流正是一脈相承也。（註五二）

二氏之言，誠可爲書院制度之源流做一註脚。自名稱言之，由講堂，而精舍，而書院；始由修書，而讀書，而聚徒講學，其影響中國傳統教育近千年之久。

附註

註一　見孟子，滕文公下。

註二　參見李弘祺，絳帳遺風——私人講學的傳統，收於中國文化新論學術篇頁三五三～四一〇，台北聯經出版事業公司，七十年出版。

註　三　見范曄・後漢書卷二，顯宗孝明帝紀。

註　四　見後漢書卷七十九，儒林列傳。

註　五　見後漢書卷八十一，獨行列傳。

註　六　見後漢書卷六十七，黨錮列傳。

註　七　同前註。

註　八　見福建通志卷六十五。

註　九　見江西通志卷八十一。

註一〇　同前註。

註一一　同前註。

註一二　四川通志卷七十九載：張九宗書院，在遂寧縣西南書臺山下，唐貞觀九年建。如四川通志所載不誤，則張九宗書院乃爲最早之書院。

註一三　見隨園隨筆卷十四。

註一四　見四川通志卷七十九。

註一五　同前註。

註一六　同前註。

註一七　見浙江通志卷二十八。
註一八　見葉鴻灑，論宋代書院制度之產生及其影響，國立編譯館館刊二卷三期。
註一九　見江西通志卷八十二。
註二〇　見福建通志卷六十四。
註二一　見江西通志卷八十一。
註二二　見中國古代書院制度及其刻書探研，頁二十六，中國文化大學史學研究所碩士論文。
註二三　見王鏡第，書院通徵，國學論叢一卷一號。
註二四　引自歐陽修・新五代史卷三十四，一行傳。
註二五　見朱子大全文集卷七十九，衡州石鼓書院記。
註二六　見中國書院制度頁十一，上海中華書局二十三年十一月出版。盛氏謂五代史無書院，甚是。然厚德錄則載有書院一詞，原文詳見說郛卷九十四，竇禹鈞條。
註二七　見薛居正，舊五代史卷十四。
註二八　見陸游南唐書卷十七。
註二九　見宋，鄭文寶江表志卷中。
註三〇　見張齊賢，洛陽搢紳舊聞記卷四。
註三一　見僧文瑩，湘山野錄卷上・僧文瑩所記與陸游南唐書所言略同，唯肄業之地，陸游南唐書作

「書樓」，僧文瑩湘山野錄作「家塾」，名稱有異耳。

註三二　見宋史卷四五六，孝義列傳，華林學舍江西通志卷八十一作華林書院，並稱：「邑人胡仲堯家塾。」據此可知，所謂學舍者，實已具有學校講肄性質。

註三三　同註二十三。

註三四　見李元剛厚德錄，引自說郛卷九十四。

註三五　見李昌齡樂善錄卷上。

註三六　後梁太祖朱溫建國於西元九〇七年，首先揭開五代之序幕。後周世宗顯德七年春（西元九六〇年）北漢結契丹入寇，命出師禦之，終引發「陳橋兵變」，趙匡胤於兵變中登基，國號建隆。自後梁太祖開平元年，至後周世宗顯德七年，計歷五十三年。「陳橋兵變」之始末，參見宋史卷一，太祖本紀。

註三七　見欽定四庫全書東萊集卷六，白鹿洞書院記。

註三八　見江西通志卷八十二。

註三九　見湖南通志卷六十八。

註四〇　見湖南通志卷六十九。

註四一　見馬端臨文獻通考卷四十六，宋會要輯稿第五十四冊崇儒二所記略同。

註四二　見宋會要輯稿第五十四冊崇儒二。（世界書局影本第五冊第二二〇七頁）

註四三　見登封縣志卷十七。

註四四　見朱子大全文集卷一〇〇，潭州委教授措置嶽麓書院牒。

註四五　如高懌爲白鹿洞主（宋史卷四五七）、周式爲嶽麓山長（宋會要頁二二〇七）、周耜爲白鹿洞正（白鹿洞志）、王鑰爲上蔡山主（宋史卷四一八）。

註四六　見從教育觀點析論宋代書院制度，學記三期。

註四七　如歐陽守道後爲嶽麓書院副山長（宋元學案卷八十八）、李燔爲白鹿書院堂長（宋史卷四三〇）。

註四八　見朱子大全，別集卷九，南康軍請洞學堂長帖。

註四九　如曹誠爲應天府書院助教（文獻通考卷四十六）、王洙爲應天府書院說書（宋會要頁二一八八）、歐陽新爲嶽麓書院講書（宋元學案卷八十八）。

註五〇　有關書院組織，參見孫彥民，宋代書院制度之研究第四章（政治大學教育研究所教育叢書乙種），陳繼新，從教育觀點析論宋代書院制度（學記三期）。

註五一　見憺園文集卷二十五，嵩陽書院碑記。

註五二　見書院制度之源流，思與言一卷四期。

第二章　宋代書院興盛之原因及其功能

書院制度雖濫觴於先秦兩漢，正名於李唐，醞釀於五代，却成立於兩宋。書院教育何以至宋而盛，當有其歷史因緣。又書院之設，有何功能？此乃值得探究之問題。本章所論，乃依今見歷史文獻，並參酌前人研究之成果，做一綜合探討。

第一節　宋代書院興盛之原因

宋初書院教育盛行，考其原因，實乃起於亂後興學之需求。朱子有云：

予惟前代庠序之教不修，士病無所於學，往往相與擇勝地，立精舍，以爲群居講習之所，而爲政者乃或就而褒表之，若此山，若嶽麓，若白鹿洞之類是也。逮至本朝慶曆熙寧之盛，學校之官遂徧天下，而前日處士之廬無所用，則其舊迹之蕪廢，亦其勢然也。（註一）

朱子此言頗能解釋北宋書院盛衰之因。趙宋開國之初，由於儒生學者，遭唐末五代之亂，流離靡定，未能駐地講學，故不免生興學之心。宋劉宰虎丘山書院記云：

初先生（尹焞）退自經筵，來館於此，猶榜曰三畏齋，其持敬不倦如此。嘉定中，郡守陳君芇始因郡人黃士穀等請，即三畏齋之舊，繪像建祠。君以爲貌像之有嚴，雖足慰典型之仰，而佩衿之益遠，寧能無城闕之嗟。擬計積累之贏，略倣先朝四書院之制，並祠築室以舍學者，買田收穀以食之，而儲和靖與其師若友之書於中，庶履其地必思其人，誦其書必求其旨。（註二）

所謂「佩衿之益遠，寧能無城闕之嗟」，典出詩經鄭風子衿。詩序云：「子衿，刺學校廢也，亂世則學校不修焉。」一因「自唐季至於五代用兵而教事闕」，至乎宋代「聖人作，四方次第平，以俎豆勝干戈，而天下靡然日趨於文」（註三），書院制度乃於亂後興學之自然需求下，出現於宋初。雖然如此，然終北宋之世，書院之設，不過數十所耳。迄乎南宋，書院之數則四百有奇，其盛況蓋有凌駕官學之勢。（註四）書院何以特盛於斯，歷來學者所言不一。陳東原謂：除宋初四大書院與淳熙中白鹿洞書院之興復爲其前驅暗示外，其因尚有四——一、官學之敗壞、二、官學經費之困難、三、崇儒之影響、四、禁道學之反動。（註五）葉鴻灑謂：書院教育至南宋而復興，其原因有三——一、由於官學之衰敗、二、政府禁僞學與理學之自求發展、三、由於士風之卑下，故有識之士重興書院，講授義理修平之學。（註六）二氏之說，皆有所見，可供參考。愚以爲宋代書院之盛，原因有六——曰官學之衰敗、曰科舉之影響、曰理學之興盛、曰學禁之反響、曰君主之提倡、曰經濟之繁榮。此六因交互影響，書院教育乃得特盛於南宋。茲將此六者分述於后：

一、官學之衰敗

趙宋開國之初，爲免前代藩鎮之禍重演，乃採重文輕武之策，敦尚教化，崇儒興學。當時之官學，於中央雖有太學、律學、算學、書學、畫學及醫學，然地方之州、縣學，却未能普徧設立。爲滿足學子之需，私人書院乃應運而生。慶曆以降，地方官學漸盛。然由於州、縣之學乃「有司奉詔旨所建也，或作或輟，不免具文」（註七），且「守令有哲有愚，有屈力單慮，衹順德意；有假宮借師，苟具文書」（註八），不免使州縣學失去教育功能，尤甚者，「或連數城，亡誦弦聲。」（註九）留心於斯文之鄉黨大夫，目睹此景，無不椎心泣血，志在興復。於是倣宋初四書院之制，創新書院，用以講學。其田土之錫，教養之規，亦往往優於州縣之學。宋室南渡之後，官學益壞，其弊大抵有五：

㈠、有學而無書

朱子大全文集卷七十七，同安縣學官書後記云：

熹爲吏同安，得兼治其事。學有師生誦說而經籍弗具，學者四來，無所業於其間。願得撫府所有書以歸，使學者得肄習焉。

正因州、縣學有學無書，故朱子有「願得撫府所有書以歸，使學者得肄習焉」之語。

㈡、有學而無田

朱子大全文集卷七十九，崇安縣學田記云：

崇安縣故有學而無田，遭大夫之賢而有意於教事者，乃能縮取他費之贏，以供養士之資。其或有故而不能繼，則諸生無所仰食，而往往散去，以是殿堂傾圮，齋館蕪廢，率常更十數年，乃一聞弦誦之聲，然又不一二歲，輒復罷去。由於州、縣學有學無田，缺乏經常費用，受業諸生無所仰食，遂紛紛散去。故官學之壞，實乃自然之勢。

㈢、有學而無師

劉敞上仁宗請諸州各辟教官疏云：

必欲人安其居，皆有常心，漸之於仁，摩之於義，化民成俗，則莫若開庠序以收養之，設師弟子以教誨之，月考時試以勸勉之。教定俗成，然後賢不肖立見，而眞僞不雜矣。今州郡幸皆有學，學皆有生徒，而終患無師以教之，但令掾曹雜領其事，職既不專，教用不明。〔註一〇〕

有學而無師以教之，乃傳統官學「課而不教」弊病之所在。

㈣、屋宇牆舍壞亂不修

朱子大全文集卷七十八，江山縣學記云：

建安熊君可量，爲衢之江山尉，始至，以故事見於先聖先師之廟，視其屋皆壞漏弗支，而禮殿爲尤甚。因問其學校之政，則廢墜不修又已數十年矣。

州、縣之學傾圮失修，地方教育陷於停滯，亦南宋官學之一弊。

㈤、教非其義沈迷俗學

續文獻通考卷五十引兵部侍郎虞儔之語曰：

朝廷興太學，置明師，四方之士，于于然而來，可謂盛矣。竊怪夫近年州郡之學，往往多就廢壞。士子游學，非圖餔啜以給朝夕，則假衣冠以誑流俗；而鄉里之自好者，過其門而不入；爲教授者，則自以爲冷官而不事事。自一郡觀之，若未甚害也，舉天下皆然，則實關事體矣。

同卷引禮部尙書黃汝良之議亦云：

今之教者，自少至長，自長至壯，所學習者皆笘畢文藝之事，所經營者皆富貴溫飽之圖，一旦登第爲官，竟不知德行爲何物，無怪其四維不張，而百事決裂也。

朱子大全文集卷七十九，衡州石鼓書院記亦云：

今郡縣之學官，置博士弟子員，皆未嘗考其德行道藝之素，其所受授，又皆世俗之書、進取之業，使人見利而不見義，士之有志於爲己者，蓋羞言之，是以常欲別求燕閒清曠之地，以共講其所聞。

治天下原以正風俗、擢賢才爲本。自北宋末造，迄乎南宋初期，社會風氣之所以壞，士人無謙退之節，鄉里無廉恥之行，刑雖繁而姦不正，官雖冗而材不足，論其原因，實因學校不修、師道不尊之故。〔註一一〕當此之時，能振衰起弊者，唯書院教育耳。宋劉辰翁曰：

千年學校敝而入於科舉，以處前名備州縣朔望而已。灑掃進退之不講而應對疏，容貌辭氣

之不親而籩豆遠，以至於門人爲臣，一躋一否而長幼之節廢，學政不可爲也。庶幾者，其書院乎。（註一二）

書院教學先以六德六行，而後及於六藝，且因書院教育不似州、縣學「沈迷俗學，而科舉利誘之習，蠱惑士心」（註一三），故有心向道之士，每趨於書院。又有別具人生價值觀之理學家者，亦每以振興士氣爲己任，而紛紛創設書院。於此雙重因素交互影響下，書院教育乃能大行於南宋之世。孫彥民曰：

宋室南渡，學校或遭兵燹焚毀，或因缺少經常費用及地方官吏忽略而敗壞。士子尋求讀書地者，自然走向書院。且是時科舉之弊叢生，庸俗之徒，緣夤仕進，逐臭利祿，官學成爲鑽研制舉之所，荒廢先聖爲學之道。且喪亂之餘，一般知奮發之學者，思以終身述道振興士氣，官學講授既有掛礙，故多立書院授徒，此南宋書院大盛之主因也。（註一四）

黃宗羲亦曰：

學校所以養士也，然古之聖王，其意不僅此也，必使治天下之具，皆出於學校，而後設學校，而後設學校之意始備。非謂班朝、布令、養老、恤孤、訊馘、大師旅則會將士、大獄訟則期吏民、大祭祀則享始祖，行之自辟雍也。蓋使朝廷之上，閭閻之細，漸摩濡染，莫不有詩書寬大之氣。天子之所是未必是，天子之所非未必非。天子亦遂不敢以自爲非是，而公其非是於學校。是故養士爲學校之一事，而學校不僅爲養士而設也。……而其所謂學校者，科舉囂爭，富貴熏心，亦遂以朝廷之勢利，一變其本領。而士之有才能學術者，且往往自拔於草野之間，于學校初無與也。究竟養士一事，亦失之矣，於是學校變而爲書院。〔註一五〕

學校本教化之地，其效用有三：曰司教、曰養士、曰議政。〔註一六〕若學校一旦淪爲科舉尾閭，或爲政治附庸，則學術思想必陷於僵化。宋代官學，正是如此，自不足以饜士子之思，故儒生學者多投身書院，而宋書院亦因此取代官學地位。

二、科舉之影響

中國科舉制度，始於隋唐，而備於兩宋。然行之日久，不免弊端叢生。約言之，宋代科舉之弊有三：

㈠、法度欠完備

宋代科舉制度，其考試內容，不外乎經義、詩賦、論策。由經義論策以觀學識，由詩賦以見才華，此三者原各具特色，不宜偏廢。王安石行新法，罷詩賦而試經義論策，立意本佳。惟王氏專尊己說，盡廢大義，乃生流弊。當此之時，士子奔競利祿，但誦新義章句而不明義理，遂使秀才一變而爲學究；考官或望風旨，或避時諱，亦使士心失其正鵠；論策之文亦多陳言，不達世務。正如袁黃所言：

所學者皆無用之文，所謀者皆干澤之事，而其應上之虛文如經義表判論策之詞，率皆掇拾緒餘，略無心得。以經義言之，不攻體貼，專尚浮詞，逐靡鬥華，自誇高調，而凡所以引用，漠然不知來歷……論者所以發揮義理，論列事情者也。今則陳言塞白，輳合成文。策者所以折經史陳世務者也，今則摘定名目，鈔成活套，一遇考試，不對其所問，而對其所不問，略過本題，含糊遷就，謂之淩駕，問答之體，固如是乎。〔註一七〕

科學之弊，一壞至此，而士心不悟，仍孜孜於是。周行己對此大致其嘆云：

夫道之不明，天下學士淪於流俗，以聖人書為發策決科之具。父教其子，兄詔其弟，師傳其徒，莫不一出於此。雖有良質美才，生則溺耳目恬習之事，長則師世儒崇尚之言，至頭童齒豁，不知反一言以識諸身。〔註一八〕

科舉之失，此誠為一針見血之論。

(二)、科場多弊端

國家設科取士，旨在為官擇人，臨民治事。學者固應敦品勵學，困知勉行，以求中第居官，造民福祉。主試者亦應一本至公，蒞之以莊，臨之以正，內戒私情，外嚴國法，庶幾野無遺賢，多士心服。然士切科名者，每舍正道而弗由；官懷私意者，亦多背職守而不遵。於是有悖法令，夤緣以為奸者；有干犯法禁，僥倖以圖逞者。科場之弊，蓋有不可言之者。〔註一九〕宋史卷一五六選舉志載：

至理宗朝，姦弊愈滋。有司命題苟簡，或執偏見臆說，互相背馳，或發策用事訛舛，故士子眩惑，莫知適從，才者或反見遺。所取之士既不精，數年之後，復俾之主文，是非顛倒逾甚，時謂之繆種流傳。復容情任意，不學之流，往往中第。而舉人之弊凡五：曰傳義，曰換卷，曰易號，曰卷子出外，曰謄錄滅裂。

取巧作弊，朋比爲私，徇情枉法，正係南宋科場弊病之所在。尤有甚於此者，「士大夫寡廉鮮恥，列拜於勢要之門，甚者匍匐門竇，稱門生不足，稱恩坐、恩主甚至於恩父者，諛文豐賂，又在所不論。」（註二〇）此可謂極盡逢迎媚寵之能事矣。

㈢、士風甚不競

科舉主於試，以文章巧拙爲去取之標準，不能夷考學者之德行道藝，不免使賢不肖雜糅並進。故科舉制度行而士風壞，乃宋代科舉制度之寫照。歐陽守道曰：

近歲士習趨下，號稱前輩者，亦止於傳習場屋之文，漫不省講學爲何事。幸而收科，自謂一第，如探囊中物，不復增益其所未能。後學效之，凡書肆所售，謂之時文，空囊市去，如獲至寶。而聖賢格言大訓，先儒所爲孳孳講切以覺人心者，反棄置之以爲非。（註二一）

晁補之亦曰：

世之爲士者，聞先王之教，則漠然若非其身之所當任，而惟其文詞記誦所以干有司者爲師，儲粟闔屋而俟之三歲而一取，士集於堂者如市，否則掉臂而不顧，蓋僅有存者。夫如是，則州里之學，特以爲求仕者之舍耳，而於治誠何補哉。（註二二）

王時槐亦曰：

諸生徒以剽掠枝蔓，綴飾浮詞，以徼進取，不知反躬以自盡人道，而一遵孔孟之遺矩，是以士習日汚，民俗愈敝，家鮮孝弟廉清之風，人恣爭攘嚚憸之行。（註二三）

士風不淳，自無以正人心，易風俗。理學家爲矯時弊，乃紛設書院，闡揚義理之學，講明修己之道，期以重振士風、改造社會。故宋代書院之盛，實爲科舉制度之反響。（註二四）清湯成烈云：

科舉之法興，而學校之教廢矣。國學府學縣學，徒有學校之名耳，攷其學業，科舉之法之外，無他業也。窺其志慮，求取科名之外，無他志也。其流弊至於經書可以不讀，品行可以不修，廉恥可以不講，以勦襲爲揣摩，以鑽營爲捷徑。其初既有苟得之心，其後遂爲患失之計。持祿倖位，委蛇朝闕，容頭過身，承順奸權，朝政猥雜，國是日非。君子患之，退而講學，於是立書院以救學校之失。（註二五）

湯氏之說，深中肯綮矣。

三、理學之興盛

宋初理學之興，於書院之盛，影響不大。究其原因，誠以宋初儒者講學大抵於私家爲之，而不行於書院之故。然理學家「爲天地立心，爲生民立命，爲往聖繼絕學，爲萬世開太平」（註二六）之抱負與擔當，予士子莫大之啓示。北宋末葉，南渡之初，天下囂擾，風氣益壞。正如余應求所云：

人懷私意，士失常心，廉恥道喪，名節不立，諂諛相夸，詐誕成風，以全身保位爲賢，以竭忠盡節爲愚，以奔競進取爲能，以恬退自守爲拙，以刻剝辦事爲有才，以重厚長者爲無用。廢直道而徇私情，背公家而任己恩，財賄交通於權門，侈靡濫溢於私室。憎廉潔爲矯詐，惡正直爲介僻，敢言者謂之狂妄，正論者謂之迂闊。奮不顧身者，衆必沮之；賢有才者，則妬忌之。背君忘國，不啻路人，卑賤之態，甚於狗彘。禮教陵夷，風俗大壞，日益滋甚，莫可禁止。〔註二七〕

風俗偷薄若是，如何改善世風，則莫若朝廷之上，倡清議於天下。游酢曰：

今欲使士大夫人人自好而相高以名節，則莫若朝廷之上，倡清議於天下。士有頑頓無恥一不容於清議者，將不得齒於縉紳，親戚以爲羞，鄉黨以爲辱。夫然，故士之有志於義者，寧飢餓不能出門戶，而不敢喪節；寧厄窮終身不得聞達，而不敢敗名。廉恥之俗成，而忠義之風起矣。〔註二八〕

游酢之議，或爲南宋諸儒之共識。理學本起於傳統知識分子之自覺，宋理學家之所以殷殷講明聖學者，旨在彰天理、去人欲、分是非、別善惡，以端正士子趨向，由此推而廣之，以改造世風，並爲社會樹立一正義標準。正因急於改善世風，挽救人心積弊，並爲社會樹立清議，遂醉心講學，而講學自須有一可供士子游息、講會之所，是以書院乃應運而生。正如胡居仁所云：

夫河出圖，文明之祥始著於是；卦畫立，書契作，而文籍生焉。列聖迭興，然後典謨訓誓之書，國風雅頌之詩，禮樂燦明，春秋經世。諸賢繼之，而垂世立教之書益備矣。千有餘年，宋之大儒，發明精切詳至，後之人誠能熟讀精思以窮其理，躬行實踐以體於身，則何患己之不修，國之不治，民之不安哉。然必有齋舍、堂室、牆宇以爲游息講會之所，此書院之所以立也。（註二九）

由於宋儒之自覺，造成理學之盛，亦由於理學之盛，導致書院之勃興。

四、學禁之反響

理學興盛後，名師碩儒每依書院講學，彼此以名節相砥礪，望重士林，足爲社會表率。彼等之褒表譏貶，每每爲社會之是非準則。而其擇善固執之精神，却恆與當政者之主張大相逕庭，故不免遭禁錮之厄運。南宋時期嘗多次興學禁，尤以寧宗慶元元年，至嘉泰二年間之學禁最嚴，甚至於有「僞學」之目。陳邦瞻宋史紀事本末卷八十載：

寧宗慶元元年六月，左正言劉德秀請考核道學眞僞，從之。先是，上在嘉府，黃裳爲嘉王府翊善，光宗諭之曰：「嘉王進學，皆卿之功。」裳謝曰：「若欲進德修業，追跡古先哲王，則須尋天下第一等人。」光宗問爲誰，裳以朱熹對。……及上即位，宰相趙汝愚首薦熹，遂自潭州召爲煥章閣待制兼侍講。……及至，每進講務積誠意，以感動上心，上亦稍嘉納焉。熹復奏疏極言謂左右或竊其柄。臣恐主威下移，求治反亂矣。」時韓侂冑方用事，熹意蓋指侂冑也。侂冑由此大恨，使優人峩冠闊袖象大儒，戲於上前，因乘間言熹迂闊不可用，遂出內批，罷熹經筵除宮觀。熹去，侂冑益無忌憚矣。其黨復爲言：凡相與異者，皆道學之人也，陰疏姓名授之，俾以次斥逐。或又爲言：以道學目之則有何罪，當名曰僞學，由是有僞學之目。

由此記載觀之，韓侂冑禁道學，實起於排除異己之私心。由於理學家所講者，乃內聖外王之道，所倡行者，爲仁政愛民之方，平日復能以廉隅自守，以名節相高，故從不附會權奸，阿諛宵小。有時爲實現理想，甚至不惜一觸人主之逆鱗。此守死善道、擇善固執之精神，固爲一般士子所喜，然却爲權臣巨憝所忌。尤甚者，於學禁期間，逢迎權奸之徒，每視攻訐理學爲干祿之捷徑。慶元二年，張洤請禁僞學，除尚書左侍郎官即爲一例。張溥云：

賊檜本從游酢爲程氏學，靖康中，虜陷京師，與馬伸請立趙氏後，近聞道者。及柄國姦敗，即操戈申禁，非眞不善程學也。當日士學宗程氏，宗程氏者，皆黜和議，檜心懷慙，無所發憤，則反噬以圖快意耳。慶元諸奸，逢迎侂冑，寧知論學，但熹爲射的，奇貨可居，或攻其身，或詆其徒，或約束科舉，或榜列姓籍，甚而請劍斬，戒送葬，競鼓異說，祈獲美官。〔註三〇〕

秦檜禁程學，侂冑禁朱學，並非程朱之學本身可議，誠以彼此政治立場、利益主張俱有異耳。理學遭禁，理學家之遭遇又何如也？黃榦撰朱子行狀云：

自先生去國，侂胄勢益張，鄙夫憸人，迎合其意，以學爲僞，謂貪黷放肆，乃人眞情，廉潔好禮者，皆僞也。科舉取士，稍涉經訓者，悉見排黜；文章議論，根於理義者，並行除毀；六經語孟悉爲世之大禁，猾胥賤隸頑頓無恥之徒，往往引用，以至卿相；繩趨尺步，稍以儒名者，無所容其身；從遊之士，特立不顧者，屛伏丘壑；依阿巽懦者，更名他師，過門不入，甚至變易衣冠，狎遊市肆，以自別其非黨。先生日與諸生講學竹林精舍，有勸以謝遣生徒者，笑而不答。（註三一）

理學雖受禁，然朱子却一本初衷，講學不輟。而朱子門人於學禁最嚴之刻，亦甘冒不韙，講學於書院，爲傳遞中華文化之薪火，奮鬥不懈。閩中理學淵源考卷十七載：「林學蒙字正卿，……初從朱子游，後卒業於黃勉齋。僞學禁起，築室龍門庵下，講明性命之旨。陳師復守延平，作道南書院，聘爲堂長。」他如：

李燔字敬子……熹沒，學禁嚴，燔率同門往會葬，視封窆，不少怵。……爲白鹿書院堂長，學者雲集，講學之盛，他郡無與比。（註三二）

廖德明字子晦……學禁方嚴，先生確守師說，不爲時論所變。（註三三）

劉爚字晦伯……僞學禁興，歸武夷山講道讀書，築雲莊山房，爲終老之計。（註三四）

張宗說字巖父……朱子適忤韓侂胄罷歸，先生率僚友送諸武夷，會於精舍，語及時事，感憤激烈。（註三五）

黃士毅字子洪……方慶元詆誹道學，先生徒步趨閩，師朱文公。（註三六）

周謨字舜弼……朱子歿，僞禁且嚴，先生徒步會葬，並於康廬間發鄉人受業者率其徒講學，迭爲季集，彼此規正，縣歷歲月，不少怠。（註三七）

彼等之所以甘冒不韙，矢志講學，究其原因，固緣於對學問之眞誠與師道之尊崇，然此未嘗非憂患意識之表現。僞學之論興，而正道不行，相煽成風，而風俗益壞。正如劉爚所云：「慶元以來，權佞當國，惡人議己，指道爲僞，屛其人，禁其書，學者無所依鄉，義利不明，趨向汚下，人慾橫流，廉恥日喪。」（註三八）當此之時，知識分子憬悟唯有重振道學，辨明義利，始能挽救頹廢之風。亦唯有闡明聖學，造就人才，方能提升政治道德而免於奸小迫害之禍。正因有此自覺，故理學家每置個人生死、毀譽於度外，一意從事於教育學術之紮根工作。由於理學之禁錮，造成儒者之自覺；由於儒者之自覺，造成私人講學之興盛。迨乎寧宗開禧年間學禁除，久已鬱積壓抑之講學精神，有如山洪決堤，迸瀉而出，而書院之設，遂有如雨後春筍般紛紛而起。此乃書院之設，特盛於開禧，嘉定以降之主因。

五、君主之獎倡

舊日君主集權社會中，君主好惡對學術發展，影響至鉅。理學自不例外。宋代書院之設，以寧宗、理宗二朝爲多。（註三九）究其原因，二帝在位時間較長，固爲一因（註四〇）。然二帝對理學態度，應爲宋代書院特盛於一時之關鍵。寧宗時期，理學禁興，理學家既無所容身於官學，爲求自救，自須退講於書院。迄乎理宗之世，學禁盡除，理學蒙受前所未有之尊寵與禮遇，而此對書院之發展，厥功至偉。稽考史料，宋理宗尊隆理學，方式有三——曰追謚，曰從祀，曰賜額。玆分述於后：

㈠、追謚

理學遭禁，朱子學受創最深，已見於學禁之反響一目，於此不擬贅述。寧宗嘉泰二年二月，頒除禁學之令。其因依宋史紀事本末卷八十之載，乃因韓侂胄已厭前事。張孝伯又謂之曰：「不弛黨禁，恐後不免報復之禍，侂胄然之，故有此令。」學禁之令弛，理學地位又相對提高，斯時書院講學亦已合法化，不復遭受政治牽制，書院之設當較前日爲多。宋理宗寶慶三年正月己巳詔：

朕每觀朱熹論語、中庸、大學、孟子注解，發揮聖賢之蘊，羽翼斯文，有補治道。朕方勵志講學，緬懷典刑，深用歎慕，可特贈太師，追封信國公。〔註四一〕

淳祐元年正月丙午，更封周惇頤爲汝南伯，封張載爲郿伯，封程顥爲河南伯，封程頤爲伊陽伯。〔註四二〕程朱門人大爲興奮，對理學之開展，實具有鼓舞作用。

㈡、從祀

書院中除講堂外，每另闢一室，用以祭祀先賢先師，使學者有所取則。理宗端平二年正月甲寅，詔議胡瑗、孫復、邵雍、歐陽修、周敦頤、司馬光、蘇軾、張載、程顥、程頤等十人，從祀於孔子廟庭。淳祐元年正月甲辰更詔：

朕惟孔子之道，自孟軻後不得其傳，至我朝周敦頤、張載、程顥、程頤，眞見實踐，深探聖域，千載絕學，始有指歸。中興以後，又得朱熹精思明辨，表裏混融，使大學、論、孟、中庸之書，本末洞徹，孔子之道，益以大明于世。朕每觀五臣論著，啓沃良多，今視學有日，其令學官列諸從祀，以示崇獎之意。（註四三）

至此，周、張、二程、朱子五人，不止祀之於書院，更令學官將其置於從祀之列，以尊崇諸子。

㈢、賜額

書院之設，如蒙當朝天子賜額，足以「光耀門楣」。宋代君主亦知士子此一心態，故每樂假賜額之名，而行籠絡士子之實。宋代書院蒙君主賜額者甚多，茲依年代先後表列於下：

書院名稱	院址	創建人物	賜額年代	資料來源
嶽麓書院	湖南長沙府	朱洞	太宗至道二年	湖南通志卷六十八
應天府書院	河南商邱縣	曹誠	眞宗祥符二年	宋史卷四五七
嵩陽書院	河南登封縣	不詳	仁宗景祐二年	登封縣志卷十七
石鼓書院	湖南衡州府	李士眞	仁宗景祐二年	湖南通志卷六十九
白鹿洞書院	江西星子縣	朱熹重建	孝宗淳熙六年	江西通志卷八十二

雲莊書院	福建建陽縣	劉爚	寧宗嘉定三年	古今圖書集成職方典卷一〇五九
東湖書院	江西南昌縣	豐有俊	寧宗嘉定三年	江西通志八十一
清湘書院	廣西永福縣	柳開	理宗寶慶元年	廣西通志卷一三四
象山書院	江西貴溪縣	洪陽祖	理宗紹定四年	江西通志卷八十二
南溪書院	福建尤溪縣	李脩	理宗淳祐元年	福建通志六十四
蘆峰書院	福建建陽縣	蔡沈	理宗淳祐二年	福建通志卷六十五
考亭書院	福建建陽縣	朱熹	理宗淳祐四年	福建通志卷六十五
環峰書院	福建建陽縣	黃榦	理宗淳祐四年	福建通志卷六十五
紫陽書院	安徽歙縣	韓補	理宗淳祐六年	安徽通志卷九十二
天門書院	安徽當塗縣	陳塏	理宗淳祐九年	安徽通志卷九十二
鵝湖書院	江西鉛山縣	蔡抗	理宗淳祐十年	江西通志卷八十二
相江書院	廣東韶州府	周舜元	理宗寶祐二年	廣東通志卷一三九
蘆峰書院	福建崇安縣	蔡沈	理宗寶祐三年	福建通志卷六十五
道源書院	江西大庾縣	江萬里	理宗景定四年	江西通志卷八十二
丹陽書院	安徽當塗縣	劉氏	理宗景定五年	安徽通志卷九十二

涵江書院	福建興化縣	楊　棟	理宗景定八年	福建通志卷六十三
宣成書院	廣西桂林縣	朱禩孫	理宗景年年間	廣西通志卷一三三
淮海書院	江蘇丹徒縣	龔基先	理宗年代不詳	江南通志卷九十
明道書院	江蘇上元縣	吳　淵	理宗年代不詳	江南通志卷九十
鶴山書院	江蘇吳縣	魏了翁	理宗年代不詳	江南通志卷九十
南陽書院	湖北荊州府	孟　珙	理宗年代不詳	宋史卷四一二
竹林書院	湖北公安縣	孟　珙	理宗年代不詳	宋史卷四一二
濂溪書院	湖南道州	楊允恭	理宗年代不詳	湖南通志卷六十九
白鷺洲書院	江西廬陵縣	江萬里	理宗年代不詳	江西通志卷八十一
武彝書院	福建崇安縣	朱　熹	理宗年代不詳	福建通志卷六十五
翁洲書院	浙江定海縣	應　䌛	理宗年代不詳	浙江通志卷二十七
甬東書院	浙江寧波縣	鄭清之	理宗年代不詳	浙江通志卷二十七
石峽書院	浙江淳安縣	方逢辰	度宗年代不詳	浙江通志卷二十九
龜山書院	福建將樂縣	馮夢得	度宗年代不詳	福建通志卷六十四

右表所列，凡三十有四。計太宗一、眞宗一、仁宗二、孝宗一、寧宗二、度宗二，而理宗則

二十有五，佔總額之百分之七十。理宗崇儒興學之心，由此可見。而理學家之所以能於學禁後，乘時再興書院，偃然從風者，亦正由於此也。

六、經濟之繁榮

論語子路載：

子適衞，冉有僕，子曰：「庶矣哉。」冉有曰：「既庶矣，又何加焉？」曰：「富之。」曰：「既富矣，又何加焉？」曰：「教之。」

「富而後教」原係儒家傳統教育觀。於農業社會中，優渥之經濟條件，每能爲教育之發展提供有利條件。書院教育亦然。劉伯驥曰：「經濟條件決定書院之存在。」〔註四四〕呂仁偉亦曰：「經濟因素往往是決定書院興衰之主要條件。」〔註四五〕二氏之言甚是。宋代書院之盛，乃經濟繁榮之結果。據統計（見本文附錄一宋代書院創建一覽表），宋代書院之設，以江西、浙江、福建、廣東、湖南爲多，而以山東、山西、河南、河北、陝西較少。何以有此差異？學術之動向固是一因〔註四六〕，然經濟與政治環境之不同，應是造成此差異之主因。書院盛行之際，山東、山西、河南、河北、陝西淪入異族之手，經濟蕭條，都城破敗，社會杌隉，必有礙於教育之發展。反觀江南本爲魚米之鄉，宋室南渡，中原衣冠貴族、學士文人、富商巨賈又皆隨之南下。在政府刻意經營下，江南地區不僅已成經濟之重鎮，亦爲當時文化之中心。浙江、福建、廣東地處海疆，其時商業鼎盛，經濟繁榮。宋史卷一八六食貨志載：開寶四年於廣州置市舶司，其後又於杭州、明州置市舶司。元祐二年，更置市舶司於泉州。市舶司之設，監領對外貿易事業，「凡大食、古邏、闍婆、占城、勃泥、麻逸、三佛齊諸蕃並通貨易，以金銀、緡錢、鉛錫、雜色帛、瓷器、市香藥、犀象、珊瑚、琥珀、珠琲、鑌鐵……………瑪瑙、車渠、水精、蕃布、烏樠、蘇木等物。」〔註四七〕對外貿易鼎盛，經濟乃隨之繁榮，宋史卷三三〇杜純傳謂：「泉〔州〕有蕃舶之饒，雜貨山積。」宋吳自牧謂：「自高廟車駕由建康幸杭，駐蹕幾近二百餘年，戶口蕃息，近百萬餘家。杭城之外城，南西東北各數十里，人烟生聚，民物阜蕃，市井坊陌，鋪席駢盛，數日經行不盡，各可比外路一州郡，足見杭城繁盛矣。」〔註四八〕泉州、杭州、廣州本當時大港，爲當時貨物集散地與商旅交會中心。夢粱錄卷十二江海船艦條云：

若有出洋，即從泉州港口至岱嶼門，便可放洋過海，泛往外國也。其浙江船隻，雖海艦多有往來，則嚴、婺、衢、徽等船，多嘗通津買賣往來，謂之長船等隻。如杭城柴炭、木植、柑橘、乾濕果子等物，多產於此數州耳。明、越、溫、台海鮮魚蟹鯗腊等貨，亦上潬通於江、浙。

廣、杭、泉等地，既爲貨物集散之地，儲存貨物之塌房乃因運而生。夢粱錄卷十九塌房條云：

自梅家橋至白洋湖，方家橋直到法物庫市舶前，有慈元殿及富豪內侍諸司等人家于水次起造塌房數十所，爲屋數千間，專以假賃與市郭間鋪席宅舍、及客旅寄藏物貨，並動具等物。四面皆水，不惟可避風燭，亦可免偷盜，極爲利便。蓋置塌房家，日月取索假賃者管巡廊錢會，顧養人力，遇夜巡警，不致疎虞。其他州郡，如荊南、沙市、太平府、黃池皆客商所聚，雖云浩繁，亦恐無此等穩當房屋矣。

「塌房」乃舊日商業鼎盛之象徵。杭州塌房之盛，又過於其他各州，無怪乎灌園耐得翁有「自高宗皇帝駐蹕於杭，而杭山水明秀、民物康阜，視京師（開封）其過十倍矣」（註四九）之嘆。江西雖不臨海，然河流徧佈。何佑森曰：「河流是南宋財富仰給一重要命脈，也是學術發展之路線。例如江南西路（江西一帶）之贛江貫通全境，是南北之交通要道，是故學者雲集，私人講學之盛，不亞於閩浙兩路。」（註五〇）江南經濟富庶，又蒙白鹿洞書院之蔭，故江西書院盛行，得冠全國。經濟繁榮，固爲南宋社會帶來富庶，但於豐衣足食之餘，不免流於奢侈，仲長統曾言：「豪人之室，連棟數百，膏田滿野，奴婢成群，徒附萬計，船車賈販，周於四方；廢居積貯，滿於都城；琦賂寶貨，巨室不能容；馬牛羊豕，山谷不能受；妖童美妾，塡乎綺室，倡謳妓樂，列乎深堂。」（註五一）南宋之亡，即種因於此。然經濟繁榮，有利教育發展，豪富之家，爲高其身分地位，每捐錢贍地，以立書院。祀先賢，賓延碩儒，以教育子弟。此現象至爲普遍。如：

藍田書院，在長樂縣，宋紹興間邑人陳坦然建。（註五二）

朱壩書院，在莆田縣，監丞陳慮捨地建祀朱子。（註五三）

瀛山書院，在遂安縣，宋熙寧間，邑人詹安闢，其孫儀之與朱子論學於此。（註五四）

桂山書院，在龍泉縣，宋端平間，里人張奉議建。（註五五）

仙巖書院，在龍泉縣，宋咸淳間，邑人張公權建。（註五六）

羅浮書院，在博羅縣，宋，鄉人所立。（註五七）

擢桂書院，在博羅縣，宋，鄉人所立。（註五八）

上述書院，皆邑人或鄉人出資所建。江左書院之所以多於江北，若明乎江浙經濟情況，則可不俟辨矣。

附註

註一　見朱子大全文集卷七十九，衡州石鼓書院記。

註二　見欽定四庫全書漫塘集卷二十三。

註三　見止齋文集卷三十九，潭州重修嶽麓書院記。

註四　依孫彥民之統計，書院創於北宋者三十七所，創於南宋者一四七所，含不可考者計三七九所（見宋代書院制度之研究，國立政治大學教育研究所，教育研究叢書乙種）。以余所見，宋代書院當不止此數。依附錄一——宋代書院創建一覽表之統計，宋代書院以「書院」名者，計江西一三八所、浙江七十二所、福建六十七所、湖南四十九所、廣東三十五所、四川二十三所、江蘇十四所、湖北十二所、安徽十所、廣西九所、山東六所、河南五所、河北三所、陝西三所、山西一所。另不以「書院」名，而具書院講習性質者，計江西九所、福建五所、浙江三所、湖南一所、江蘇一所、河南一所，凡四百六十七所。

註　五　見中國教育史頁二八三～二八四，臺灣商務印書館，六十九年十二月臺四版。

註　六　見論宋代書院制度之產生及其影響，國立編譯館館刊二卷三期。

註　七　見馬端臨，文獻通考卷四十六。

註　八　見李覯，袁州學記，引自宋文鑑卷八十。

註　九　同前註。

註一〇　見欽定四庫全書，宋名臣奏議卷七十八。

註一一　參見程顥上神宗請修學校以爲王化之本，宋名臣奏議卷七十八。

註一二　見欽定四庫全書須溪集卷一，雙溪書院記。

註一三　見吳澄，吳文正集卷三十七，嶽麓書院重修記。

註一四　見宋代書院制度之研究，頁十，國立政治大學教育研究所，教育研究叢書乙種，民五十二年六月出版。

註一五　見明夷待訪錄，學校篇。

註一六　見牟宗三，政道與治道，頁一七五，台北學生書局，七十二年十月再版。

註一七　見續文獻通考卷五十。

註一八　見浮沚集卷七、鄧子同墓誌銘。
註一九　參見李正富，宋代科舉制度研究，頁四十五，政大教育研究所碩士論文。
註二〇　見宋史卷三九八，倪思傳。
註二一　見巽齋文集卷十四，青雲峰書院記。
註二二　見雞肋集卷二十九，祁州新修學記。
註二三　見白鷺洲書院記，引自吉安府志卷十九。
註二四　雖有些書院於設立之初，流爲應舉士子追逐利祿之踏腳石，如龍山書院、鶴山書院，然自眞德秀龍山書院記（西山文集卷二十六）與魏了翁書鶴山書院始末（鶴山先生大全集卷四十一）觀之，此類書院之設，仍具一偉大之文化理想。眞氏龍山書院記曰：「始書院之興，從龍董其役，要未幾，遂擢上第以去。自是舉于有司者，前後相望。……雖然，君之所期於士者，不止是也。……如曰辭藝而已爾，科級而已爾，郡縣有學，已弗趨足，且尙以爲贅哉。吾知君之志，非止於是也，故爲推本聖賢所以教者，使與學者共講焉。」魏氏書鶴山書院始末亦曰：「嘉定三年春，詔郡國聘士，邛之預賓貢者比屋相望，未有講肄之所。會鶴山書院落成，乃授之館。其秋試于有司，士自首選而下，拔十而得八，書室俄空焉，人競傳爲美談。」了翁曰：是不過務記覽，爲文詞以規取利祿云爾。學云！學云！記覽文詞云乎哉！」由此可知，書院之設，雖具應考之用，然反科舉之精神，實爲南宋書院興盛之主因。

註二五　見皇朝經世文續編卷六十五，學校篇上。

註二六　見張載，張子全書卷十四，近思錄拾遺。

註二七　見宋名臣奏議卷二十四，上欽宗論風俗奏疏。

註二八　見欽定四庫全書游廌山集卷四，上徽宗論士風之壞。

註二九　見胡敬齋先生文集卷上，棠溪書院記。

註三〇　引見陳邦瞻宋史紀事本末卷八十，道學崇黜。

註三一　見欽定四庫全書勉齋集卷三十六。

註三二　見宋史卷四三〇，道學傳四。

註三三　見宋元學案卷六十九，滄州諸儒學案上。

註三四　同前註。

註三五　同前註。

註三六　同前註。

註三七　同前註。

註三八　見宋史卷四〇一，劉爚本傳。

註三九　依孫彥民之統計，南宋書院創設年代可考者一四七所，而寧宗朝四十所、理宗朝五十四所，計九十四所，佔總額之五分之三。（宋代書院制度之研究，頁十七）

註四〇　宋寧宗在位三十年（西元一一九五～西元一二二四年），宋理宗在位四十年（西元一二二五～西元一二六四年）。

註四一　見續資治通鑑卷一六四，宋史卷四十一理宗本紀所載略同。

註四二　見宋史卷四十二，理宗本紀二。

註四三　同前註。

註四四　見廣東書院制度頁七，國立編譯館中華叢書編審委員會，六十七年三月再版。

註四五　見浙江書院之研究頁六十五，國立師範大學歷史研究所碩士論文。

註四六　呂仁偉謂：書院之地理分布，在清代以前，大抵以「學術」爲其分布標準。亦卽書院之分佈，係以名儒之倡導爲基準，名儒之所在，卽爲書院之所在。故學術之動向，亦爲影響書院分布之一因。（前引書頁四十九）

註四七　見宋史卷一八六，食貨志下八。大食卽今阿拉伯，古邏卽今馬來西亞一帶，闍婆卽今爪哇，占城卽今越南南部，勃泥卽今蘇門答臘西北，三佛齊卽今蘇門答臘之巴鄰旁。由此可知，宋代對外貿易，仍以東南亞爲主要對象。

註四八　見夢粱錄卷十九，塌房條，耐得翁都城紀勝亦謂：「今中興行都已百餘年，其戶口蕃息，近百萬餘家，城之南西北三處，各數十里，人煙生聚，市井坊陌，數日經行不盡，各可比外路一小小州郡，足見行都繁盛。」（坊院條）當時杭州之盛況，可想而知。

註四九　見都城紀勝序。
註五〇　見兩宋學風的地理分佈、新亞學報一卷一期。
註五一　引自後漢書卷四十九仲長統傳。
註五二　見福建通志卷六十二。
註五三　見福建通志卷六十三。
註五四　見浙江通志卷二十九。
註五五　同前註。
註五六　同前註。
註五七　見古今圖書集成職方典卷一三二八。
註五八　同前註。

第二節　宋代書院之功能

由於亂後興學之自然需求、官學之衰敗、科舉之影響、理學之興盛、學禁之反響、君主之提倡、經濟之繁榮等內外因素，遂使書院教育盛於兩宋。然宋代四百餘所書院具有何功能？盛朗西謂書院有三大事業，曰藏書，曰供祀，曰講學。〔註一〕黃金鰲襲盛朗西之說，亦曰：「考書院之設施，約言之，有三大事業，一藏書、二供祀、三講學。」〔註二〕愚以為書院之功能當不止於是，索之史志，宋代書院應有讀書、藏書、刻書、祭祀、講學等五大功能；並兼有收容流寓士子與教育鄉族子弟之作用。茲將書院之功能，述之於后：

一、讀書

蘇軾嘗云：

象犀珠玉怪珍之物，有悅於人之耳目，而不適於用。金石草木絲麻五穀六材，有適於用，而用之則弊，取之則竭。悅於人之耳目而適於用，用之而不弊，取之而不竭，賢不肖之所得，各因其才，仁智之所見，各隨其分，才分不同而求無不獲者，惟書乎？〔註三〕

書本義府，乃前人智慧經驗之結晶，爲民族文化命脈之所寄。宋羅大經曰：「士之讀書者，上則取之以撫世酬物，又次則取之以博識多聞，下至蘇秦之刺股讀書，專爲揣摩游說之計，固已陋矣，然亦視書爲有用之具。」〔註四〕宋儒讀書，每假書院爲之。而書院不僅爲宋儒修心之地，亦每爲士子讀書之場。如：

武陟書院，在大安洲，宋焦炳、焦煥嘗讀書於此。〔註五〕

古靈書院，在福州府城西南古靈溪傍，宋儒陳襄讀書處。〔註六〕

定菴書院，在宜黃縣十九都，宋王革讀書處。〔註七〕

帶湖書院，在廣信府城北靈山門外，宋辛棄疾讀書處。〔註八〕

東山書院，在茶陵州東北，宋進士陳古迂讀書處。〔註九〕

南溪書院，在茶陵州東南，宋進士譚光國讀書所。（註一〇）

諫議書院，在武岡州東北紫陽山，宋周儀讀書處。（註一一）

張留書院，在博羅縣，宋紹興間張宗卿爲布衣時，讀書於此。（註一二）

豫章書院，在博羅縣，宋羅從彥讀書處。（註一三）

修文書院，在洪雅縣東，舊在城外東南，田錫讀書修文山麓，後即其地建書院。（註一四）

太元書院，在塩亭縣東北四十里，文同讀書地。（註一五）

玉峰書院，在崑山縣，宋衛文節公涇藏修之所。（註一六）

瀫東書院，在蘭谿縣南鸕鷀塢，宋葉誕讀書處。（註一七）

龍川書院，在永康縣東六十里龍窟橋，宋陳亮讀書之所。（註一八）

會邱書院，在平陽縣南雁蕩，宋陳經正、經邦讀書處。（註一九）

臺山書院，在鄮縣西二十里，山高二十餘仞，平曠若臺，宋邑人尹沂讀書講學其上。（註二〇）

此類書院乃唐末五代書院之延伸，規模較小，爲個人潛修應考之所。宋魏了翁鶴山書院始末云：

嘉定三年春，詔郡國聘士，邛之預賓貢者，比屋相望，未有講肄之所。會鶴山書院落成，乃授之舘。其秋試于有司，士自首選而下，拔十而得八，書室俄空焉，人競傳爲美談。（

註二一〕

「拔十而得八」對當時以功名爲鵠的之士子而言，確爲一大鼓舞。然何以有此傑出之成就？學者自身之努力，固係一因，而書院環境清幽，適合學子潛思力學，亦不無影響。陳繼新曰：

宋儒講學，注重修養，其要在於摒絕利祿之心，懲忿窒慾，澈悟聖道。而山林闃寂，既少物質引誘，亦足發人深省，對於「寧靜致遠，淡泊明志」之功，較易期達。〔註二二〕

宋書院多建於山水勝地，朱熹稱白鹿洞書院「其四面山水清邃環合，無市井之喧，有泉石之勝，眞群居講學遯迹著書之所。」〔註二三〕袁燮稱東湖書院「其風景之勝，長隄回環，柳陰四合，水光照耀，芙渠舒紅，爛如雲錦，重之以古木森列，飛梁之外，佳致無窮，此固拔俗之士，所欲藏修息游於其間者。」〔註二四〕葉適亦稱石洞書院「石之高翔俯踞，而竹堅木瘦皆衣被於其上。水之飛湍瀑流，而蕉紅蒲綠皆浸灌於其下。潭澗之窪衍，阿嶺之嵌突，以亭以宇，可釣可弈，巧智所欲集，皆不謀而先成。」〔註二五〕書院環境既清幽如是，學者沈潛其間，以澄澈之心靈，日沐澄澈之水月，豈能不於潛移默化中變化氣質。鄒氏有青雲書院，山水秀麗，景致優勝。歐陽守道勉之曰：「學也者，因聖賢書，求聖賢之心，而爲聖賢歸者也。」並曰：

子歸而藏修游息於聳秀峭拔之山之下，地之偏，人之寂，景與心會，能無感乎。〔註二六〕

歐陽守道誠有見而發。書院之地，貴乎清寂。學者遠塵囂，去俗念，潛思力學，終有所成。

書院建於山林，自然合宜，若建於闤闠中，亦須有寧靜氣氛，方能免於市井囂塵聲與弦誦之聲間發之弊，以收一耳目，肅心志之宏效。

二、藏書

書院既爲讀書之地，進一步發展，遂衍爲藏書之所，故宋代書院亦具有典藏圖書之功能。「書院」之所以名「書院」，其始或因庋藏圖書，而令士子習肄其間之故。清戴鈞衡云：

昔宋太宗、眞宗之世，凡建書院，有司必表請賜書，周述之於白鹿洞，李允之於嶽麓皆是也。然則，書院之所以稱名者，蓋實以爲藏書之所，而令諸士子就學其中者也。（註二七）

班書閣亦曰：「蓋書院之所以名之曰書院者，即以藏書故也。」依史志所載觀之，宋代書院大抵皆有藏書，除有齋舍、有學田、有經費可供師生廩食以便於講學外，蒐集經史典籍，分類庋藏，俾供學者潛修參閱之用，乃書院有進於精舍、講堂、講舍之處。（註二八）

南園書院，在東陽縣，宋蔣友松建，聚書三萬餘卷，賓碩儒以教其族黨子弟。（註二九）

同人書院，在建陽縣崇化里，宋乾道間朱文公建以貯圖書，祀孔子於中。（註三〇）

石洞書院，「東陽郭君欽止作書院于石洞之下，……禮名士主其學，徙家之藏書以實之。」（註三一）

鶴山書院，「堂之後爲閣，家故有書，某又得秘書之副而傳錄焉，與訪尋于公私所板行者，凡得十萬卷，以附益而尊閣之，取六經閣記中語，榜以尊經。」（註三二）

泰山書院，「先生（孫復）亦以其道授弟子，既授之弟子，亦將傳之於書，將使其書大行

，其道大耀，乃於泰山之陽，起學舍構堂，聚先聖之書滿屋，與群弟子而居之。」〔註三三〕

東湖書院，「營棟宇，叢簡編，以便賢雋之紬閱。」〔註三四〕

龍潭書院，「予聞其人（廖仲高）嗜書如阮孚之於屐，如陸羽之於茶，如子猷之於竹，如淵明之於菊，如楊斯饕，愈啖而愈不厭，如疢斯痼，愈療而愈不除也。東若閩浙、西若邛蜀，有善本，有精紙，有大字之書，必叩囊底，倒橐中，罄所有，走健步以致之，又聘良工，伐山木，作一書院以庋之，凡數萬卷不翅也。〔註三五〕

傳貽書院，「潛庵輔公，……著書滿家。易、詩、書、春秋、禮記有注釋，大學、論語、孟子、中庸有問答，通鑑有說，師訓有編，日新有錄，雜著有稾，襲藏於家。」〔註三六〕

清湘書院，「吾友林仲山昌守全日，得柳侯仲塗氏讀書遺址，乃鉏荒築室，館士儲書，與邦人講肄其間。」〔註三七〕

此皆書院藏書之證。書院藏書，少則千卷，多則萬卷，如南園書院三萬卷，鶴山書院十萬卷，所藏可謂富矣。至於廖仲高兄弟，嗜書之狂，搜羅之廣，亦充分表現傳統儒者追求學術理想、保存傳統文化之眞誠精神。同人書院除藏書外，兼祀孔子；泰山書院及清湘書院，除藏書外，兼具講肄性質。足見宋代書院之功能，已朝多元方向發展。

書院蒐集圖書，分類庋藏，以供學子參閱，樂亭史夢蘭曰：

吾之置此書以課諸生，非欲人薄科舉之文而不爲也。誠欲學者通經以窺聖賢授受之原，讀史以知歷代興亡之故，根柢既深，枝葉自茂，即爲科舉之文，必高尋常倍倍，科名何患不得。」〔註三八〕

黃璟亦曰：

余自課試諸生以來，覩其氣象之淵雅，攬文字之清純者，概不乏人。而氣局難以恢廓，議論不能宏深者亦多。其故緣拘守蹄涔，不讀群經百家，不能撐腸柱腹，俾眼界爲之通明，而學問昭其淵博。茲購得書籍十數種，藏之藝苑，俾諸生冥心搜討，以通經貫史，廣見洽聞。〔註三九〕

由此觀之，書院藏書旨在使學者通經達理，明史致用，並藉書香之浸濡，恢廓其氣度，宏深其議論，而開拓其視野，廣其學問。而此乃柳宗元所謂「本之書以求其質，本之詩以求其恒，本之禮以求其義，本之春秋以求其斷……參之穀梁以厲其氣，參之孟荀以暢其支，參之莊老以肆其端，參之國語以博其趣，參之離騷以致其幽，參之太史以著其潔」〔註四〇〕之義。班書閣云：

書院所以教士者，而書籍爲教士之具，使有書院而無書，則士欲讀不能，是書院徒有教士之名，已失教士之實。故凡教士之所，皆有廣搜典籍之必要，以供學者之博覽，不獨書院而已也。〔註四一〕

此言甚是。

三、刻書

五代之際，兵荒馬亂，烽火連天，典籍零散，文獻支離。宋史藝文志稱：「歷代典籍，莫厄於秦，莫富於隋唐。……陵遲逮于五季，干戈相尋，海寓鼎沸，斯民不復見詩、書、禮、樂之化。」又云：「亂離以來，編帙散佚，幸而存者，百無二三。」宋承五代亂離之餘，書籍印板不多，至宋太宗淳化五年，經部之書如公羊、穀梁、周禮、儀禮、論語、孝經、爾雅、孟子等書之注疏，且猶未刊印。文化事業之起步，爲時甚晚。宋英宗治平四年前，刊書校攷之責，屬國子監管領，禁止擅鐫。在此之前，書院既不能刊書，自有賴於朝廷之賜。江西通志卷八十二載：太平興國二年，詔從知江州周述請，俾國子監給印本九經，驛送至洞（白鹿洞書院）；湖南通志卷六十八載：咸平初，李允則復奏嶽麓修廣舍宇，生徒六十餘人，請下國子監賜諸經釋文、義疏、史記、玉篇、廣韻，從之。另登封縣志卷十七載嵩陽書院，於至道三年，賜名太室書院，藏九經其中。書院書籍之來源，既有賴於朝廷之賜，數量自然有限，而不符士子之需。宋神宗熙寧以後，禁刻之令弛，私刻、坊刻之風起，對文化事業之發展，厥功至偉。規模較大之書院爲豐富教學資料，保存文獻，亦每有刊刻圖書之舉。〔註四二〕宋代書院刊刻圖書見於國內各藏書目錄者，計方岳秋崖先生小稾等十餘種。茲將所見，略述於后。

竹溪書院

方岳秋崖先生小稾八十三卷，宋寶祐五年刻。

丁丙善本書室藏書志卷三十一云：「秋崖小稿八十三卷，一刻於開化，再刻於建陽。迨先生之後，咸淳進士曰黃孫，寶祐進士曰石者，又翻刻於竹溪書院。」

白鹿洞書院

和靖帖，宋淳熙七年五月刻。

包孝肅詩，南宋刻，無年號。（註四三）

環溪書院

仁齋直指方論二十六卷。

小兒方論五卷。

傷寒類書活人總括七卷。

醫學眞經一卷，宋景定五年刻。（書林清話卷三）

建安書院

項安世周易玩辭十六卷，宋嘉定四年刻。（國立中央圖書館典藏國立北平圖書館善本書目）

晦菴先生朱文公文集一百卷、續集十卷、別集十一卷，宋咸淳元年六月刊。

陸心源皕宋樓藏書志云：「每葉二十行，每行十八字，版心有字數及刻工姓名，卷中有張履祥印、白文方印。」（卷八十五）

龍江書院

北溪先生大全文集五十卷，宋淳祐八年刻。

瞿鏞鐵琴銅劍樓藏書目錄卷二十一云：「是書初刻於宋淳祐戊申，板藏龍江書院，歲久佚壞。至元乙亥，漳州守張某委學錄黃元淵重刻於郡學。」（註四四）

象山書院

袁燮絜齋家塾書鈔十二卷，宋紹定四年刻。

四庫全書總目提要卷十一云：「其書宋史藝文志作十卷，陳振孫書錄解題稱爲燮子喬錄其家庭所聞，至君奭而止，則當時本未竟之書，且非手著。紹定四年，其子甫刻置象山書院，蓋重家學，不以未成完帙而廢之。」

泳澤書院

大學章句一卷、中庸章句一卷、論語集注十卷、孟子集注十四卷，宋淳祐六年八月刻。

陳鱣經籍跋文宋本四書跋云：「四書舊先刻者爲臨漳本。此宣城舊本，不知視臨漳所刻何如。而繕寫精良，字大悅目，誠爲至善。」又云：「每葉十六行，行十五字，注作大字，低一格。」

白鷺洲書院

漢書一百二十卷，宋刻無年號。

莫友芝宋元舊本書經眼錄卷一云：「半葉八行，行正文十六字，注文雙行，二十一字。每卷末皆記二行云：右將監本、杭本、越本及三劉宋祁諸本參校，其有同異，並附於古注之下。又有正文若干字，注文若干字，一行或二行在卷題後。」

麗澤書院

呂祖謙新唐書略三十五卷，宋刻無年號（見葉德輝書林清話卷三）

司馬光切韻指掌圖二卷，宋紹定三年三月刻。

陸心源皕宋樓藏書志卷十六云：「先文正公切韻指掌圖，近印本于婺之麗澤書院，深有補於學者，謹重刊于越之讀書堂。」又云：「案此影抄宋紹定刊本，每半葉十一行，每行十六字，版心有刻工姓名。」

江左書院

儀禮經傳通解集傳集注三十七卷，宋嘉定間刻。

丁丙善本書室藏書志卷二云：「其書初刻於南康道院，再刻於江左書院，每葉十四行，行十五字，夾注同，版心有大小字數，刊工姓名。於匡、徵、恒、愼、敦、讓字有闕筆。於儀禮則全載鄭注，節錄賈疏，每引湓本及成都石經，足訂注疏之譌。」

由上述各書院刊刻之圖書觀之，其範圍至爲廣闊。有經書（如周易玩辭、儀禮經傳通解）、有史書（如新唐書略、漢書）、有文集（如北溪先生大全文集、晦菴先生朱文公集）、有醫書（

如小兒方論、仁齋直指方論）、刊刻種類並不限於一端。顧炎武云：

聞之宋元刻書皆在書院，山長主之，通儒訂之，學者則互相易而傳布之，故書院之刻有三善焉，山長無事而勤於校讎，一也；不惜費而工精，二也；板不貯官而易印行，三也。（註四五）

從江左書院刊儀禮經傳通解集傳集注，以及建安書院刊項安世周易玩辭（註四六）二書觀之，宋代書院刊本誠具有繕寫精良，字大悅目，校讎精審之特色。故每為後代藏書家精心收藏之對象。清錢泰吉曝書雜記卷上載：

海昌陳簡莊孝廉鱣，博學好古，尤喜收書。其所得諸經：舊本周易注疏則宋刻大字本十三卷，李氏集解則影宋嘉定本十卷。……孟子音義則影寫北宋蜀大字本二卷。四書則宋淳祐丙午（六年）泳澤書院刻大學章句一卷、中庸章句一卷、論語集注十卷、孟子集注十四卷。

陳鱣之所以精藏泳澤書院刊本四書章句集注，或因此書院刊本「繕寫精良，字大悅目，誠為至善」（註四七）之故。

四、祭祀

宋代書院除具有讀書、藏書、刻書之功能外，又有宗教祭祀之功能。除規模較大之書院設有禮殿（如白鹿洞書院有宗儒祠）以供祭祀外，規模較小之書院每亦闢有祀堂以祀先聖先賢。如此具有宗教性質之書院甚多，可考者如：

慈湖書院，在慈谿縣治北，宋郡守建以祀楊文元公，設山長主之。（註四八）

建安書院，在建寧府治北，宋嘉熙二年郡守王埜建朱子祠，立齋舍，以廖德明門人鄭師尹及蔡元定孫謨典教事，又建燕居堂於左，以祀先聖。（註四九）

槐堂書院，在金谿縣，宋紹定六年縣令陳詠之建，祀陸九齡、九淵。（註五〇）

深柳書院，在安鄉縣，宋范仲淹隨長山朱氏令安鄉，讀書於此，後人慕之，構堂祀焉。（註五一）

相江書院，在韶州府學東，宋乾道庚寅知州周舜元建，祀濂溪先生周敦頤。（註五二）

他如白鹿洞書院志卷三云：「宗儒祠即三賢祠也，朱子既去郡，諸生爲立生祠於講堂西，移書撤之。朱子歿，開禧乙亥，諸生遂以濂溪、二程與先生合祀於講堂。」宋史卷四三四云：「祖謙學以關洛爲宗，而旁稽載籍，不見涯涘。……晚年會友之地曰麗澤書院，在金華城中。既歿，郡人即而祠之。」又宋史卷四二〇云：「（王）埜因德秀知朱熹之學，凡熹門人高弟，必加敬禮。知建寧府，創建安書院，祠熹，以德秀配。」此乃書院崇祀先賢之例。然書院何以成爲一祭祀空間，其故有三：

㈠、存神過化自然現象

元史選舉志云：「先儒過化之地，名賢經行之所，與好事之家出錢粟贍學者，並立爲書院。」趙翼曰：「自昔聖賢生育宦游進修之處，皆立書院，以敬其德業，而嘉惠後人也。」（註五三）

此類書院如：

龜山書院，在餘杭縣，宋崇寧末楊時知縣事，有遺愛於民，民請立書院祀之。（註五四）

稽山書院，在紹興府，宋朱文公嘗司本郡常平事，講學敷政以倡多士，三衢馬天驥建祠祀之。（註五五）

南溪書院，在尤溪縣，宋朱子誕生之地，嘉熙丁酉，李脩即其地爲祠，合祀韋齋，文公。淳祐元年，理宗賜額曰南溪書院。（註五六）

濂溪書院，在萬安縣，宋周敦頤司理虔州，嘗游龍溪及香林寺，後人因建濂溪祠，後改爲龍溪書院。（註五七）

澧陽書院，在澧州，宋范仲淹讀書處，後人因建書院。（註五八）

此類書院之設，費海璣以爲乃基於「大賢之精神潛力或學者之權力，此種權力之基礎，爲迷信及好事者之風頭主義。」（註五九）愚以爲此書院之設，並非起於好事者之「風頭主義」，而是肇於先民「崇本務德」與「報本反始」之心理。

㈡、尊崇先賢德業事功

書院祭祀先賢，並非率爾爲之。白鹿洞書院祀周子、朱子等人，楊廉曰：「云祀之義何居，周子嘗爲守於此，朱子既嘗爲守而重建書院於此，勉齋以下皆嘗講學於此者也，蓋非有關於書院，則不泛及，匪諸儒，則固不混施也。」（註六〇）正因周敦頤、朱熹及黃榦諸人乃一代名儒，又嘗講學於書院，功在士林，故白鹿洞書院有宗儒祠以祀焉。元李祁范文正公書院記云：

> 蓋自六經晦蝕，聖人之道不傳，爲治者不知所尊向，寥寥以至於公，而後開學校、隆師儒、誘掖勸獎，以成就天下之士，且以開萬世道統之傳，則公之有功名教夫豈少哉？夫以公之有功名教如此，則後世之宗而祀之，爲學校以廣之，固宜與夫子之道相爲無窮。……此書院之所由立也。」（註六一）

傅子雲槐堂書院記亦云：

> 象山先生稟特異之資，篤信孟氏之傳，虛見浮說不得以淆其眞、奪其正，故推而訓迪後學，大抵簡易明白，開其固有，無支離繳繞之失，而有中微起痼之妙。士民會聽，沈迷利欲者，惕然改圖；蔽惑浮末者，翻焉就實；膠溺意見者，凝然適正，莫不有主於內，則智足以明，仁足以守，勇足以立。……於著誠息僞，興起人心之功，亦可謂有光于孟氏矣。先生歿，郡縣往往於其講學之地立祠。（註六二）

范仲淹以有功於名教，陸九淵以有功於孟子，及其歿，後世尊崇其德業，故立書院以祀之。此乃傳統儒者「崇本務德」之心。邵寶曰：「道南書院曷爲而建也，爲祀宋龜山先生文靖楊公中立而建也。公南劍人也，常曷爲祀之，公學於程門，還自伊洛，至常而留焉。……周旋延陵勾吳之間，與諸生講道者十有八年。其風流在士林，功化在後學者，博且宏矣，是以歿而祀之。」（註六三）正因楊時「風流在士林，功化在後學」，及其歿，亦祀之於書院。

(三)、尊隆道統樹立師道

書院祭祀先聖先賢，尚寓有尊隆道統與樹立師道之意。熊禾云：「僕於雲谷之陽，鰲峰之下，創小精舍，中爲夫子燕居，配以顏、曾、思、孟，次以周、程、張、朱（濂溪、明道、伊川、橫渠、晦庵）五先生，隆道統也。」〔註六四〕楊廉云：「向日周程二先生祠，雜以陶李諸公，執事分兩祠以祀之，甚是。但今祠共峙，一門共入，殊無差別，而于尊奉二先生之意似猶欠專。今不若改門正對二先生之祠，其陶李之祠，從旁而入爲當。又二先生祠宜以黃榦、李燔、張洽、黃灝、陳宓等配食。諸人皆晦庵高弟，嘗講學其處，乃不得分一席而坐，而陶元亮之隱節、李太白之文章，獨得俎豆其間，不亦輕重之失倫哉？」〔註六五〕由此觀之，宋代書院祭祀先聖先賢，實有尊隆道統之意。正因祭祀旨在尊重儒學道統，故楊廉主以黃榦等先賢從祀。至於李白、陶元亮之輩，雖隱節文章頗有可觀，然却不宜獨享俎豆馨香。

書院之祭祀先賢，其旨亦在樹立師道楷模，使學子朝夕景仰。入其堂，儼然若見其人，玩索群書之餘，體聖賢氣象，而心嚮往之，油然興起「希聖希賢」之心。〔註六六〕明彭時云：

我朝推崇先生（胡安國），列諸從祀，誠萬世之公論。而崇安乃先生鄉邑，矧可無專祀以起後人之景仰也哉？此太宗所謂盡心於書院而不敢後也。繼今學者，仰而瞻其容，俯而讀其書，一惟其道德言論是式是循，庶幾進德修業，卓有成效，然後無負於太守表彰風勵之意。〔註六七〕

所謂「仰而瞻其容，俯而讀其書，一惟其道德言論是式是循，庶幾進德修業，卓有成效」，乃書院祭祀先賢之旨。清戴鈞衡曰：

古者始立學，必釋奠於先聖先師，其餘各學，亦四時有釋奠先師之典，是非徒以尊德尚道也，其將使來學者景仰先型，欽慕夙徽，以砥礪觀摩而成德，而亦使教者有所矜式，而不敢苟且於其間。（註六八）

陳道生曰：

書院祀賢，其祭祀之禮固可獲大學「示之以尊敬道藝」「使觀而感於心」「不言以盡其禮」之用，而平時常覩先賢遺容，蓋亦有「見賢思齊」之效，心理學上固有同化「Identification）之原則也，此又爲我國古代訓育之一大特色矣。（註六九）

由是觀之，書院之所以祀先聖先賢，則在勉士人不忘「希聖希賢」，且寓責成秉鐸者之意。

五、講學

中國傳統思想家表達其思想，常以一特殊方式，即以注解、詮釋經書之方式，建立其思想體系。（註七〇）宋儒自不例外。然宋儒尚有進於此者，此即宋儒不僅以注經方式建立其思想體系，更以講學方式散播其思想理論。講學之地，則多假書院行之。稽之宋元學案，具有講學功能之書院甚多。如：

葉夢得，貴溪人，號是齋，琴山之徒也，由進士授秘書丞。建石林書院，延盧玉溪、陸梭

山講學其中。〔註七一〕

王士毅，字子英。……黃戇庵（叔英）講道於慈溪之杜洲書院，遂往從之，益知道德性命之奧，自是所造愈粹而行愈高。〔註七二〕

桂萬榮，字夢協。……今慈湖東山之麓，有石坡書院，即當年所講學也。〔註七三〕

楊子謨，字伯昌。……講學於雲山書院，與諸生敷陳論孟學庸大義。〔註七四〕

高崇，字西叔。……其在黎，故有玉淵書院，前守薛仲章（紱）所建也，修復之以講學。〔註七五〕

趙順孫，字和仲，縉雲人也。……築學道書院以講學。〔註七六〕

輔廣，字漢卿。……歸築傳貽書院教授，學者稱傳貽先生。〔註七七〕

方逢辰，字君錫。……講學於和靖書院。〔註七八〕

周行己，字恭叔。……築浮沚書院以講學。〔註七九〕

劉南甫，字山立，號月澗。……嘗講學白鷺書院。〔註八〇〕

錢時，字子是。……江東提刑袁蒙齋甫建象山書院。招主講席，學者興起。大抵發明人心，指摘痛快，聞者皆有得焉。〔註八一〕

張忠恕，字行父。……講學於嶽麓書院，益求為己之功。〔註八二〕

張庶，字晞顏。……講學於嶽麓書院。〔註八三〕

林擇之，字用中。閩人，從文公遊最久。文公守南康時，擇之嘗從講學於洞。（註八四）

陳宓，字師復。……嘉定間知南康軍，有政聲，公暇即造白鹿洞與諸生講學。（註八五）

諸如此類者甚多，不一一列舉。稽之各地方志，理學家建以講學之書院亦多。如拙齋書院、石塘書院、石屏書院皆是。（註八六）講學於書院之理學家，不僅於經學、史學均有極高之造詣，其豐富而精彩之講學內容，亦每能使學者感悟，而爲之泣下。象山先生全集卷三十六象山年譜載：淳熙八年辛丑，陸象山登白鹿洞書院講席，講授論語「君子喻於義，小人喻於利」一章，「當時說得來痛快，至有流涕者。元晦深感動，天氣微冷，而汗出揮扇。」理學家假書院講學本不足爲奇，然能使學子感動流涕，並「汗出揮扇」，則另有原因。宋代書院制度得以流傳後世，於中國教育史上據一席之地，實緣此追求學問道德世界之眞誠精神所使然。（註八七）

宋理學家每講學於書院，其講學之旨何也？朱廷益云：

夫人才之不興，由正學之不明也，正學未明，由師道之不立也。……宋儒於膠序外，每據名勝爲會講之地，無非闡明正學，陶冶人才也。（註八八）

宋儒之所以殷殷講學，無非在尊嚴師道，闡明正學，期以喚醒學子之憂患意識，並培養學子肩負國家、承擔社會之理想人格。因書院講學旨在培養理想人格，故其所講者，唯「道之以人之理，齊之以人之綱，如是而止耳。」（註八九）而此乃君子之學。正因書院所講者乃君子之學，故可動天地、貫日月、通神明、開金石、表四海而範百世。且因講學旨在嚴師道、明正學，以育人才，故宋儒不講科舉之學，而講聖賢之學。陳淳云：

或曰：今世所謂科舉之學，與聖賢之學何如？曰：似學而非學也。同是經也，同是子史也，而爲科舉者讀之，徒獵涉皮膚，以爲綴緝時文之用，而未嘗及其中之蘊。止求影像髣髴，略略通解可以達吾之詞則已，而未嘗求爲眞是眞非之識。窮日夜旁搜博覽，吟哦記臆，惟鋪排駢儷無根之是習，而未嘗有一言及理義之實。自垂髫至白首，一惟虛名之是計，而未嘗有一念關身心之切。蓋其徒知舉子蹊逕之爲美，而不知聖門堂宇高明廣大之爲可樂；徒知取青紫伎倆之爲美，而不知潛心大業趣味無窮之爲可嗜。凡天命民彝大經大法人生日用所當然而不容闕者，悉置之度外，不少接心目，一或扣及之，則解頤而莫喻。於修己治人齊家理國之道，未嘗試一講明其梗槩，及一旦躐高科、躡要津，當任天下國家之責，而其枵然無片字之可施，不過直行己意之私而已。若是者，雖萬卷塡胸，錦心繡口，號曰富學，何足以爲學？裒冠博帶，文雅蘊藉，號曰名儒，何足以爲儒？（註九〇）

書院講學原起於宋儒之自覺精神，此自覺精神之具體實踐，即「內聖外王」之工夫。而此工夫又透過大學格物、致知、誠意、正心、修身、齊家、治國、平天下諸端而出之。宋儒每謂身不修，則不能齊其家、治其國、平其天下。蓋平時若「於修己治人齊家理國之道，未嘗試一講明其梗概」及一旦任官歷職，「躐高科，躡要津，當任天下國家之責」，則必胸中「枵然無半字之可施」。此觀念是否正確，姑且不議，然因宋儒堅信「內聖」乃通往「外王」之唯一途徑，故宋儒每將學術風氣，導向於「內聖」之途。然而，因此一念之差，却不免陷學術於「內聖有餘而外王不足」之狹隘境界。

除上述者外，書院之設或爲教育鄉族子弟，或爲流寓士子提供一既有所教，又有所安之進修場所。前者如：

明經書院，在茶陵州，宋岳飛討曹成感尹彥德犒軍，請於朝，遣國子生教習其子弟，淳熙初建書院。（註九一）

笙竹書院，在湘陰縣笙竹舊驛，宋天禧中縣人鄧咸建以訓子弟及游學之士。（註九二）

樂善書院，在端州府，宋寧宗時，州守王淹建以訓宗室子弟。（註九三）

本類書院，於性質上，尚存舊社會私塾之傳統。後者如：

竹林書院，在夔州府治東，宋嘉熙中，知州孟珙建以處襄漢流寓之士。（註九四）

天門書院，在當塗縣太平鎮，宋淳祐六年，守臣陳塏建爲准士流寓者肄業之所，置田以養之。（註九五）

南陽書院，在荊州府，宋荊湖帥孟珙因襄陽人士聚於江陵，乃建書院，以沒入田廬隸之。（註九六）

此類書院，則於世亂，士多失學之際，而予莘莘學子以棲身進修之所，使其免於流離之苦，而爲中華文化存留諸多元氣。王鎭華謂：

書院無疑是傳統文化中之一重要橫剖面，從它可以反映出當時教育、社會、經濟與政治等各方面。同時，在歷史之演變下，它也反映出我們文化在時代中之動向，因此，它又是文化之重要縱剖面。（註九七）

宋代書院五大功能，「讀書」乃承襲前代習業山林之傳統，「祭祀」旨在暗示學子如何安身立命，「講學」旨在闡明正學以陶鑄人才，「藏書」、「刻書」則在保存傳遞中華文化，至於教育士子與收容士子，則於文化紮根與民族元氣之存留，功不可沒。吾人透過書院，將可掌握傳統文化演變之趨勢、宋代學術思想以及社會風氣之訊息。

附註

註一　見中國書院制度，頁四十七，上海中華書局，二十三年十一月出版。

註二　見我國書院制度及其精神，鵝湖四卷一期。

註三　見李氏山房藏書記，引自蘇東坡全集前集卷三十二。

註四　見鶴林玉露卷十七。

註五　見古今圖書集成職方典卷八二一。

註六　見福建通志卷六十二。

註七　見江西通志卷八十一。

註　八　見江西通志卷八十二。

註　九　見湖南通志卷六十九。

註一〇　同前註。

註一一　同前註。

註一二　見古今圖書集成職方典卷一三二八，廣東通志卷二二一之記載略同。

註一三　見廣東通志卷二二一。

註一四　見四川通志卷七十九。

註一五　同前註。

註一六　見天下書院總志卷二。

註一七　見浙江通志卷二十八。

註一八　同前註。

註一九　見浙江通志卷二十九。

註二〇　見湖南通志卷六十九。

註二一　見鶴山先生大全集卷四十一。

註二二　見從教育觀點析論宋代書院制度，學記三期。

註二三　見朱子大全文集卷九十九，白鹿洞牒。

註二四　見欽定四庫全書絜齋集卷十，東湖書院記。
註二五　見水心先生文集卷九，石洞書院記。
註二六　見欽定四庫全書巽齋文集卷十六，青雲峰書院記。
註二七　見桐鄉書院四議，引自皇朝經世文編續編卷六十五。
註二八　參見黃金鰲，我國書院制度及其精神，鵝湖四卷一期。
註二九　見浙江通志卷二十八。
註三〇　見福建通志卷六十五。
註三一　同註二五。
註三二　同註二一。
註三三　見宋石介，石守道先生集卷下，泰山書院記。
註三四　同註二四。
註三五　見楊萬里，誠齋集卷七十五，廖氏龍潭書院記。
註三六　見文及翁，傳貽書院記，引自宋代蜀文輯存卷九十四。
註三七　見鶴山先生大全集卷四十八，清湘書院率性堂記。
註三八　見重修永平府敬勝書院記，引自永平府志卷三十七。
註三九　見仙隄書院藏書說，引自山丹縣志卷六。

註四〇　見柳河東集卷三十四，答韋中立書。

註四一　見書院藏書考，國立北平圖書館館刊五卷三號。

註四二　參見黃晴文，中國古代書院制度及其刻書探研，頁九十九，中國文化大學史學研究所碩士論文。

註四三　案朱子大全別集卷七，載朱子跋所刻和靖帖云：「右和靖先生帖，得之祁君之子眞卿，淳熙庚子夏五月丙戌刻之白鹿洞書院。」又跋所刻包孝肅詩云：「此包孝肅公布衣時語，蔡廷彥得之吳唐卿，以語晦翁，翁敬書之，俾刻於白鹿洞。」

註四四　四庫全書總目提要卷一六一，著錄北溪大全集五十卷，外集一卷，其下云：「集爲其子榘所所編，末有外集一卷。……淳祐戊辰，郡倅薛季良爲鋟版龍溪書院，歲久散佚，元至正乙亥，明弘治庚戌又兩經翻刻。」瞿目作淳祐戊甲、四庫提要作淳祐戊辰。案淳祐無戊辰年號，四庫所載疑非是。另瞿目作板藏龍江書院，四庫提要作鋟版龍溪書院，名稱亦不一致。

註四五　見日知錄卷十八，監本二十一史條。

註四六　見附錄三，宋代書院刊本書影。

註四七　見陳鱣經籍跋文，宋本四書跋條。

註四八　見浙江通志卷二十七。

註四九　見福建通志卷六十四。

註五〇　見江西通志卷八十一。
註五一　見湖南通志卷七十。
註五二　見廣東通志卷一三九。
註五三　見請祀李忠定議，引自天下書院總志卷三。
註五四　見浙江通志卷二十五。
註五五　見浙江通志卷二十七。
註五六　見福建通志卷六十四。
註五七　見江西通志卷八十一。
註五八　見湖南通志卷七十。
註五九　見宋代書院新考，現代學苑一卷十一期。
註六〇　見白鹿洞書院記，引自江西通志卷八十二。
註六一　見欽定四庫全書雲陽集卷七。
註六二　見撫州府志卷三十三。
註六三　見道南書院記，引自天下書院總志卷三。
註六四　見三山郡泮五賢祠記，引自宋元學案卷六十四，潛庵學案。
註六五　見與蘇伯誠書，引自白鹿洞書院志卷十二。

註六六　參見陳繼新，從教育觀點析論宋代書院制度，學記三期。
註六七　見重修胡文定公書院記，引自明文在卷五十七。
註六八　同註二七。
註六九　見中國教育新論，國立師範大學教育研究所集刊一期。
註七〇　參見黃俊傑，舊學新知百貫通——從朱子〈孟子集註〉看中國學術史上的注疏傳統，收於中國文化新論學術篇一九七～二二九頁，台北聯經出版事業公司，七十年出版。
註七一　見宋元學案卷七十七，槐堂諸儒學案。
註七二　見宋元學案卷八十六，東發學案。
註七三　見宋元學案卷七十四，慈湖學案。
註七四　見宋元學案卷七十二，二江諸儒學案。
註七五　見宋元學案卷八十，鶴山學案。
註七六　見宋元學案卷七十，滄洲諸儒學案下。
註七七　見宋元學案卷六十四，潛庵學案。
註七八　見宋元學案卷八十二，北山四先生學案。
註七九　見宋元學案卷三十二，周許諸儒學案。
註八〇　同註七六。

註八一　同註七三。

註八二　見宋元學案卷五十，南軒學案。

註八三　同前註。

註八四　見白鹿洞書院志卷五。

註八五　同前註。

註八六　見附錄一——宋代書院創建一覽表。

註八七　參見李弘祺，絳帳遺風——私人講學的傳統，收於中國文化新論學術篇頁三五三～四一〇。

註八八　見白鹿洞書院志卷八。

註八九　見誠齋集卷七十六，秀溪書院記。

註九〇　見北溪大全集卷十五，似學之辨。

註九一　見湖南通志卷六十八。

註九二　同前註。

註九三　見江西通志卷八十一。

註九四　見四川通志卷七十九。

註九五　見安徽通志卷九十二。

註九六　見湖北通志卷五十九。

註九七　參見王鎮華，中國建築備忘錄頁一九四，台北時報文化出版公司，七十三年九月二版。

第三章　宋代書院之教育宗旨與內涵

宋代書院之盛，雖起於官學之衰敗，理學之昌盛，君主之獎倡，經濟之繁榮諸因素，然科舉之刺激與影響應爲宋代書院興盛之主因。宋陳文蔚曰：「自後世以科目取士，所尙者經學詞章。雖曰經學，惟務記誦而不明聖經之旨，雖曰詞章，不足以潤色皇猷，而徒事乎藻繪。下以是而謀利祿，上以是而失眞材，欲望其致君澤民，以開太平之路，萬無是也。」（註一）爲彌此缺憾，書院乃乘勢而興。宋代書院興盛後，爲詆排異端，培育人才，並引導學術發展之方向，宋儒講學每透過其教育理論，標出一獨特之教育觀，期以建立一套對人生價值之特殊判斷標準。在此心態下，宋代書院教育自有其獨特宗旨與內涵。

第一節　宋代書院之教育宗旨

張栻嘗云：「嗟夫！學之不可不講也久矣。今去聖雖遠，而微言著於簡編，理義存乎人心者不可泯也，善學者求諸此而已。」（註二）又云：「凡天下之事，皆人之所當爲，君臣、父子、兄弟、夫婦、朋友之際，人事之大者也。以至於視聽言動，周旋食息，至纖至悉，何莫非事者。一事之不貫，則天性以之陷溺也。然則，講學其可不汲汲乎？」（註三）宋代書院旨在講明學術，用以正人心、抑邪說、扶三綱、敍九法、敦風俗。不僅提倡自由研究之學術風氣，更注重理想人格之陶冶。於舉世滔滔競逐俗學之環境下，宋代書院高揭內聖外王大纛，以嶄新之精神，崛起於宋代，而展現新面貌。至於其教育宗旨大抵有三，曰尊王宗孔、曰明體適用、曰希聖希賢。茲就此三者述之如下：

一、尊王宗孔

尊王與明道，乃北宋學術思想之兩大骨幹。〔註四〕而尊王與明道觀念之出現，亦各有其政治背景與思想淵源。唐末五代之際，藩鎮掌兵，飛揚跋扈，目無天子，不僅斲喪國本，更爲天下喪亂之源。有鑒於此，趙匡胤陳橋兵變得位後，爲撥亂反正，乃確立強榦弱枝之策。收兵權、強禁軍、削藩鎮、用文臣，以杜絕五代亂源，定天子於一尊，將大權納入中央，而推行集權政策。於是君主地位爲之提高，而尊王思想，在「被動式忠君」〔註五〕之要求下，隨即成爲宋初學術思想之主流。趙宋立國後，外族壓力極強，終有宋之世，可謂無日不在異族侵略壓力下苟延殘喘。在此國事日非，勢如累卵情況下，有一自覺精神，於士大夫心靈中逐漸形成茁壯。而此自覺精神，即爲「憂患意識」。「憂患意識」使知識分子不能不面對當時壓力，以天下興亡爲己任，由此「承擔」而生「救亡」之志。而救亡之志既來自危亡之威脅，對於導致危亡因素又不得不一一探索。〔註六〕於檢討反省之餘，如何「保衛自己之民族及文化之復興成爲一重大問題」。〔註七〕「尊王」之觀念即爲思索此大問題之結果。

除「尊王」外，「明道」觀念亦為宋代學術思想之一大骨幹。而明道觀念之產生，乃源於佛老思想之衝擊。佛教自東漢明帝永平十年傳入中土後，漸植人心。隋唐之際，浮屠義諦，盛極一時。迄乎趙宋，因君主迷信，佛教更風行天下。據宋李攸宋朝事實卷七之記載：宋眞宗天禧末，天下僧凡三十九萬七千六百一十五人，尼凡六萬一千二百三十九人，計四十五萬八千八百五十四人之多，由此不難了解當時佛教盛行之狀況。因佛教盛行導致天下人流蕩寺廟，縱虛無之談，騁荒唐之詞，而害儒道。正如張橫渠所云：「自其說熾傳中國，儒者未容窺聖學門牆，已為引取淪胥其間，指為大道。其俗達之天下，致善惡智愚，男女臧獲，人人著信。使英才間氣，生則溺耳目恬習之事，長則師世儒宗尚之言，遂冥然被驅，因謂聖人可不修而至，大道可不學而知。故未識聖人心，已謂不必求其迹；未見君子志，已謂不必事其文。此人倫所以不察，庶物所以不明，治所以忽，德所以亂，異言滿耳，上無禮以防其偽，下無學以稽其弊，自古詖淫邪遁之詞，翕然並興。」（註八）於此時代中，欲捍衛道統，須有英雄式之獻身行動。而內在激勵與個人奉獻，乃是拯救道統於湮滅之英雄式人物之特徵。（註九）宋儒之說理形式或思想方法，雖不免受佛老之影響，但於聖學日微之際，却能發揮自覺精神，而以捍衛儒學道統自許，使孔孟之道復興於衰微之世。勞思光曰：「宋代儒學之復興運動，自始即有一自覺之方向，此即歸向孔孟之教，而排拒漢儒傳統及印度佛教之壓力。」（註一〇）錢穆亦嘗謂宋儒為學，好創新說，競標己見，然其要則歸於明儒道以尊孔，撥亂世以返治。（註一一）「明道」即所以「宗孔」，而「尊王」即所以「忠君」，尊王宗孔不僅是宋儒教育指標，更爲北宋書院教育之主旨。

北宋仁宗時堪稱爲儒學正式擡頭之時代。儒學之興，使傳統道德觀念中之名分思想再度浮現，而所謂「夫君臣之義，人之大倫也。」（註一二）此「尊王」忠君思想，遂成爲當時教育之一貫主張。孫復、石介、胡瑗此時期俱講學於泰山書院。（註一三）孫復作春秋尊王發微十二卷，胡瑗作春秋口義五卷，（註一四）而石介有春秋說。（註一五）春秋尊王發微十二卷，俱存於通志堂經解中。孫復於「隱公元年春王正月」下云：「夫欲治其末者，必先端其本；嚴其終者，必先正其始。元年書王，所以端本也；正月，所以正始也。其本既端；其始既正，然後以大中之法從而誅賞之，故曰元年春王正月也。」孫復認爲尊王爲春秋大義之所在，欲端本必先尊王，始能以大中之法，貶責諸侯大夫專行之罪，以正天下。司馬光謂：「春秋抑諸侯，尊王室，王人雖微，序於諸侯之上，以是見聖人於君臣之際，未嘗不惓惓也。」（註一六）孫復以尊王發微名篇，其着述之旨與尊王之意，不言而知。牟潤孫曰：「孫氏尊王之論，足爲宋人中央集權制張目。」（註一七）牟氏之說是。除「尊王」外，「攘夷」亦爲孫復春秋學之另一思想主題。春秋尊王發微卷十二「十有四年春西狩獲麟」條下，孫復曰：「春秋尊天子，貴中國。貴中國，所以賤夷狄也；尊天子，所以黜諸侯也。」攘外必先安內，安內則須尊王，尊王與攘夷實非二事，孫復所以惓惓於華夷之辨，其意在此。胡瑗春秋口義五卷今未見，唯宋元學案稱引其春秋說七則。於「桓五年，蔡人衛人陳人從王伐鄭」條，胡瑗曰：「不書王師敗績于鄭，王者無敵于天下。書戰，則王者可敵；書敗，則諸侯得禦，故言伐而不言敗。」由此可知，胡瑗之春秋學亦重在發揮尊王之義。牟潤孫又曰：「尊王攘夷爲春秋要旨，得孫胡二氏爲之申明，天水一朝之輿論與政治，遂均受其重大影響，爲經學史上一大公案。」〔註一八〕全祖望亦曰：「宋世學術之盛，安定泰山爲之先河。」〔註一九〕孫胡二氏「尊王攘夷」說，對宋代社會與學術風氣之影響當可理解。

尊王攘夷爲春秋要旨，亦爲泰山書院之教育宗旨。然孫復、胡瑗所言「尊王」，並非獨尊君王，而是尊中華民族政治之統緒。至於「攘夷」，則在「保衛民族，復興文化」之大前提下，對於外來文化，採取斷然拒絕態度。〔註二〇〕宋儒講學多排佛斥老，視之爲異端。一者固由於佛老可安定心靈，開拓藝術境界，但無法解決現實政治問題，對於經濟、倫理諸方面建設，亦束手無策；二者因佛老乃是外來之文化，而老莊思想卻又「棄仁義而絕禮學，非堯舜而薄周孔，死生不以爲憂，存亡不以爲患，乃匹夫獨行之私言，非國家教人之正術。」〔註二一〕居於捍衛儒道、保存民族文化之觀點，宋儒對異端詆排，則不遺餘力。「異端之不息，由正學之不明。此盛彼衰，互相消長。莫若盡力於此，此道光明盛大，則彼之消鑠無日矣。」〔註二二〕此或宋儒共同之體認。孫復基於忠君觀念，一面高揭「尊王」之大纛，另面出於衛道之自覺，倡導「攘夷」大義。其曾著儒辱一篇，謂「仁義不行，禮樂不作，儒者之辱。」並對佛道大加抨擊，其理由係：

> 夫君臣、父子、夫婦，人倫之大端也。彼則去君臣之禮，絕父子之親，滅夫婦之義。以之爲國，則亂矣。以之使人，賊作矣。儒者不以仁義禮樂爲心則已，若以爲心，則得不鳴鼓

而攻之乎。凡今之人，與人爭詈，心有所不勝，則尚以爲辱，矧彼以夷狄諸子之法亂我聖人之教耶。〔註二三〕

可見：孫復之所以排佛老，乃基於「衛道」立場。而其所持之理由，即出自佛老破壞儒家倫理教化。泰山門人石介排佛，其觀點亦是如此。石介作怪說三篇，一怪文章，二怪佛老。嘗云：「夫君南面，臣北面，君臣之道也；父坐子立，父子之道也，而臣抗於君，子敵於父，可怪也。夫中國，聖人之所常治也，四民之所常居也，衣冠之所常聚也，而髠髮左衽，不士不農，不工不商，爲夷者半中國，可怪也。夫中國，道德之所治也，禮樂之所施也，五常之所被也，而汗漫不經之教行焉，妖誕幻惑之說滿焉，可怪也。」〔註二四〕正因佛老之說「滅君臣之道，絕父子之親，棄道德，悖禮樂，裂五常」，故徂徠奮身排佛，務期「各人其人，各俗其俗，各教其教，各禮其禮，各衣服其衣服，各居廬其居廬，四夷處四夷，中國處中國，各不相亂。」〔註二五〕石介又曰：

孔子，大聖人也，手取唐、虞、禹、湯、文王、武王、周公之道，定以爲經，垂於萬世矣。堯、舜、禹、湯、文王、武王、周公之道，萬世常行不可易之道也，佛老以妖妄怪誕之教壞亂之，楊億以淫巧淫僞之言破碎之。吾以攻乎壞亂破碎我聖人之道者，吾非攻佛老與楊億也。〔註二六〕

可見：石介之攻擊異端，乃立於捍衛儒家道統之角度，而不以個體與個人作爲攻擊對象。故黃震云：「徂徠先生學正識卓，闢邪說，衛正道，上繼韓子，以達於孟子，眞百世之師也。」（註二七）黃震之言，洵非過譽。

除胡瑗、孫復一脈以「尊王宗孔」爲其教育宗旨外，理學家亦有此自覺。程頤云：「父子、君臣，天下之定理，無所逃於天地之間。」（註二八）又云：「今之學者有三弊，一溺於文章，二牽於訓詁，三惑於異端。苟無此三者，則將何所歸，必趨於道矣。」（註二九）程頤認爲君臣之義，乃天下之定理，而其學務辨異端，重振儒道，可謂宋初「尊王攘夷」思想之再現。程頤門人朱光庭，哲宗時爲左正言，遷左司諫（註三〇），嘗上奏云：

聖王之治天下，以教育人才爲先務。教育之道，在學得乎正而已。學得其正，則始於誠意正心，而終於致君澤民，足以成君子之事業。然則，所謂正者何也？乃堯、舜、禹、湯、文、武、周公、孔子、孟軻之正道，非釋老、莊列、申韓之他道也。學者苟得其正，則幼而誦習，長而講解，久而人心成德，至於終身踐履，不離乎正，則養就美才皆此塗也。（註三一）

朱光庭之說，深得其師心。元牟瓛云：「夫學所以傳道、授業、解惑也。苟所傳所授不本於正，必流爲佛老、爲刑名、爲功利，學非吾儒之學矣。雖欲難疑問答，求以正之，其惑也滋甚。後有作者，必當開示塗轍，使之出於正，撤其蔽而袪其所甚惑，庶幾無愧菁莪樂育人才之心，兌澤朋友講習之義，大學正心誠意之道。」（註三二）此乃宋儒共同體認。北宋諸儒每據書院講學，著力於「尊王攘夷」大義之發揮，除基於現實政治之需要，藉此倡導「忠君」外，實寓有闡揚儒學傳統，期以恢復儒家歷史主位，進而捍衛國家保護文化之義。尊王本在忠君，而明道則旨在宗孔。忠君並非獨尊君王，而是尊政治之統緒，宗孔亦然。宋儒所宗者，亦非一聖人之偶像而已，而是宗於自堯舜以降列聖列賢所相承之「道統」。「道統說」之倡立，乃宋儒於佛老思想衝擊下所展現之精神自覺，即由「逃避」進而「承擔」之悲憫情懷與歷史擔當，而此正是宋代書院教育之鵠的。（註三三）

二、明體適用

潘耒（字次耕，一六四六—一七〇八）嘗云：

有通儒之學，有俗儒之學，學者將以明體適用也。綜貫百家，上下千載，詳考其得失之故，而斷之於心，筆之於書，朝章、國典、民風、土俗，元元本本，無不洞悉，其術足以匡時，其言足以救世，是謂通儒之學。若夫雕琢詞章，綴輯故實，或高談而不根，或勦說而無當，淺深不同，同爲俗學而已矣。（註三四）

經世致用本係吾國聖賢立教之傳統目標，而關心治道更爲宋儒之一貫精神。宋儒講學風氣甚盛，或於書院，或於私家。於思想上雖不免有內外輕重之歧，但莫不以天下爲己任，析論闡發，條陳擘劃，或重理想，或主實務，務期奠國家富強之基，躋天下於太平之域。（註三五）在此共識下，宋儒講學，每能因事致戒，借古諷今，爲體用兼備之學，期以闡明學術傳統，以樹立政治教化之方針。即後人目為空疏無用之性理研究，亦能以凝斂細密之態度，著力於內聖外王功夫，期以著誠息偽，興起人心，學術兼顧。書院教育，尤是如此。於「治道本乎明道，明道本乎學術」之認識下，宋代書院教育不僅要求學子相勉以德行，相勗以躬行；更期學子能通古今，達事變，發為文章，措諸事業，以開一代盛治。李二曲曰：「儒者之學，明體達用之學也。秦漢以來，此學不明，醇厚者梏於章句，俊爽者流於浮詞，獨洛閩諸大老，始慨然以明體達用為倡，於是遂有道學俗學之別，其實道學即儒學，非於儒學之外別有所謂道學也。」（註三六）潘耒言「明體適用」，李二曲言「明體達用」，不論明體達用或明體適用，無非欲人以道德仁義為內在根本（體），而以潤澤斯民為依歸（用）。此體用兼備之「經世」思想，不僅為宋代書院教育之主旨，亦為宋代學風之基本精神。（註三七）

北宋經世致用學風之產生，頗受當代環境背景之影響，蕭公權述北宋時期功利思想產生之原因曰：

> 趙宋立國之初，即有契丹之患，不徒石晉所割之燕雲十六州始終不得收復，而遼日盛，澶州戰後，屢增歲幣，以求苟安。西夏坐大，亦數內侵，元昊請和援例復遺歲幣，以大事小，示弱於人，此誠奇恥大辱，而當時君臣居然肯受者，殆亦深知兵弱財乏，故不得不姑忍之也。……宋財之乏，其由不一，曰歲幣、曰軍費、曰政費、曰糜費。皆耗巨資，有資無已，而賦役無方，民生日困，國力衰削，危亡可慮。至仁宗時，其勢蓋已可睹。朝廷不能

及時整頓奮發爲富強之議，圖振萎弛苟安之習。……故北宋功利思想之產生，大體由於時勢之刺激。〔註三八〕

蕭氏所言甚是。趙宋立國，大局初定，於戎馬倥傯之際，文治武備，百廢待興。初行重文輕武之策，導致宋代之積弱不振。爲救亡圖存，宋儒憬悟：唯有透過學術之管道，從根救起，方爲正途。於此前提下，書院亦講「經世致用」。范仲淹掌教於睢陽（應天府）書院，其教育以宗經爲首務，嘗云：「善國者莫先育才，育才之方，莫先勸學，勸學之要，莫尚宗經。」因爲「宗經則道大，道大則才大，才大則功大。」其冀諸學者潛沈六經之中，「服法度之言，察安危之幾，陳得失之鑒，析是非之辯，明天下之制，盡萬物之情」，用以「輔成王道」〔註三九〕。足見：范仲淹宗經興學之旨，仍在倡「經世致用」。范仲淹門人李覯講學於盱江書院〔註四〇〕，陳鑒謂：「盱江宋儒泰伯李先生，存心高古，履行剛方，竭力養親，不求榮達，倡立盱江書院，講明正學，從而師之者，恒數十百人。范文正公稱其講論六經，辯博明達，釋然聖人之旨，著書立言，有孟軻、揚雄之風。」〔註四一〕由此可知：李覯講學亦宗六經。李覯嘗曰：「吾以爲天下無孟子可也，不可無六經。」〔註四二〕在李覯心目中，六經乃正君臣之義，明孔子之道，而足以防亂患之寶典。歐陽修曰：「六經之所載，皆人事之切於世者，是以言之甚詳。至於性也，百不一二。」〔註四三〕李覯亦持此說。李覯講論六經，尤長於禮、易，嘗撰禮論七篇、易論十三篇、周禮致太平論十卷。其講論周禮，曰：「夫禮，人道之準，世教之主也。聖人之所以治天下國家修身正心無他，一禮而已矣。」〔註四四〕至於講論易理，則在於「急乎天下國家之用」，使「人事修而王道明」〔註四五〕。李覯曰：

聖人作易，本以教人，而之鄙儒，忽其常道，競習異端。有曰我明其象，猶卜筮之書未爲泥也；有曰我通其意，則釋老之學未爲荒也。晝讀夜思，疲心於無用之說，其以惑也，不亦宜乎。〔註四六〕

宋初諸儒糅合佛老，極研心性，放言象數，李覯皆視爲捨本逐末，蓋因「釋人事而責天道，斯孔子所罕言。」〔註四七〕李覯認爲易之爲教，不在天道性命，而在人倫世用。「君得之以爲君，臣得之以爲臣，萬世之理，猶輻之於輪，靡不在其中矣。」〔註四八〕此乃李覯於易所持之態度。宋儒講學每依六經，而易經玄奧爲六經之源，宋儒侈言天道，必取資於易，實亦自然之勢。李覯於易既持一「致用」觀，則其他聖人之書，必非無用，可不待辨矣。蕭公權氏嘗曰：「兩宋功利思想雖以王安石爲中堅，而致用之風氣則歐陽修倡之於先，李覯廣之於後。」〔註四九〕從李覯「羽翼聖經，發明治體」〔註五〇〕一端觀之，「經世致用」誠爲李覯盱江書院教育之主旨。

胡瑗曾講學於泰山書院，黃震黃氏日抄卷四十五稱其：

憤然獨立，不顧毀譽，勤勞三十年，以教育天下之才爲己任。其學以體用爲先，在湖學有經義齋、治事齋。治事者，人各治一事，如邊防水利之類。其在太學，有好尙經術者，好談兵戰者、好文藝者、好節義者，使各以類，群居講習。

可見安定之教人亦以「明體達用」爲先。宋元學案卷一安定書院載：熙寧二年，宋神宗問劉彝曰：「胡瑗與王安石孰優？」劉彝對曰：

臣師以道德仁義教東南諸生時，王安石方在場屋中修進士業。臣聞聖人之道有體、有用、有文。君臣、父子、仁義、禮樂，歷世不可變者，其體也；詩書史傳子集，垂法後世者，其文也；舉而措之天下，能潤澤斯民，歸於皇極者，其用也。國家累朝取士，不以體用爲本，而尚聲律浮華之詞，是以風俗偷薄。臣師當寶元明道之間，尤病其失，遂以明體達用之學授諸生。夙夜勤瘁，二十餘年，專切學校，始於蘇湖，終於太學，出其門者，無慮數千餘人。故今學者明夫聖人體用，以爲政教之本，皆臣師之功，非安石比也。

所謂「體」、「用」、「文」，依叔孫豹之說，「體」即「立德」，「用」即「立功」，「文」即「立言」。〔註五一〕以今人之術語言之，「體」即道德，「文」即知識，「用」即政治。「明體達用」即培養既能瞭解聖道，又能經世致用之人才。〔註五二〕而「明夫聖人體用，以爲政教之本」，不僅爲宋儒所以自立其學以異於進士場屋之聲律，與山林佛老獨善其身之異端〔註五三〕，更爲宋代書院教育之共同精神與終極目的。安定之學既以「明體達用」爲先，其門人於沈潛經義與實體治道之餘，每能掌握治民要道，而成朝廷棟樑。程顥曰：「安定之門人，往往知稽古愛民矣，則於爲政也何有。」〔註五四〕程明道之說甚是。

南宋理學大昌，理學「大抵以格物致知爲先，明善誠身爲要，凡詩書六藝之文，與夫孔孟之遺言，顛錯於秦火，支離於漢儒，幽沈於魏晉六朝者，至是煥然而大明，秩然而各得其所，……其於世代之隆汚，氣化之榮悴，有所關係也甚大。」（註五五）此期之書院教育，於理學之呵護影響下，雖不免偏於心性之辨，而有「以孝悌忠信爲淺近，而馳心於空虛窈遠之地」（註五六）之弊，甚至於有「一往蹈空，流於狂禪」（註五七）之憾，然其中却不乏特立獨行，與夫「兢身以禦物欲」「彌綸以通世變」（註五八）之士。如周行己、陳傅良諸子，皆致力於探索古今事物之變，務期考古通今，以明當世之務，而歸於實際事功之建立，固不待言，（註五九）即朱熹、呂祖謙之講學，亦未嘗不以「明體適用」爲鵠的。朱子嘗自述其學殖及理想云：

> 臣所讀者，不過孝經、語孟、六經之書；所學者，不過堯舜周孔之道，所知者不過三代兩漢以來治亂得失之故；所講明者，不過仁義禮樂天理人欲之辨；所遵者，又不過國家之條法。考其歸趣，無非欲爲臣者忠，爲子者孝而已。（註六〇）

讀論孟孝經之書，則日用常行之理無不賅備；學堯舜周孔之道，則正乎道法之原；知歷代治亂得失，則可以防微杜漸鑒往知來；明仁義禮樂天理人欲之辨，則可以整飭綱紀而致乎其用，凡此皆是體國澤民之道。朱子以此教人，究其歸趣，正欲爲子者孝，爲臣者忠，自盡其道，並經世致用耳。朱子又曰：

> 若論爲學，治己治人，有多少事。至如天文、地理、禮樂、制度、刑法，皆是著實有用之

事業，無非自己本分內事。古人六藝之教，所以游其心者，正在於此。其與玩意於空言，以較工拙於篇牘之間者，其損益相萬萬矣。〈註六一〉

朱子認爲：道德根本之務，固所當急，唯學本貴於適用，故學者亦當留心於天文、地理、禮樂、制度、軍旅、刑法著實有用之事業，以實現儒者之經世偉抱，萬不可玩意空言，甚至於以較工拙於篇牘爲賢，以謀青紫於場屋爲能。儒家言修己以安人，朱熹白鹿洞學規（揭示）言「古昔聖賢所以教人爲學之意，莫非使之講明義理以修其身，然後推己及人，非徒欲其務記覽、爲詞章，以釣聲名，取利祿而已也。」〈註六二〉由此可見：朱子之教育宗旨實欲學子明乎道德仁義之「體」以修其身，而後推己及人以達諸「用」。換言之，朱子之教育觀，實欲人由成己內聖做起，而止於成物外王之境界。此體用不二，內聖外王合一之理想，可謂朱子一脈書院教育之主旨。呂祖謙麗澤書院教育之宗旨，與朱晦翁大致相類。唯在明體適用之認知與著力上，東萊似較朱子更重於「用」。東萊云：

若實有意爲學者，自應本末並舉。若有體而無用，則所謂體者，必參差鹵莽無疑也。然特地拈出，却似有不足則夸之病，如歐陽永叔喜談政事之比。〈註六三〉

朱子教人雖以明體適用爲宗旨，唯其學過於要求學子「窮理反身而持之以敬」，終使仁義道德之辨愈來愈精，而國計民生之味愈來愈淡。東萊則不同，其認爲：「教國子以三德三行，立其根本，固是綱舉目張，然又須教以國政，使之通達治體。」至於教人之法「國政之是者，則教之以爲法；或失，則教之以爲戒。又教之以如何整救，如何措畫，使之洞曉國家之本末源委。」能如此，則可使「今日之子弟，即他日之公卿。」（註六四）東萊之教雖亦在明體適用，但致用之味似較晦翁濃厚。

除朱子，東萊外，張栻、歐陽守道、方逢辰大抵亦主明體適用。宋孝宗乾道元年（西元一一六五）劉珙重修嶽麓書院，張栻執教其間，並不教學子「爲決科利祿計」，更不在「習爲言語文辭之工而已」，其宗旨蓋在「欲成就人才以傳斯道而濟斯民也。」（註六五）歐陽守道先後講學於白鷺洲書院、嶽麓書院，發明孟子正人心承三聖之說，文天祥稱其學「如布帛菽粟，求爲有益於世用，而不爲高談虛語，以自標榜於一時。」（註六六）方逢辰講學於東湖、宗濂、石峽書院，文及翁稱其「平生得力以格物爲窮理之本，以篤行爲修己之要，故其教人也，讀書有法，勸戒有條，凡登公之門者，皆有用之學。」（註六七）凡此均說明：宋代理學家雖言心言性，偏重成己工夫，然於成己之後，却隱藏一終極目的——經世致用。正如胡美琦所言：「他們講教育，雖偏重在心性工夫上著手，而在此心性教育之背後，他們還是有一最終目的，即是在改進政治。至少初期之理學家並沒有只重教育而放棄政治改革之理想。」（註六八）宋儒每以闡揚正學自許，其理想在於以學術思想領導政治社會之發展，而納政道與治道於民族自身教化理想之大前提下。程伊川謂：「古之學者一，今之學者三，異端不與焉。一曰文章之學，二曰訓詁之學，三曰儒者之學。欲趨道，舍儒者之學不可。」（註六九）何謂儒者之學？儒者之學即聖賢之學，而「聖賢之學，主於明體以達用，凡不可見諸實事者，皆屬卮言。」（註七〇）換言之，聖賢之學即「明體致用」之學。清李顒曰：「何謂明體適用？曰：窮理致知，反之於內，則識心悟性，實修實證，達之於外，則開物成務，康濟群生，夫是之謂明體適用。明體適用，乃人生性分之所不容已，學焉而昧乎此，即失其所以爲人矣。明體而不適於用，便是腐儒；適用而不本明體，便是霸儒。既不明體，又不適用，徒滅裂於口耳，伎倆之末，便是異端。」（註七一）宋儒既以通儒自許，則其學自是「明體達用」之通儒之學。而追求明體適用亦正爲宋代書院教育之一貫宗旨。

三、希聖希賢

儒家政治哲學一言以蔽之曰：「修己以安人。」修己之目的，在要求自己，彰明良知，以成「完人」，以爲安身立命之基，並以此爲始階，親近大衆，一新社會，使人類生活臻於圓滿之境。易言之：儒家哲學乃一成己成物不二，內聖外王合一之哲學。中庸云：「誠者，非自成己而已也，所以成物也。成己，仁也；成物，知也，性之德也，故時措之宜也。」大學亦云：「古之欲明明德於天下者，先治其國；欲治其國者，先齊其家；欲齊其家者，先修其身；欲修其身者，先正其心；欲正其心者，先誠其意；欲誠其意者，先致其知；致知在格物。」格物、致知、誠意、正心、修身乃「內聖」之工夫，亦即「成己」之工夫。孔子云：「知及之，仁不能守之，雖得之，必失之。」（註七二）大學云：「物格而后知至，知至而后意誠，意誠而后心正，心正而后身修，身修而后家齊，家齊而后國治，國治而后天下平。」中庸云：「凡爲天下國家有九經：曰修身也，尊賢也，親親也，敬大臣也，體群臣也，子庶民也，來百工也，柔遠人也，懷諸侯也。」中庸治國九經以修身為首，大學八條目以修身為本，孔子論治道以仁為先，凡此皆說明一事實：中國儒學傳統未嘗離事而言理。傳統儒家之政治哲學乃將「內聖」問題，置於「外王」之脈絡中予以反省。在傳統儒家之觀念中，人性固有「仁義禮智」內在之善。〔註七三〕內在之善若能擴而充之，達於極至之境界，乃為人格〔註七四〕發展之終極目標，此目標即「仁」與「聖」。孔子云：「若聖與仁，則吾豈敢。」〔註七五〕子貢曰：「如有博施於民而能濟衆，何如？可謂仁乎？」子曰：「何事於仁，必也聖乎，堯舜其猶病諸。」〔註七六〕在孔孟心目中，「仁」與「聖」即為理想人格之代稱。理想社會原係一合乎倫理原則之人際秩序，此一秩序之完成，端賴政治領導者之涵養。孔孟認為一政治領導者具有影響政治制度與社會系統之動能，因此，唯有「仁」與「聖」者領導政治，方是有效解決政治與社會問題之途。「君子之德，風；小人之德，草。草上之風，必偃。」〔註七七〕在此觀念下，個人之道德修養，遂成為治國平天下之主要關鍵。儒家之道德哲學與政治哲學，無不以此為中心而演繹發明。至於其教育思想，更是以培養道德，提高人格，以聖人為依歸。

宋代理學家遵循孔孟思想，著眼於心性義理之探求，而其精神之所寄，則顯現於書院之講學。書院教育本為一德性主義，建本於人之情性，務使人自動自發，學以為己，至於知識技能之傳授，反居其次。在此德性掛帥之旗幟下，「希聖希賢」遂成為宋代書院之教育宗旨。周敦頤云：

聖希天，賢希聖，士希賢。伊尹、顏淵，大賢也。伊尹恥其君不爲堯舜，一夫不得其所，若撻於市。顏淵不遷怒、不貳過，三月不違仁。志伊尹之所志，學顏子之所學，過則聖，及則賢，不及則亦不失於令名。〔註七八〕

道本無極，學貴上達。聖人雖爲理想人格之代稱，猶須孜孜矻矻，上法天道。自聖而降，則爲賢者。賢者雖才德過人，亦須夕惕若厲，以聖人爲依歸。至於士人雖亦爲人中之秀，但去聖較遠，尤須困知勉行，以進於賢者之業。周敦頤以伊尹爲儒家外王之典型，而顏淵則爲儒家內聖之模範。學者當學伊尹、顏淵，著力於內聖外王之道，如是必可「入乎耳，存乎心，蘊之爲德行，行之爲事業。」〔註七九〕苟力有不及，亦將有所得，而不失爲君子。是周敦頤亦主修己安人並重，內聖外王合一。

二程子之教育宗旨，殆與周敦頤相似。二程以爲教育在教人識得仁義禮智之理，而成爲一具有理想人格之「聖人」。程伊川曰：

聖人之門，其徒三千，獨稱顏子爲好學。夫詩書六藝，三千子非不習而通也，然則，顏子所好者何學也？學以至聖人之道也。〔註八〇〕

顏淵云：「舜何人也，予何人也，有爲者亦若是。」〔註八一〕伊川以爲聖人可學而至，大抵不出傳統儒學之範疇。然如何而可入聖？伊川認爲：

凡學之道：正其心，養其性而已。中正而誠，則聖矣。君子之學，必先明諸心，知所養，

然後力行以求至，所謂自誠而明也。故學必盡其心，盡其心則知其性，知其性，反而誠之，聖人也。（註八二）

聖人不止一理想之人格象徵性而已，亦爲個人修身之典型。（註八三）聖人既可學而至，因此，言學即必須以道爲志，言人便須以聖人爲志。程伊川曰：

志無大小，且莫說道將第一等讓與別人，且做第二等。才如此說，便是自棄。雖與不能居仁由義者差等不同，其自小一也。言學便以道爲志，言人便以聖爲志。（註八四）

既有志於聖人，則須玩味聖人之氣象，不可泥於文字，如是始有所進。二程子曰：

學者不學聖人則已，欲學之，須是熟玩聖人氣象，不可止於名上理會，如是，只是講論文字。（註八五）

「熟玩聖人氣象」乃二程子教人學爲聖人之道。二程子認爲：能求得聖人氣象，充而盡之，便可爲聖人。然而聖人氣象如何求取？二程子謂：「聖人之德行，固不可得而名狀，若顏子底一箇氣象，吾曹亦心知之。欲學聖人，且須學顏子。」（註八六）顏子爲內聖典型，二程子謂欲學聖人，則當學顏子，便可入聖賢氣象。足見：二程子之教育觀，似偏於「內聖」、「成己」工夫。

南宋書院之教育宗旨，與北宋時期大致相類。張栻講學於嶽麓，象山講學於應天山，朱子講學於滄洲，東萊講學於麗澤，所重雖有不同，然「希聖希賢」之宗旨則無異。朱熹云：

凡人須以聖賢爲己任，世人多以聖賢爲高，而自視爲卑，故不肯進。抑不知使聖人本自高，而已別是一樣人，則早夜孜孜，別是分外事，不爲亦可，爲之亦可。然聖賢稟性與常人一同，既與常人一同，又安得不以聖賢爲己任。爲學須思所以超凡入聖，如何昨日爲鄉人，今日便爲聖人？須是竦拔，方始有進。（註八七）

朱子認爲：聖賢之稟賦與常人相同，並無特出之處。因此，學者必須上達，必須思所以「超凡入聖」，而止於聖賢境界。然而，如何學爲聖賢？朱子以爲當先立志。朱子云：

> 學者須以立志爲本，如昨日所說，爲學大端在於求復性命之本然，求造聖賢之極致，須是便立志如此便做去始得。（註八八）

> 學者大要立志，所謂志者，不道將這些意氣去蓋他。人只是直截要學堯舜，孟子道性善，言必稱堯舜，此是眞實道理。（註八九）

朱子認爲學者能立志爲聖賢，由此用力，終有成爲聖賢之日。否則，「若曰我之志只要做個好人，識些道理便休，宜乎工夫不進，日夕漸漸消靡。」（註九〇）有鑒於此，故當門人問爲學大端時，朱子答云：「爲學須立箇標準，……便須以聖賢爲標準，直做到聖賢地位。」（註九一）由此，我們可以瞭解：希聖希賢乃晦翁一脈書院教育之主旨。

張栻講學嶽麓書院，亦以希聖希賢爲其教育之終極目標。他認爲學者不應好高騖遠，然亦不可劃地自限，「大抵學者當以聖人爲準的，而自卑自邇，循序不舍，斯有進益耳。」（註九二）以聖賢爲準的，並非欲人高懸一目標而已，尤重要者，乃於日常生活中，致知力行，方可進於聖人之門牆。張栻云：

大抵學者當以聖賢爲準，而所進則當循其序，亦如致遠者以漸而至也。若志不先立，即爲自棄，尚何所進哉？（註九三）

升高自下，陟遐自邇，善學者，志必在乎聖人，而行無忽於卑近，不爲驚怪恍惚之見，而不舍乎深潛縝密之功。伊洛先覺謂學聖人當以顏子爲準的，誠明訓也。（註九四）

後之學者，貪高慕遠，不循其本者終何所得乎？故予願與同志之士，以顏子爲準的，致知力行，趨實務本，不忽於卑近，不遺於細微，持以縝密而養以悠久，庶乎有以自進於聖人之門牆。（註九五）

張栻勉學者當志乎爲聖人，一切行爲均以聖人爲依歸。而張栻心目中所謂之「聖人」即是顏淵。此觀念原自二程子，何以學聖人必學顏子？張栻云：「學聖人必學顏子，則有準的。顏氏之所以爲有準的，何也？以其復也。復則見天地之心，成位乎中，而人道立矣。」（註九六）學顏子則有準的，顏子之所以有準的，則以其能克己復禮，悟得天地之心，而周全人道之故。然而，如何悟得天地之心，妙契自然而成全人道？張栻云：「其惟格物以至之，而克己以終之乎。」（註九七）由此可見：南軒心目中所謂「卑」與「邇」，即是格物致知與克己復禮之工夫。唯有透過格物致知與克己復禮之力行工夫，成聖成賢始有可能。

陸象山之教，最重講學之功。曾云：「古先聖賢，無不由學。」（註九八）「人之不可以不學，猶魚之不以無水。」（註九九）人固須學，然則爲學之目的爲何？象山曰：「學者所以爲學，學爲人而已，非有爲也。」（註一〇〇）學問之目的，原在學爲人，而不以獵取青紫爲鵠的。故象山曰：「人皆可以爲堯舜。此性此道，與堯舜元不異，若其才則有不同，學者當量力度德。」（註一〇一）人之稟性與聖人同，學者若能度德量力學爲聖人，自可爲聖人矣。然而，如何學爲聖人？象山以爲學者須先立志。（註一〇二）不僅要立志，且要立大志。象山曰：「志小不可以語大人事。」又曰：「人要有大志，常人汩沒於聲色富貴間，良心善性都蒙蔽了。」（註一〇三）在象山之觀念中，學者之有志，正如射者之有目的，若能一心向的，自有中的之日；若無的而放矢，終必徒勞而無功。因此，象山又曰：

人惟患無志，有志無有不成者。……若果有志，且須分別勢利道義兩途。（註一〇四）

象山謂：「志爲聲色利達者，固是小；勦摸人言語的，與他一般是小。」（註一〇五）既是如此，學者又當如何？象山謂：學者應「先立乎其大」，因「先立乎其大，而後天之所以與我者，不爲小者所奪。夫苟本體不明，而徒致功於外索，是無源之水也。」（註一〇六）由此可知：所謂「尊德性」、「復本心」即象山所謂「先立乎其大」者。象山全集卷三十五語錄稱：「若能涵養此心，便是聖賢。讀孟子須當理會他所以立言之意，血脈不明，沈溺章句何益？」此言堪稱象山教育宗旨之註脚。

除朱子、南軒、象山以希聖希賢爲教育宗旨外，呂祖謙麗澤書院之教，亦復如是。呂祖謙認為：為學之目的，在變化氣質，恢復天生本然之善性，而成為一個「聖人」。因此，東萊曰：「大凡人之為學，最當於矯揉氣質上做工夫。」（註一〇七）為何必須矯揉氣質？東萊以為「未至聖人，安能無欠闕。須深思欠闕在甚處，然後從而進之。」（註一〇八）人既非聖賢，氣質自有未善，因此，學者必須深思自己之缺陷，以圖補救。尤重要者，學者必先立志為聖人，蓋「學者志不立，一經患難，愈見消沮，所以先要立志。」（註一〇九）能立志為聖人，見賢思齊焉，見不賢而內自省，自可日幾於聖賢之域。故東萊曰：「見賢思齊，才有一分不如，便不是齊。見不賢內自省，如舜之聖，禹尚以丹朱戒之，此最學者日用工夫。然格其義，是聖賢地位。」（註一一〇）由此可知：東萊之教，亦以希聖希賢為依歸。

饒魯講學於石洞書院，宋元學案稱其「專意聖賢之學，以致知力行為本」。其後其弟子程若庸先後為安定、臨汝、武夷書院山長。其斛峯書院講義云：

> 龜山先生楊文靖公曰：「古之學者，以聖人為師，其學有不至，故其德有差焉。人見聖人之難為也，故凡學者以聖人為可至，則必以為狂而竊笑之。夫聖人固未易至，若舍聖人而學，是將何所取則乎。以聖人為師，猶學射而立的然。的立於彼，然後射者可視之而求中。其不中，則在人而已。不立之的，以何為準。」又嘗語羅仲素云：「今之學者，只為不知為學之方，又不知學成要何用，此事大體，須是曾著力來，方知不易。夫學者，學聖賢之所為也。欲為聖賢之所為，須是學聖賢所得之道。……學而不聞道，猶不學也。」……

學者之學無他，亦學乎聖賢所知之道而已。學乎聖賢所知之道無他，主敬以立其本，窮理以致其知，反躬以踐其實而已矣。（註一一一）

程若庸引楊時之語，以爲學者當學聖賢之所爲，當學聖賢所得之道，而其方法則須主敬以立其本，窮理以致其知，反躬以踐其實，其基本論調大抵未離晦庵論學之旨。由此亦可知：雙峯一門之書院教育，實亦以希聖希賢爲主旨。

宋代理學昌盛，周濂溪、邵康節、張橫渠、程伊川、程明道擅場於北宋，其教育宗旨固以希聖希賢爲依歸。迨乎南宋之世，理學更盛，朱學、陸學、呂學鼎足而三，各學派間之教育重點雖小有差異，然其教育宗旨則大致相同。正如全祖望所云：

宋乾淳以後，學派分而爲三：朱學也、呂學也、陸學也。三家同時，皆不甚合。朱學以格物致知，陸學以明心，呂學則兼取其長，而又以中原文獻之統潤色之。門庭徑路雖別，要其歸宿於聖人則一也。（註一一二）

全祖望之言甚是。希聖希賢不僅爲宋代書院教育之宗旨而已，其亦是舊日社會中傳統教育理想之所在。

本文第三章嘗言：在儒家傳統之大經大脈中，知識、道德、政治三者間之關係，每爲歷代儒者思考之一通貫性主題。宋代自不例外。有宋自立國以降，當代儒者一致認爲：學術及道德必於政治上覓其落實之處，而政治亦必須藉學問及道德爲其基礎，二者絕不可分爲兩橛。（註一一三）

因而，如何使體用兼備，內外不二，用以涵養人心，扶持治道，正是宋代儒者急於探索之主題。北宋初期，外患頻仍，異端蠭出，泰山、安定諸儒慨然以衛道自任，而寄託於書院教育者，乃是「尊王」與「宗孔」之遠大理想。中葉以降，功利主義逐漸抬頭，「致用」之風瀰漫，不但古文論中有「夫所以觀其德也，亦所以觀其政也。」（註一一四）之「經世」思想，連書院講學，亦皆能借古諭今，針砭衰政，指切時要，而表現其「致用」之理想，而「明體適用」，遂成爲此一時期書院教育之主旨。迨王安石變法失敗後，儒學轉向「內聖」一面發展，心性說大興，而「希聖希賢」遂亦成爲宋代理學家一致追求之目標。（註一一五）由「尊王宗孔」，而「明體適用」，而「希聖希賢」，不僅說明宋代書院教育宗旨乃隨時而變，由此亦繪出宋儒於思想上內外輕重變化之軌迹。

附註

註 一 見陳克齋先生集卷三，龍山書院講義。

註 二 見南軒集卷九，桂陽軍學記。

註 三 前引書同卷，靜江府學記。

註 四 見錢穆先生，國史大綱頁四一八，臺灣商務印書館，七十一年十二月，修訂九版。

註 五 所謂「被動式忠君」觀念，並非起於士大夫之自覺，而是一種由上向下推動之要求。參見陳芳明，北宋史學的忠君觀念，第三章北宋中期忠君史學的形成背景。臺灣大學歷史研究所六十二年碩士論文。

註　六　參見勞思光，中國哲學史第三卷上，頁八〇，香港友聯出版社，一九八〇年十二月再版。

註　七　引自唐君毅先生，略談宋明清學術的共同問題，哲學與文化月刊，四卷三期。

註　八　見張子全書卷三，正蒙，乾稱第十七。

註　九　參見狄百瑞著，李弘祺譯，中國的自由傳統，頁五，台北聯經出版事業公司，七十二年二版。

註一〇　見中國哲學史，第三卷上，頁五二。

註一一　見朱子新學案第一冊朱子學提綱。

註一二　引自司馬光資治通鑑卷一，周紀一。

註一三　事見山東通志卷八十八。

註一四　見宋史卷二〇一，藝文志一。

註一五　見宋元學案卷二泰山學案石介傳附錄。

註一六　同註十二。

註一七　見兩宋春秋學之主流，大陸雜誌五卷四期，五期。

註一八　同前註。

註一九　見宋元學案卷一安定學案語。

註二〇　同註七。

註二一　見司馬光上神宗論近歲士人習高奇之論誦老莊之言，引自欽定四庫全書宋名臣奏議卷八十三。

註二二　引自東萊集卷七，與朱侍講元晦。

註二三　見孫明復小集卷三，儒辱。

註二四　見徂徠集卷五，雜文，怪說。

註二五　前引書卷十，中國論。

註二六　同註二四。

註二七　見黃氏日抄卷四十五。

註二八　見二程全書，遺書第五。

註二九　見河南程氏遺書第十八，伊川先生語四。

註三〇　見宋史卷三三三朱光庭傳，宋史本傳稱其「少從孫復學春秋」，是朱光庭又為泰山門人。

註三一　見宋名臣奏議卷八十三，上哲宗乞戒學者遵守正道。

註三二　見蛟峰文集，外集卷三，重修石峽書院記。

註三三　有關道統說之倡立，參見董金裕先生理學的先導——韓愈與李翺。（書目季刊十六卷二期

）龔鵬程先生道統論之形成與發展。（師鐸十二期）及倪天蕙宋儒春秋尊王思想研究。（政治大學中文研究所七十一年碩士論文）

註　三四　見顧炎武日知錄卷首，日知錄序。

註　三五　參見董金裕先生，永嘉派之學術思想，第三章第一節，政治大學中文研究所六十六年博士論文。

註　三六　見李二曲先生集卷十四。

註　三七　參見程運先生，兩宋學術風氣之分析，政治大學學報二十一期。

註　三八　見中國政治思想史頁四八〇～四八一，台北聯經出版事業公司，七十二年二版。

註　三九　見范文正公集卷九，上時相議制舉書。

註　四〇　盱江書院，在江西南城縣，宋儒李覯教授之所。（江西通志卷八十一）

註　四一　見直講李先生文集卷首，建昌新建李泰伯祠堂記。

註　四二　見宋元學案卷三，高平學案李覯傳常語辯。

註　四三　見歐陽文忠公文集卷四十七，答李詡第二書。

註　四四　見直講李先生文集卷二，禮論。

註　四五　前引書卷四，刪定易圖序論。

註　四六　前引書卷三，易論一。

註　四七　同註四五。
註　四八　同註四六。
註　四九　中國政治思想史，頁四八三。
註　五〇　引自直講李先生文集卷首，奏詞。
註　五一　左傳襄公二十四年，叔孫豹曰：「太上有立德，其次有立功，其次有立言。」此三者後人名之爲三不朽。
註　五二　見程運先生，宋代教育宗旨闡釋，中正學報二期。
註　五三　參見錢穆先生，中國近三百年學術史第一章，引論上。
註　五四　見近思錄卷十。
註　五五　見宋史卷四二七，道學傳序。
註　五六　見錢大昕，十駕齋養新錄卷十八，清談。
註　五七　見全祖望，鮚埼亭集外編卷十六，城南書院記。
註　五八　見水心文集卷十，溫州新修學記。
註　五九　有關永嘉諸子之經世致用思想，可參看董金裕先生永嘉學派之學術思想一書。
註　六〇　見朱子大全文集卷十二，甲寅擬上封事。
註　六一　見張伯行編，續近思錄卷二。

註　六二　見朱子大全文集卷七十四。
註　六三　見東萊集別集卷十，與陳同甫。
註　六四　見宋元學案卷五十一東萊學案，麗澤講義周禮說。
註　六五　見南軒集卷十，潭州重修嶽麓書院記。
註　六六　見文文山全集卷十一，祭歐陽巽齊先生。
註　六七　見蛟峰外集卷三，故侍讀尙書方公墓誌銘。
註　六八　見中國教育史，頁三五下，台北三民書局六十七年七月初版。
註　六九　見河南程氏遺書第十八，伊川先生語四。
註　七〇　見四庫全書總目提要，一凡例。
註　七一　同註三十六。
註　七二　見論語衛靈公。
註　七三　見孟子告子上。
註　七四　人格一名有不同之意義，或爲心理上之人格、或爲法律上之人格、或爲道德上之人格。此處所云之人格，係指道德上之人格而言，亦卽專指品德之程度而言。
註　七五　見論語述而。
註　七六　見論語雍也。

註七七　見論語顏淵。
註七八　見周子全書卷八，通書志學第十。
註七九　前引書卷十，通書陋第三十四。
註八〇　見二程全書伊川文集卷四，顏子所好何學論。
註八一　見孟子滕文公上。
註八二　同註八十。
註八三　同註九，頁五十二。
註八四　見河南程氏遺書第十八，伊川先生語四。
註八五　見二程全書外書第十。
註八六　見河南程氏遺書第二，二先生語二上。
註八七　以上二則俱見朱子語類卷八。
註八八　前引書卷一一八。
註八九　前引書卷八。
註九〇　前引書卷一一八。
註九一　同前註。
註九二　見南軒集卷三十二，答胡季隨。

註　九三　南軒集卷十九，寄周子充尚書。
註　九四　南軒集卷二十五，答胡季隨。
註　九五　南軒集卷三十三，跋希顏錄。
註　九六　南軒集卷三十五，書相公親翰。
註　九七　同前註。
註　九八　見象山先生全集卷一，與李省幹。
註　九九　前引書卷十二，與黃循中。
註一〇〇　前引書卷三十六，年譜。
註一〇一　前引書卷三十五，語錄下。
註一〇二　前引書卷三十四，語錄上。
註一〇三　俱見前引書卷三十五，語錄下。
註一〇四　同前註。
註一〇五　同前註。
註一〇六　見宋元學案卷五十八，象山學案，黃宗羲案語。
註一〇七　見東萊集別集卷七，與朱侍講。
註一〇八　見宋元學案卷五十一東萊學案，麗澤講義禮記說。

註一〇九　前引書同卷，孟子說。

註一一〇　前引書同卷，論語說。

註一一一　見宋元學案卷八十三雙峯學案，程若庸傳。

註一一二　見鮚埼亭集外編卷十六，同谷三先生書院記。

註一一三　參見黃俊傑先生，內聖與外王——儒學傳統中道德政治觀念的形成與發展，中國文化新論思想篇頁二四五～二八三，台北聯經出版事業公司，七十一年出版。

註一一四　見柳開河東先生集卷五，上王學士第四書。

註一一五　參見韋政通先生，中國思想史頁九一一～九一二，台北大林出版社，六十九年四月出版。

第二節　宋代書院之教育內涵

宋代書院教育旨在闡明聖學，用以成就理想人格，馴致成聖成賢之境界，並止於明道致用，提升政治水平之最高目標。易言之，宋代書院教育之理想，不僅在「內聖」、「成己」而已，且寓有「成物」與「外王」之鴻圖偉抱。而「內聖」與「外王」之理想貫穿於書院教育之中，遂交織成一幅完美之教育藍圖。故宋代書院教育之內涵，亦迥異於當時以獵取科名為鵠的之「官學」，而以明人倫、辨義利、收放心、通經史、游六藝為主眼。茲將此五者分述於后：

一、明人倫

太古鴻濛之世，草萊初闢，長幼失序，尊卑不分，男女無別，家庭未定，社會雜亂，人與禽獸莫辨，不知禮教爲何物，一切皆無國家可言，聖人憂之，教以人倫，以明父子有親、君臣有義、夫婦有別、長幼有序、朋友有信之大義。尚書舜典曰：「契！百姓不親，五品不遜，汝作司徒，敬敷五教，在寬。」所謂五品，即父子、君臣、夫婦、長幼、朋友之名位等級，而五教即教以父子有親、君臣有義、夫婦有別、長幼有序、朋友有信之大義。司徒之教，蓋以此爲重點。迨及三代之時，學校之所講習，實亦以人倫之教爲重點。孟子曰：「設爲庠、序、學、校以教之：庠者，養也；校者，教也；序者，射也。夏曰校，殷曰序，周曰庠，學則三代共之，皆所以明人倫也。」〔註一〕由此可見：三代之教，實以明人倫爲先務。孔孟之道上繼三代，內本諸易以安性命，外承堯舜道統以立人極，致廣大而盡精微，極高明而道中庸，及其教民，莫不以此亘古長存，歷久彌新，與天地共終始之人倫大道爲主。孔子云：「天下之達道五，所以行之者三：曰君臣也，父子也，夫婦也，昆弟也，朋友之交也，五者，天下之達道也；知、仁、勇三者，天下之達德也；所以行之者一也。」又云：「何謂人義？父慈、子孝、兄良、弟弟、夫義、婦聽、長惠、幼順、君仁、臣忠：十者謂之人義。」〔註二〕由此可見：孔孟之教，實亦以正人倫爲本。

宋代書院教育旨在成就理想之人格，改善社會之風氣，故亦以明人倫爲先。許魯齋曰：「學之於人，其大矣。父子之親，君臣之義，與夫夫婦、長幼、朋友，亦莫不各有當然之則。此人倫也，苟無學問以明之，則違遠人道，與禽獸殆無少異。」〔註三〕魏了翁之門人王萬亦曰：「厚風俗必本於明人倫，君臣也，父子也，夫婦也，昆弟也，朋友之交也，所以彌綸天地，扶植人極，使不爲禽獸夷狄之歸者，以有是倫也。人倫明於上，小民親於下，俗之不厚，未之有也。」（註四）正人心、厚風俗，以別於禽獸，乃宋代書院必以明人倫爲教育重點之主因。

朱子教人最重人倫之教。嘗云：「道之在天下，其實原於天命之性，而行於君臣、父子、兄弟、夫婦、朋友之間。」又云：「父子兄弟爲天屬，而以人合者居其三焉。夫婦者，天屬之所由以續者也；君臣者，天屬之所賴以全者也；朋友者，天屬之所賴以正者也。是則所以綱紀人道，建立人極，不可一日而偏廢。」（註五）人倫之理，命於天者謂之性，率於性者謂之道。性與天道雖爲學問之大原，然其實不過於人倫日用之間，各盡其當然之責，自可以爲後世之法。是故，欲綱紀人道，成就人極，必先明乎人倫常道。朱子修復白鹿洞書院，即高懸「父子有親、君臣有義、夫婦有別、長幼有序、朋友有信」五教之目，並呼籲學子：「學者學此而已。」（註六）足見朱子之教育觀，實以明人倫爲重。

陳文蔚爲朱子門人，講學於南軒書院，亦諄諄曉喻學者：

> 中庸一書約而精微之理，泛而日用之事，無所不備。然其切要者，不越乎人倫之常，故曰：天下之達道五。夫所謂達道者，乃古今通行之理，故堯之命舜曰：「愼徽五典。」舜之命契曰：「敬敷五教。」夫所謂五典五教者，即此書之達道：君臣、父子、夫婦、兄弟、朋友之交是也。自古聖賢心相授受，垂訓立教，如出一轍，世之學者，其可外是而他求哉

。〔註七〕

姚勉雪坡講學於正誼書院，敷陳論語學而篇「有子曰：其爲人也孝弟，而好犯上者，鮮矣。不好犯上，而好作亂者，未之有也。君子務本，本立而道生，孝弟也者，其爲仁之本歟」章，勉勵學者：「孝弟爲仁一事，又爲學者入道之門，積德之基，最爲先務。」並云：

三綱五常非聖人強立之，皆順天下自然之理也。孝弟者，不過一順而已。孝弟兩字能盡其道，便治得天下。何也？通天下皆有父子，皆有兄弟，皆有夫婦。使天下之人，家家子孝而父慈，家家弟恭而兄友，家家夫義而婦聽，朋友者專只講明此理，以明教詔，則天下太平矣，君臣之分，萬世常定矣，又豈待爲之君者，威驅勢破，操刑罰法制以臨制天下，而強天下以爲臣哉。故孟子曰：「人人親其親，長其長，而天下平。」人人皆知親其親，皆知長其長，天下豈有不平之理。〔註八〕

中華文化以孝爲百行之先，而宋代書院以「孝弟」爲教育先務，實寓有天人之理。孝經三才章云：「夫孝，天之經也，地之義也，民之行也。天地之經而民是則之，則天之明，因地之利，以順天下，是以其教不肅而成，其政不嚴而治。」先王必以孝弟治天下，誠因孝弟爲天地之常經，生民之常行之故。孟子言五倫，禮記言十義，此五倫十義實以「孝弟」爲精神主幹，一切思想脈絡均由「孝弟」引伸而出。先王設教原以順天下自然之理而因勢利導，並非強爲規矩令人勉力行之。張栻曰：「惟民之生，其典有五：君臣、父子、兄弟、夫婦、朋友是也。而其德有四：仁、義、禮、智是也。人能充其德之所固有，以率夫典之所當然，則必無力不足之患。惟人之不能是也，故聖人使之學焉。自唐虞以來，固莫不以是教矣。至於三代之世，立教人之所，設官以董蒞之，而其法益加詳焉。然其所以爲教，則一道耳。故曰：學則三代共之，皆所以明人倫也。」〔註九〕張栻之說甚是。人倫之理固本於天性，然如無學問以明之，則此自然之理必不能彰。此乃宋儒殷殷講學於書院，而以「明人倫」爲務之立意所在。

除朱子一脈外，東萊麗澤書院之教，亦以「明人倫」爲教育重點。由呂東萊乾道四年九月規約與乾道六年規約，可證此說。呂氏乾道四年規約首條曰：「凡預於此集者，以孝弟忠信爲本。其不順於父母，不友於兄弟，不睦於宗族，不誠於朋友，言行相反，文過遂非者，不在此位。」乾道六年規約曰：「親在別居，親歿不葬，因喪婚娶，宗族訟財，侵擾公私，諠譟場屋，游蕩不檢，並除籍。」〔註一〇〕由此可知：呂祖謙講學亦以明人倫爲本。方逢辰謂：「三代盛時，家有塾，黨有庠，術有序。五典之教，自鄉州而達於黨族閭比，自遂縣而達於都鄙里鄰，其所講明所踐行者，皆此物也。民彝宣明於學，而天命流行於民，重晤浸灌，是以風俗醇厚，人人有士君子之行，此天下所以久安長治也。」〔註一一〕蛟峯所言不差。宋代國勢雖弱，然風俗之醇厚，却不遜於各代，此誠書院講學之功。

二、辨義利

孔子曰：「君子喻於義，小人喻於利。」孟子亦曰：「雞鳴而起，孳孳爲善者，舜之徒也；

雞鳴而起，孳孳爲利者，蹠之徒也。欲知舜與蹠之分，無他，利與善之間也。」（註一二）孔子以義利之辨，判君子與小人；孟子以義爲善，故亦以義利爲君子與小人之分。由是可知：義利之辨，乃孔孟立教之重點。宋代書院著重於理想人格之造就，而不以掇拾青紫爲鵠的，故特重義利之辨。

陸九淵講學時，認爲學者應先辨志。象山曰：「凡欲爲學，當先識義利公私之辨。今所學果爲何事？人生天地間，爲人自當盡人道。學者所以爲學，學爲人而已，非有爲也。」（註一三）傅子淵爲象山門人，宋元學案卷七十七槐堂諸儒學案稱其爲人機警敏悟，疏通洞達，學於象山。適陳剛自槐堂歸，因問象山所以教人者。剛曰：「首尾一月，先生諄諄只言辨志。又言古者入學一年，早知離經辨志，今日有終其身而不知自辨者，可哀也已。」傅子淵私心識之。一日讀孟子公孫丑章，忽然先與相應，胸中豁然，尚未知下手處，及見象山，始盡知入德之方。謂陳剛曰：「陸先生教人辨志，只在義利。」另象山全集卷三十四語錄上載：

傅子淵自此歸其家，陳正已問之曰：「陸先生教人何先？」對曰：「辨志。」正已復問曰：「何辨？」對曰：「義利之辨。」

此語錄與宋元學案傅夢泉傳所載雖略有出入，然均言明一事實：象山教人實以辨志爲先。而象山所辨之志，即義利之辨。何以學者須以辨志爲先？象山認爲「人之所喻，由其所習，所習由其所志」，故學者須先於義利公私之辨。淳熙辛丑春二月，象山應朱子之邀，講學於白鹿洞書院，與諸生敷陳論語「君子喻於義，小人喻於利」一章，告諭學者：

竊謂學者於此，當辨其志。人之所喻，由其所習，所習由其所志。志乎義，則所習者必在於義，所習在義，斯喻於義矣。志乎利，則所習者必在於利，所習在利，斯喻於利矣。故學者之志，不可不辨也。〔註一四〕

人之所喻，在其所習，所習則在其所志。人若志於義，則可習於義而喻於義；若志於利，則將習於利而喻於利。喻於義則爲君子，喻於利則爲小人，故義利之辨，即君子與小人之分。孔子曰：「君子上達，小人下達。」象山更取孔子之意，昌言「上達下達，即是喻義喻利。」〔註一五〕易言之：喻於義即上達，即爲君子；喻於利即下達，即爲小人。象山更進一步推衍「君子喻於義」之意，云：

非其所志而責其習，不可也；非其所習而責其喻，不可也。義也者，人之所固有也。果人之所固有，則夫人而喻焉可也。然而喻之者少，則是必有以奪之，而所志所習之不在乎此也。孰利於吾身，孰利於吾家，自聲色貨利至於名位祿秩，苟有可致者，莫不營營而圖之，汲汲於取之，夫如是，求其喻於義得乎？君子則不然。彼常人之所志，一毫不入於其心，念慮之所存，講切之所及，唯其義而已。夫如是，則亦安得而不喻乎此哉？然則君子之所以喻於義者，亦其所志所習之在是焉而已耳。〔註一六〕

此言剴切明白，足以與白鹿洞書院講義共發明。士之於學，須志乎義，習乎義，由義而進爲君子。聲色貨利，名位秩祿，皆足以陷溺人心，一經其蔽，汩沒於利欲之中，熙熙攘攘，汲汲求之，終必至於悖禮犯義而不克自拔，如此思進德修業，成就理想人格，正如欲之楚而北行，愈騖而愈遠，雖盡一生之力，亦將徒勞無功。此乃陸象山講學，必先嚴於義利之辨之主因。

除陸象山之外，張栻之教育觀，亦頗重於義利之辨。張栻嘗云：

學者潛心孔孟，必得其門而入，愚以為莫先於義利之辨。蓋聖學無所為而然也，無所為而然者，命之所以不已，性之所以不偏，而教之所以無窮也。凡有所為而然者，皆人欲之私，而非天理之所存，此義利之分也。〔註一七〕

義者無所為而為，利者有所為而為，出於無所為而為之行為，一切皆善；出於有所為而為之行為，一切非善。是張栻義利之辨，亦即天理人欲之分。學者既潛心孔孟，自須知入德之門，而後始能登堂入室。如舜與跖之分野，亦正在此。故南軒曰：

舜跖之分，善與利之間而已。譬之途焉，善則天下之正逵，而利則山徑之邪曲也。人顧舍其正而弗由，以自陷於崎嶇荊棘之間獨何歟？物欲蔽之而不知善之所以為善故耳。〔註一八〕

義本係天下之正道，然人因蔽於物慾，故常舍正道而弗由。南軒對此亦深致其歎：

義者，亘古今通天下之正逵，而利者，犯荊棘入險阻之私逕也。人之秉彝，固有坦然正逵之可遵，而乃不由之，而反犯荊棘，冒險阻，顛冥終身而不悔，抑獨何歟？血氣之動於欲也。動於聲色，動於貨利，以至於知爵祿之可慕，則進以求達；知名之可利，則銳於求名。不寧惟是，凡一日夕之間，起居飲食，遇事接物，苟私己自便之事，意之所向，無不趨之，則天理滅而人道或幾乎息矣。其胸次營營，豈得須臾寧處於斯世，亦僥倖以苟免耳。徒知有六尺血氣之軀，而不知其體元與天地相周流也，豈不惜乎？（註一九）

義利之辨爲學子進德修業之先務，而世風日下，如何挽救？竊南軒之意，約有三端。首曰反求，次曰精察，三曰明教。（註二〇）南軒云：

義，內也，本其良心之不可以自已者，反而求之，夫豈遠哉。（註二一）

義本固存於心，學者若能反求諸己，自可得之。舉凡思慮云爲，能反諸良心之不可已者，久而久之，幾微毫髮，自可了然坐判於胸中。南軒又曰：

學者當立志以爲先，持敬以爲本，而精察於動靜之間，毫釐之差，審其爲霄壤之判，則有以用吾力矣。學然後知不足，平時未覺吾利欲之多也，灼然有見於義利之辨，將日救過之不暇。由是而不舍，則趣益深，理益明，而不可以已也。（註二二）

南軒謂：「學者當立志以爲先。」與象山教人必先辨其志同義。學者必先志於義，敬以爲本，而精察於動靜云爲之際，毫釐之差，始能日彰天理，而漸去人欲，終於至善之境界。至於如何使義利之辨，精允無差？又如何反求精察而止於至善？張栻則主有待於教育之功：

（義利）二者之分，其端甚微，而其差則甚遠。學校之教，將以講而明之也。故自其幼則使之從事於灑掃應對進退之間，以固其肌膚，而束其筋骸。又使之誦詩讀書，講禮習樂，以涵泳其情性，而興發於義理。師以導之，友以成之，故其所趨，日入於善，而自遠於利。及其久也，其志益立，其知益新，而明夫善之所以爲善，則其於毫釐疑似之間，皆有以詳辨而謹察之。如駕車結駟，徐行正逵，所見日廣，所進日遠，雖欲驅之而使由於徑，不可得已。故曰：「少成若天性，習慣如自然。」此學之功也。〈註二三〉

南軒講學於嶽麓、城南、道山書院時，即以嚴義利之辨爲先務。朱子述南軒行狀後云：「公之教人，必使之先有以察乎義利之間，而後明理居敬，以造其極。其剖析精明，傾倒切至，必竭其兩端而後已。」〈註二四〉此誠不虛之論。儒家思想大抵以修身爲本，而心性又爲之根，倘欲把握儒家思想之精微，自須正心明性。宋理學家常云「天理」與「人欲」乃相對之物，並講究存養之工夫，期能「存天理」而「去人欲」。兩者分野乃於公私之間與義利之別，宋代書院必以辨義利爲主，理由即在此。

三、收放心

宋儒講學既重心性之辨，歷來言心性多以孟子之說爲依歸。孟子告子上云：「仁，人心也；義，人路也。舍其路而弗由，放其心而不知求，哀哉！人有雞犬放，則知求之，有放心而不知求。學問之道無他，求其放心而已矣。」盡心上亦云：「君子所性，仁義禮智根於心。」孟子所言之「心」，並非一抽象之本體，而係一既先驗又普遍之道德心。簡言之，孟子所言之「心」，即

「道德心」，即「道德理性」，隨時活躍於生命中，一念自覺既生；一念昏昧既亡，故孟子云：「孔子曰：『操則存，舍則亡，出入無時，莫知其鄉。』惟心之謂與！」〔註二五〕心本自我之主宰，宇宙萬物總不離此心。象山語錄謂：「萬物森然於方寸之間，滿心而發，充塞宇宙，無非此理。」所謂「此理」，亦即先驗之道德心。此道德心，人皆有之，唯常蔽於物慾，而至奔放無度，隕越無節，恰如舟之觸礁，車之墜石，苟不設法補救，而期望學者能做道德之自我實現，成為一道德完人，則無異於緣木求魚。孟子嘗云：「學問之道無他，求其放心而已矣。」能求放心，始能復本心，亦惟有存其心，養其性，始能成全人道。陸象山曰：「古之人自其身達之家國天下而無愧焉者，不失其本心而已。」〔註二六〕朱晦庵曰：「孟子說學問之道無他，求其放心而已矣，此最為學第一義也。」〔註二七〕程明道亦曰：「聖賢千言萬語，只要人將已放之心反復入身來，自能尋向上去，下學而上達也。」〔註二八〕正因收放心，復本心為下學上達之工夫，為學者之第一義，故宋代書院特重視之。

朱子滄洲之教，力持伊川「涵養須用敬，進學則在致知」〔註二九〕之說，主張：「學者須是求仁，所謂求仁者不放此心。」〔註三〇〕朱子認為：唯有持敬以存其心，主靜以致其力，然後心不放逸。心不放逸，始可進於聖賢之道，「心若不存，一身便無所主宰。」〔註三一〕然如何收放心，存本心？朱子稱聖賢一言一語，都是道理。〔註三二〕欲存本心，自須以聖賢為則，貴在取法乎上。至於「所以講學，所以讀書，所以致知，所以力行，以至習禮習樂，事親從兄，無非只是要收放心。」〔註三三〕陳膚仲以反復諸書爲求放心之道，至使涵養工夫日有所奪而未見其效。朱子誨之曰：

夫讀書固收心之一助，然今只讀書時收得心，而不讀書時，便爲事所奪，則是心之存也常少，而其放也常多矣。且胡爲而不移此讀書工夫向不讀書處用力，使動靜兩得，而此心無時不存乎。然所謂涵養功夫，亦非只是閉眉合眼，如土偶人，然後謂之涵養也。只要應事接物處之不失此心，各得其理而已。〔註三四〕

李季札問晦翁如何存心，晦翁誨之曰：

非是別將事物存心。孔子曰：「居處恭，執事敬，與人忠。」便是存心之法。如說話覺得不是便莫說，做事覺得不是便莫做，亦是存心之法。〔註三五〕

朱子以收放心，存本心，不外就日用事務上求之。若應事接物能不失此心，凡事合於孝弟忠信之道即可，無須他求。余大雅從朱子於鉛山，臨別請益。朱子誨之曰：

大要只是求放心。此心流濫無所收拾，將甚處做管轄處。其他用工總閑慢，先須就自心上立得定。決定不雜則自然光明四達，照用有餘，凡所謂是非美惡亦不難辨矣。況天理人欲決不兩立，須得全在天理上行，方見得人欲消盡，義之與利不待分辨而明。〔註三六〕

放心能收，本心自存。本心常存則依乎天理，遠乎人欲，不陷於放僻邪侈，不因「物至而人化物」〔註三七〕。自古聖賢之道實在此，學者爲學之道在此，而朱子「收放心」之意，更在此。

陸象山之教育思想，與晦庵頗有歧異，〔註三八〕然就孟子「學問之道無他，求其放心而已矣」言之，則無大差異。象山以爲：本原之心，乃人所具足，與理爲一，靈明澄徹，倘能復得本心，便可由此進於爲學之門與進德之地。象山云：

人孰無心，道不外索，患在戕賊之耳，放失之耳。古人教人，不過存心、養心、求放心。此心之良，人所固有，惟不知保養而反戕賊放失耳。苟知其如此，而防閑其戕賊放失之端，日夕保養灌漑，使之暢茂條達，如手足之捍頭面，則豈有艱難支離之事。……此乃爲學之門，進德之地。〔註三九〕

又云：

仁義者，人之本心也。孟子曰：「存乎人者，豈無仁義之心哉？」又曰：「我固有之，非由外鑠我也。」愚不肖者不及焉，則蔽於物欲而失其本心。賢者智者過之，則蔽於意見而失其本心。〔註四〇〕

人有純然至善之道德心，始可爲善。唯愚不肖者蔽於物欲，賢智者又塞於私見，遂使原本淨如明鏡之心，放逸分散，蒙沾塵埃，而失去主一之用。倘欲免於物化而上幾聖道，自必先收其放心，而此乃爲學之目的。象山曰：

仁，人心也，心之在人，是人之所以爲人，而與禽獸草木異焉者也，可放而不求哉。古人之求放心，不啻如饑之於食，渴之於飲，焦之待救，溺之待援，固其宜也。學問之道，蓋

於是乎在。（註四一）

人之所以異於禽獸者，以其具有「仁」之本心，能透過仁之自覺，做道德實踐工夫，而成一道德完人。苟本心一旦放失，當孜孜求之。象山又曰：

大抵為學，但當孜孜進德修業，使此心於日用間戕賊日少，光潤日著，則聖賢垂訓，向以為盤根錯節未可遽解者，將渙然冰釋，怡然理順，有不加思而得之者矣。（註四二）

能於日常生活中，收其放心，復其本心，則學有本原，自可進德入道。韋政通謂：「象山之思想，可用『發本心』四字概括。」（註四三）此誠一針見血之論。象山一生之志業於是，為學於是，而所以殷殷垂教者亦於是。汪廷珍序象山先生全集曰：「觀其垂訓，立教易從，大抵欲人求放心，以復其本然之體，雖與朱子宗主不同，往反辯論，而其躬行實踐，期無愧於聖賢之道者，則無以同也。」宋元學案卷七十七槐堂諸儒學案朱桴傳亦曰：「象山所以誨人者，深切著明，大概是令人求放心，不復以言語文字為意。其有意作文者，令收拾精神，涵養德性，根本既正，不患不能作文矣。」故「收放心」不僅為朱子立教之要，亦是象山論學之重心。再如張栻之教，亦復如此。張栻曰：

聖賢之心大要教人使不迷失其本心者也。夫人之心，天地之心也，其周流而該徧者，本體也，在乾坤曰元，而在人所以為仁也。……人之所以私偽萬端，不勝其過失者，梏於氣，動於欲，亂於意，而其本體以陷溺也。雖曰陷溺，然非可遂殄滅也。譬諸牛山之木，日夕之間豈無萌蘖之生乎？患在不能識之耳。聖賢教人以求仁，使之致其格物之功，親切於動靜語默之中，而有發乎此，則進德有地矣。故其於是心也，治其亂，收其放，明其蔽，安其危，而其廣大無疆之體，可得而存矣。此學之大端也。（註四四）

正因收放心，明本心為學之大端，故南軒教人每以收放心為言。宋元學案卷七十一嶽麓諸儒學案載：「游九言字誠之，初名九思。……先生始學於宣公（張栻），宣公教以求放心，久之有得。」是「收放心」為張南軒教學之大端。陳克齋講學於雙溪書院，其雙溪書院揭示云：為學之道，無如收放心以講明義理。端莊專一，整齊嚴肅，所以收放心；親師取友，切磋琢磨，所以講明義理。苟身居一室之內，心馳萬里之外，雖日親方策，口誦聖言，亦欺人耳，於己實何益哉。……為諸友計，切須收斂身心，務在端靜，以放縱四支，馳騖紛華為戒，則放心自然可收，施之讀書為文，義理自明，工程自進。況又得師友之益，有講論之助，相觀而善，相資而成，繇此以進古人事業不難也。（註四五）

陳文蔚以收放心、講義理，可收斂身心，端靜自持，臻於聖賢之域。又桐源書院成立，汪應辰為之記，告諭學者：「心即書室」，勉勵學者：「當以古聖賢心學自勉，毋以詞章之學自足。」（註四六）東湖書院成，袁燮為之記，諄諄告諭學者：「天理自然，人為之私，一毫不雜，是之謂道。」並勉勵學者：「養其心，立其心，而宏大其器業。」（註四七）象山門人楊簡曾講學碧沚，全祖望稱：「其教多以明心為言，蓋有見於當時學者陷溺於功利，沈錮於詞章，積重難返之勢，必以提省爲要。」（註四八）凡此皆爲以「收放心」、「明本心」爲教育重點之例證。自大體言之，宋代書院雖各學派間壁壘分明，論學宗旨與入德之方小有差異，然於收放心與明本心之體悟與了解，則無以異也。

四、通經史

群經乃中華文化之主幹，亦係中國人文精神之所在。二千餘年，中國歷代之政教號令準於是，聲明文物源於是，世風民情日用起居安於是，故群經不僅爲學者爲學時取資挹注之源，亦係歷代化民成俗與體國經野者必尊必用之道器。禮記經解云：「入其國，其教可知也。其爲人也，溫柔敦厚，詩教也；疏通致遠，書教也；廣博易良，樂教也；絜靜精微，易教也；恭儉莊敬，禮教也；屬辭比事，春秋教也。」因六經具修己善群與化民成俗之效，是以歷代無不重視經教。宋代書院教育自不例外。至於史，唐太宗嘗謂：「以銅爲鏡，可以正衣冠；以古爲鏡，可以知興替；以人爲鏡，可以明得失。」（註四九）「古」即史也，蓋史書本用以記事，舉凡禍福之道，興亡之跡，政權轉移，人物之臧否，史書靡不備載。學者倘能用力於此，不僅可熟諳歷代之典章制度與治亂之道，更可究古今之變，通天人之際。故通經明史亦成爲宋代書院教育之要旨。

全祖望云：「有宋眞仁二宗之際，儒林之草昧也。當時濂洛之徒，方萌芽而未出，而睢陽戚氏在宋，泰山孫氏在齊，安定胡氏在吳，相與講明正學，自拔於塵俗之中。亦會值賢者在朝，安陽韓忠獻公、高平范文正公、樂安歐陽文忠公，皆卓然有見於道之大概，左提右挈，致學校徧於四方，師儒之道以立，而李挺之、邵古叟輩，共以經術知之，說者以爲濂洛之前茅也。」〔註五〇〕此言已爲北宋書院教育之梗概，鈎出一輪廓。宋初，戚同文講學於睢陽書院，孫復講學於泰山書院〔註五一〕，胡瑗設教東南，范仲淹掌教應天府書院〔註五二〕，或有感於當時「國家踵隋唐之制，專以詞賦取人，故天下之士，皆致力於聲病對偶之間，探索聖賢之閫奧者，百無一二。」〔註五三〕或有鑒於「善國者，莫先育材；育材之方，莫先勸學；勸學之要，莫尚宗經。宗經則道大，道大則才大，才大則功大。蓋聖人法度之言存乎書，安危之幾存乎易，得失之鑒存乎詩，是非之辯存乎春秋，天下之制存乎禮，萬物之情存乎樂，故俊哲之人入乎六經，則能服法度之言，察安危之幾，陳得失之鑒，析是非之辯，明天下之制，盡萬物之情，使斯人之徒輔成王道，復何求哉？」〔註五四〕故諸儒講學於書院時，莫不以群經課士。石守道泰山書院記稱：「先生嘗以爲盡孔子之心者，大易；盡孔子之用者，春秋。是二大經，聖人之極筆也，治世之大法也，故作易說六十四篇，春秋尊王發微十二篇。」〔註五五〕可見：孫復之泰山書院教育最用力於易與春秋。泰山門人石介後亦講學於泰山書院，宋元學案泰山學案稱其「以易教授其徒，魯人稱徂徠先生。」石介可謂得其師之眞傳。范仲淹掌教應天府，宋元學案卷三高平學案稱：「先生泛通六經，尤長於易，學者多從質問，爲執經講解，亡所倦。」胡瑗講學於泰山書院，宋元學案安定學案稱其爲湖州教授時「其教人之法，科條纖悉具備，立經義治事二齋。經義則選擇心性疏通，有器局可任大事者，使之講明六經；治事則一人各治一事，又兼攝一事，如治民以安其生，講武以御其寇，堰水以利田，算歷以明數是也。」足見：安定教人亦以六經爲教材。因宋儒以群經課士，講議群經之餘，而「通易之神明，得詩之風化，洞春秋褒貶之法，達禮樂制作之情，善言二帝三王之書，博涉九流百家之說者，蓋互有人焉。」〔註五六〕

南宋書院講學，除象山一脈著力於「尊德性」外，朱熹、張栻、呂祖謙諸儒則較注重「道問學」之工夫。朱子教人之法，「以大學、論孟、中庸爲入道之序，而後及諸經。」〔註五七〕朱子以四書熟則可讀經，諸經通，則心中尺度明，則可進而讀史。若未通經義，即冒然讀史，必無所得。故朱子曰：「凡讀書：先讀語孟，然後觀史，則如明鑑在此，而姸醜不可逃。若未讀徹語孟、中庸、大學，便去看史，胸中無一個權衡，多爲所惑。」又曰：「今人讀書未多義理，未至融會處，若便去看史書，考古今治亂，理會制度典章，譬如作陂塘以漑田，須是陂塘中水已滿，然後決之，則可以流注滋殖田中禾稼。若是陂塘中水，方有一勺之多，遽決之以漑田，則非徒無益於田，而一勺之水，亦復無有矣。讀書既多，義理已融會，胸中尺度一一已分明，而不看史書，考治亂，理會制度典章，則是猶陂塘之水已滿，而不決以漑田。若是讀書未多，義理未有融會處，而汲汲焉以看史爲先務，是猶決陂塘一勺之水以漑田也，其涸也可立而待也。」〔註五八〕朱子雖以通經史爲教，然朱子所言之「通」，並非欲人拘泥於文字訓詁或典章制度，而在由此上求諸經義理，並窺撫史家之立意。朱子云：「經之有解，所以通經。經既通，自無事於經……借經以通乎理耳。」又云：「讀史亦易，見作史者意思。」又云：「讀史當觀大倫理、大機會、大治亂得失。」程端蒙問觀史之法，朱子云：「只是以自家義理斷之。」〔註五九〕凡此均說明：朱子雖以通經史爲教，然朱子欲學子通者，乃經史之「道」，而非經史之「言」。

除朱熹外，張栻講學於嶽麓亦以通經史爲重。張栻強調：「大抵讀經書，須平心易氣，涵泳其間，若意思稍過，當亦自失却正理。」〔註六〇〕至於讀史之法，則「要當考其興壞治亂之故，與夫一時人才立朝行己之得失，心有權度則不差也。欲權度之在我，其惟求之六經乎？」〔註六一〕張栻意謂唯有深通六經，心中始有權衡尺度。如是，始可讀史而考其成敗治亂之故，且分毫無差。就爲學之進程言之，張栻之觀點與朱子無大逕庭。龔鼎臣曰：「夫五經，道之源也，人非專力探究，雖百歲亦無至焉。今之士人，以至所謂明經者，第習讀其言，應貢舉比，及得爵祿政事，卒不諭經義，故以傳誦爲己羞。喜近功，輕遠度，率常抉剔其詞引爲章句，自謂通經，及語以道德仁義，皆若聾之於聲，瞽之於色，其不能聞且見者如是。」〔註六二〕對於時下以「抉剔其詞，引爲章句，自謂通經」之惡習，張栻每深致其嘆。張栻曰：「自孟子歿，聖學失傳，歷世久遠。其間儒者，非不知尊孔孟而誦六經，至考其所得，則不越於訓詁文義之間而已，於聖人之心，所以本諸天地而措諸天下與來世者，蓋鮮克涉其藩，而況睹其大全者哉。」〔註六三〕張栻以通經不在於訓詁文義之間，而在上求聖人之心以經天緯地，此論亦與晦翁之說相類。

呂祖謙麗澤書院之教，除以易、詩、周禮、禮記、論語、孟子傳授諸生外，並以諸史課士。

東萊言治經，「學者當先治一經，一經既明，則諸經可觸類而長之也。」至於治史，「當自左氏至五代史依次讀，則上下首尾，洞然明白。」尤重要者，「讀史既不可隨其成敗以爲是非，又不可輕立意見，易出議論。須揆之於理，體之以身，平心熟看，參會積累，經歷諳練，然後時勢事情，漸可識別。」（註六四）大體言之，東萊之教雖經史並舉，然於史別有見地，其成就與影響，於宋代學術史應佔有一席之地。

宋代書院教育之宗旨，既在宗孔忠君，明道致用，故倡通經明史，亦順理成章也。然通經明史，並非徒通其文字訓詁與典章制度而已，必須由此上求聖人之心，考察治亂之源，藉以扶持治道，順理人心，如此方是正學。清戴鈞衡謂：「治經者非徒通其訓詁、章句、名物、典章而已。陸行者資乎車，水行者資乎舟。然而，水陸之行必皆有所欲到之處。苟茫無定向，第飄搖轉徙於天地之間，而靡所歸止，則舟車徒爲苦人之具。訓詁章句名物典章者，治經之舟車也。治經而不求得聖人之心，亦何異飄搖轉徙於天地哉。」（註六五）此誠中肯之論也。

五、游六藝

孔子有云：「弟子入則孝，出則弟，謹而信，汎愛衆，而親仁，行有餘力，則以學文。」又云：「志於道，據於德，依於仁，游於藝。」（註六六）傳統儒家教育原以德行爲首，而道藝次之。周官鄉大夫之教人：首以知仁聖義中和六德。既有六德，而後能孝於父母，友於兄弟，睦於宗族，姻於親戚，任而信於朋友，恤而惠於鄉里。既有此孝友睦姻任恤六行，而後可以學五禮、六樂、五射、五御、六書、九數等「六藝」，而此正是孔子所云：「行有餘力，則以學文。」之精義。〔註六七〕宋代書院教育之理想，內聖與外王一貫，修己與治人不殊。基此前提，書院教育雖特重人格之陶冶，然於足以修己安人之六藝〔註六八〕之業，亦未忽視也。魏了翁曰：「古之學者，始乎禮樂射御書數，蓋比物知類，求仁入德，皆本諸此。」〔註六九〕此誠宋代理學家之共同體認。

陸九淵之學，以「尊德性」爲宗，其教多以明心爲言。象山以爲「志道、據德、依仁，學者之大端」，爲學若「主於道，則欲消而藝亦可進」。若「主於藝，則欲熾而道亡，藝亦不進。」〔註七〇〕於此觀念之下，象山之學旨，遂以德行爲上，而道藝爲下。象山曰：

德成而上，藝成而下。行成而先，事成而後。論語曰：「入則孝，出則弟，謹而信，汎愛衆，而親仁。」曰：「言忠信，行篤敬。」孟子曰：「仁義禮智根於心，其生色也，睟然見於面，盎於背，施於四體，四體不言而喻。」曰：「仁義忠信，樂善不倦。」此等皆德行事，爲尊爲貴，爲上爲先。樂師辨乎聲詩，祝史辨乎宗廟之禮，與凡射、御、書、數等事，皆藝也，爲卑爲賤，爲下爲後。〔註七一〕

象山雖謂藝爲下爲後，爲卑爲賤，則又常以之教人。象山語錄下載其「不愛教小人以藝，常教君子以藝。」其理由是「君子得之，不以爲驕，不得，不以爲歉；小人得以爲吝，敗常亂教。」是象山亦以藝教人，但爲防微杜漸，故所教者爲君子，而不教予小人。

張栻教人除辨明義利外，亦頗重視六藝之教。張栻深信：人固天生即存常性，然若不涵養存察，則天常弗能湧現，學者必須周旋於灑掃應對進退之際，留心於聲氣容色之間，涵泳於禮樂射御書數之類，如此方有所得。張栻曰：「聲氣容色之間，灑掃應對進退之事，乃致知力行之原也，其可舍是而他求乎。」（註七二）又曰：

> 人固有秉彝，若不栽培涵泳，如何會有得？古人教人，自灑掃應對進退、禮樂射御之類，皆是栽培涵泳之類。若不下工，坐待有得，而後存養，是枵腹不食而求飽也。（註七三）

登高自卑，陟遠自邇，此乃千古不變之定律。張栻云：「聖人之道至矣，而其所以教人者，大略則亦可睹焉。蓋自始學則教之以爲弟爲子之職，其品章條貫，不過於聲氣容色之間，灑掃應對進退之事，此雖爲人事之始，然所謂天道之至賾者，初不外乎是。」（註七四）又云：「格物者，至極其理也，此正學者下工夫處。呂舍人之說雖美，乃是物格知至以後事，學者未應躐等及此也。雖然，格物有道，其惟敬乎。是以古人之教，有小學有大學。自灑掃應對而上，使之循循而進，而所謂格物致知者，可以由是而施焉。」（註七五）灑掃應對進退與射御書數均爲下學工夫，學者宜用力於此，而後始可以上達。張栻又曰：「聖人教人以下學之事，下學工夫浸密，則所爲上達者愈深。」（註七六）張栻教人，必使之游於藝，或有見於此。

朱子之教育觀與南軒相近，均以仁義禮智之善性固人所具有，然此善性每易動於欲而蔽於情。爲長善而救其失，聖王乃設教以導之。而先王設教之程序，必始於禮樂射御之際，與灑掃進退之間，因其爲格物致知之入門，修己安人之實務。朱子曰：

> 熹聞之，天生斯人而予之以仁義禮智之性，而使之有君臣、父子、兄弟、夫婦、朋友之倫，所謂民彝者也。唯其氣質之稟，不能一於純秀之會，是以欲動情勝，則或以陷溺而不自知焉。古先聖王爲是之故，立學校以教其民，而其爲教必始於洒掃應對進退間，禮樂射御書數之際，使之敬恭，朝夕修其孝弟忠信而無違也，然後從而教之格物致知以盡其道，使之所以自身及家，自家及國，而達之天下者，蓋無二理，其正直輔翼，優游漸漬，必使天下之人，皆有以不失其性，不亂其倫，而後已焉。此二帝三王之盛，所以化行俗美，黎民醇厚而非後世之所能及也。（註七七）

因「六藝爲下學之功，入德之階，達成格物致知之基本實踐功夫」（註七八），故朱子列之爲書院教育之重點。「古人之學，固以致知格物爲先，然其始也，必養之於小學，則亦洒掃、應對、進退之節，禮、樂、射、御、書、數之習而已，是皆酬酢講量之事也。」（註七九）格物致知本係朱子教人之不二法門。朱子篤信：經由此一法門，可使人入於聖賢之域。（註八〇）禮樂射御書數既是格物致知之始，而格物致知又爲入德之階，無怪乎朱子列之爲教育重點。朱子云：「禮云樂云，御射書數，俯仰自得，心安體舒，是之謂游，以游以居。」（註八一）俯仰自得，以游以居，正是游於藝之精義。

除朱子、張栻以六藝教人外，樓鑰亦是如此。建寧府紫芝書院成，即以志道、據德、依仁、游藝名其齋，樓鑰爲之記曰：

> 或謂藝成而下，聖人以游言之，疑其爲可輕。是不然。所謂藝者，非如今之技藝，乃禮、樂、射、御、書、數，古所謂六藝是也。稽之禮經，各有名數。先王設教，及人之幼少眞淳未散之時，使習而熟之，則身在有餘，不可勝用。君子未有不兼此而能全德者。今禮壞樂亡，射御號爲武事，數亦不復見，惟六書可傳，士又罕垂意焉。夫謂之小學，謂小年所當學，非曰學之細也。洒掃進退尚由此可以上達，而況六藝乎。苟能盡力于三省而游於此，則爲士庶幾乎備矣。〈註八二〉

樓攻媿認爲洒掃、應對、進退等小學之節，尚且可以上達，六藝之教，更不待言。學者若能「志道」、「據德」、「依仁」，而「游藝」，則可爲士矣。反之，若不兼習禮、樂、射、御、書、數六藝，而望全德達材，則無異於緣木求魚。

宋代理學家講心性、言天道，一面言本體，另一面講工夫。工夫論並非西方哲學上所謂之方法論，而係一近似宗教上之進修論，故宋儒無不重視其所謂之「小學」。宋儒主張學者應先周旋於洒掃應對進退之間，留意於禮樂射御書數之際，復由此進於主靜居敬，此乃宋代理學之共同精神。〈註八三〉程明道嘗云：「古之教人，莫非使之成己。自洒掃應對上，便可到聖人事。」〈註八四〉倘明乎此，則對宋代書院何以「游六藝」爲要旨，自可豁然而解矣。

附註

註一　見孟子滕文公章句上。

註二　分見禮記中庸，禮運。

註三　見張伯行編，廣近思錄卷二。

註四　引自宋元學案卷八十，鶴山學案王萬傳。

註五　引自張行伯編，續近思錄卷六。

註六　見朱子大全文集卷七十四，白鹿洞書院揭示。

註七　見陳克齋先生集卷三，南軒書院講義。

註八　見欽定四庫全書雪坡集卷九，正誼書院訓學子。

註九　見南軒集卷九，袁州學記。

註一〇　均見東萊集別集卷五，欽定四庫全書珍本十一集。

註一一　見蛟峯文集卷五，常州路重修儒學記。

註一二　分見論語里仁，孟子盡心上。

註一三　見象山先生全集卷三十五，語錄下。

註一四　前引書卷二十三，白鹿洞書院講義。

註一五　同註十三。
註一六　見象山先生全集卷三十二，拾遺。
註一七　見南軒集卷十四，孟子講義序。
註一八　前引書卷九，雷州學記。
註一九　前引書卷十五，送劉圭父序。
註二〇　參見蔣勵材先生，醇儒張南軒的湘學，孔孟學報，三十六期，頁一六九～二〇八。
註二一　同註十九。
註二二　同註十七。
註二三　同註十八。
註二四　引自宋元學案卷五十，南軒學案，附錄。
註二五　見孟子告子上。
註二六　見象山先生全集卷十九，敬齋記。
註二七　見朱子語類卷五十九。
註二八　同前註。
註二九　見河南程氏遺書第十八，伊川先生語四。
註三〇　見朱子語類卷六。

註三一　前引書卷十二。

註三二　前引書卷五十九。

註三三　同前註。

註三四　見朱子大全文集卷四十九，答陳膚仲．宋元學案卷四十九，晦翁學案所錄略同。

註三五　見朱子語類卷十二。

註三六　前引書卷一一三。

註三七　禮記樂記云：「人化物也者，滅天理而窮人欲者也。」人稟七情，應物斯感，感而無度量分界，必及於亂。物之感人無窮，而人之好惡無節，若不能存其心，養其性，必至人化於物，而使天理滅盡，人欲大昌。先儒有見於此，故設禮樂爲之節。宋儒講學必以收放心，存本心爲重點，實欲由此彰天理而去人欲，透過道德之實踐，而成爲一道德完人。而此正是儒家教育之最高鵠的。

註三八　陸象山與朱子在教育思想上之基本差異，如：在著眼點上，朱子重道問學，主張爲學須格物以致其知；而象山則重尊德性，認爲存心之功以外，別無所謂學問。在程序上，朱子教人，先欲令人泛觀博覽，而後歸於約；而象山教人，則欲先發明本心，而後使之博覽。朱子言窮理居敬，以爲二者可以相發明，但在朱子觀念中，窮理却先於居敬。象山言明善致知，以爲二者並行不悖，但在象山觀念中，明善却先於致知。凡此皆是朱子與象山在思想上之基本差異。

註三九　見象山先生全集卷五，與舒西美。

註四〇　前引書卷一，與趙監。

註四一　前引書卷三十二，拾遺，學問求放心條。

註四二　前引書卷三，與劉深父。

註四三　見中國思想史，頁一一九二，台北大林出版社，六十九年四月出版。

註四四　見南軒集卷九，桂陽軍學記。

註四五　見陳克齋先生集卷三。

註四六　見文定集卷九，桐源書院記。

註四七　見四庫全書珍本，絜齋集卷十，東湖書院記。

註四八　見鮚埼亭集外編卷十六，城南書院記。

註四九　見舊唐書卷七十一，魏徵傳。

註五〇　見鮚埼亭集外編卷十六，慶歷五先生書院記。

註五一　據山東通志卷八十八之記載：「泰山書院，在泰安府，宋孫明復偕石守道、胡翼之講學岱陽始建。」由此可知：不僅孫復、石介曾講學於此，胡瑗亦曾講學於此。

註五二　全祖望鮚埼亭集外編卷四十五，答張石癡徵士問四大書院帖子謂：「戚同文講學睢陽，生徒即其居爲肄業之地，祥符三年，晏元獻公延范希文掌教焉。」由此可知，范文正公曾掌教於睢陽（應天府）書院。

註五三　見宋元學案卷二，泰山學案，睢陽子集，與范天章書。

註五四　見范文正公集卷九，上時相議制舉書。

註五五　見徂徠集卷十六，宋元學案卷二附錄同。

註五六　見范文正公集卷七，南京書院題名記。

註五七　見勉齋集卷三十六朱子行狀。

註五八　以上二條資料俱見朱子語類卷十一。

註五九　同前註。

註六〇　見南軒集卷十九，答潘端叔。

註六一　見廣近思錄卷三。

註六二　見東原文集，群居治五經序，引自宋元學案補遺卷二。

註六三　同註六十一。

註六四　以上三條資料，俱引自廣近思錄卷三。

註六五　見皇朝經世文續編卷六十五，桐鄉書院四議。

註六六　分見論語學而篇及述而篇。

註六七　參見姚雪坡西澗書院講書，雪坡集卷九。

註六八　「六藝」之名有二義。一指易、禮、樂、詩、書、春秋六經。如史記卷六十一伯夷列傳云：「夫學者載籍極博，猶考信於六藝。」是也。一指禮、樂、射、御、書、數。如周禮卷十四地官保氏云：「保氏掌諫王惡，而養國子以道，乃教之六藝：一曰五禮，二曰六樂，三曰五射，四曰五馭，五曰六書，六曰九數。」是也。此地所云之「六藝」，係指後者而言。

註六九　見鶴山先生大全文集卷四十九，天目山房記。

註七〇　所引俱見象山全集卷三十五，語錄下。

註七一　前引書卷十五，與陶仲贊。

註七二　見南軒集卷十四，論語說序。

註七三　前引書卷三十二，答胡季隨。

註七四　同註七十二。

註七五　見南軒集卷二十六，答江文叔。

註七六　前引書卷二十六，答周允升。

註七七　見朱子大全文集卷七十七，南劍州尤溪縣學記。

註七八　引自劉伯驥先生六藝通論，頁二一五，台北中華書局，四十五年，九月，台初版。

註七九　見朱子大全文集卷四十七，答呂子約。

註八〇　參見韋政通中國思想史，頁一一七四，台北大林出版社，六十九年四月出版。

註八一　見朱子大全文集卷八十五，四齋銘，游藝條。

註八二　見攻媿集卷五十四，建寧府紫芝書院記。

註八三　參見錢賓四先生，中國思想之主流，中國文化論集第一集頁四十九。

註八四　見近思錄卷十一。

第四章　宋代書院教育之精神特色

宋代書院教育以明人倫、辨義利、收放心、通經史、游六藝爲內涵，旨在肯定人性之尊嚴，人品之敦勵，良知之涵養，用以抉乾坤之奧蘊，立聖道之宏基，發天人之精微，示萬代之準繩，對著誠息僞，振奮人心，移風易俗，裨益非淺。究其精神特色，有四：曰自由講學，曰尊嚴師道，曰教訓合一，曰循序漸進。試論之如后。

第一節　自由講學

自由講學之精神，乃宋代書院教育之一大特色。所謂「自由講學」，不同於時下所言之「學術自由」。黃金鰲曰：

所謂自由講學，異於吾人今日所稱之學術自由。自由講學之義有三，一謂：因機指點，隨類裁成，講學無固定方式。二謂：當仁不讓於師，師弟朋友相與疑析問難，以求義理之精當。三謂：不懸鵠的，但爲學問而學問。（註一）

宋代書院教育之教材多樣，不偈限於一隅；教法自由，不流於呆滯；學貴爲己，不泥於科舉；當仁不讓，不拘於名分。凡此皆自由講學精神之表現。茲舉例說明之。

一、教材多樣化，不限於一隅

自漢武帝罷黜百家，獨尊儒術，表章六經後，儒家經典遂爲歷代學校教育之重心，宋代書院教育自不例外。儒家思想以「仁」爲本體，以「誠」爲動力，以「中」爲法則，而以「行」爲實踐。其原理見諸中庸，其應用見諸大學，其詳釋舉例見諸論、孟。至於六經，或以道志，或以道事，或以道行，或以道和，或以道陰陽，或以道名分，雖各有異，及其指歸，並無二致。（註二）禮記經解云：

入其國其教可知也，其爲人也，溫柔敦厚，詩教也；疏通知遠，書教也；廣博易良，樂教也；絜靜精微，易教也；恭儉莊敬，禮教也；屬辭比事，春秋教也。

正因儒家經典具有移風易俗，與成就人才之效，故宋理學家每以儒家經典爲理論根據，用以垂教後世。然因書院教育多屬私人講學，缺乏固定之組織系統，且創書院之動機不一，故書院所採之教材，亦自有異。大體言之，朱子一脈之書院，其教材大抵以四書爲主。宋元學案稱：

昔晦庵先生之講學於雲谷也，我先文簡雲莊兄弟與西山蔡先生父子從遊最久。講四書之餘，必及於易。（註三）

楊子謨字伯昌，……先生自奉祠，講學於雲山書院，與諸生敷陳論、孟、學、庸大義。（註四）

歐陽守道字公權，……江文忠公作白鷺書院，首致先生爲諸生講說，湖南轉運副使吳子良

聘爲嶽麓書院副山長。先生初升講，發明孟氏正人心，承三聖之說，學者悅服。〔註五〕

袁易字通甫，平江人，不樂仕進，行中書省署爲石洞山長。……其在石洞，推明雙峰之說，上及於考亭，多諸生昔所未聞。〔註六〕

歐陽守道爲朱子再傳；楊子謨之父雲山老人得張栻之學以授之，可稱家學；袁易爲饒魯私淑，饒魯受學於黃榦、李燔，黃榦、李燔受學於朱子，故袁易之學亦源於朱子。三子之學或源於朱子、或近於朱子，故其教育內容亦與朱子相類。又歐陽守道之友歐陽新，嘗爲嶽麓書院講書，宋元學案稱：「先生講禮記天降時雨山川出雲一章，巽齋起曰：長沙自有仲齋，吾何爲至此？」〔註七〕巽齋門人文天祥嘗講學於西澗書院。敷陳易經乾文言「君子進德修業。忠信，所以進德也；修辭立其誠，所以居業也」之大意，告諭諸生「言忠信，行篤敬」之理。〔註八〕足見朱子一脈書院之教育課程，大抵以四書爲主，行有餘力則及於易與禮。

陸九淵之學，以尊德性爲宗，故其教人本於孟子四端之說，而以明本心爲主眼。毛剛伯曰：「先生之講學也，先欲復本心以爲主宰。既得其本心，從此涵養，使日充月明。讀書考古，不過欲明此理，盡此心耳。其教人爲學，端緒在此。」傅季魯亦云：「先生居山，多告學者云：汝耳自聰，目自明，事父自能孝，事兄自能弟，本無少缺，不必他求，在乎自立而已。」〔註九〕象山既以明本心爲教，故其門下弟子之教學，大抵一遵象山之法。

錢時字子是，……江東提刑袁蒙齋甫建象山書院，招主講席，學者興起。大抵發明人心，

指摘痛快，聞者皆有得焉。（註一〇）

石坡（桂萬榮）講學之語，皆本師說，曰明誠，曰孝弟，曰顏子四勿，曰曾子三省。其言朴質無華葉，蓋以躬行爲務，非徒從事於口耳，故其生平踐履，大類慈湖。（註一〇）

錢時、桂萬榮爲楊簡之門人，楊簡爲象山門人。象山一門既以收放心、復本心爲教，故其教人每重修身養性之方，而不執於文字。

除朱子、象山外，乾淳以降堪與朱、陸鼎足而三者，惟呂祖謙一脈耳。東萊之學，兼取朱、陸之長，復得中原文獻之統，晚年講學於麗澤書院。其教人大抵以易、詩、周禮、禮記、論語、孟子爲教材，而尚實用之學。（註一二）宋元學案卷五十一載東萊麗澤講義，其周禮說曰：

教國子以三德三行，立其根本，固是綱舉目張，然又須教以國政，使之通達治體。古之公卿，皆自幼時便教之，以爲異日之用。今日之子弟，即他日之公卿，故國政之是者，則教之以爲法；或失，則教之以爲戒，又教之以如何整救，如何措畫，使之洞曉國家之本末源委，然後他日用之，皆良公卿也。自科舉之說興，學者視國事如秦越人之視肥瘠，漠然不知，至有不識前輩姓名者，一旦委以天下之事，都是杜撰，豈知古人所以教國子之意。

由是可知：東萊固重人格教育，然以實用之學教授諸生，期爲國家造就有用之士，更爲東萊立教之情志所在。

宋代書院教育除以群經教授生徒，期由此用力，而止於「天人合一」之境外，亦時以史書訓導諸生。宋元學案卷四十六玉山學案趙崇度傳載：

趙崇度字履節，……自少聰穎，年十六，謁朱文公於考亭，文公器之，授以大學一編曰：「修己治人之法，不出此書。」後忠定（趙汝愚）歸卧里門，又授以通鑑，曰：「讀是，可以見古今興壞存亡之故。」先生天才逸發，落筆娓娓動人。而文公迪之以經，欲其知道以立本也；忠定博之以史，欲其知變以致用也。

朱子於考亭書院授崇度以大學，欲其修己以安人；忠定復博之以通鑑，則欲其明道以致用。由修己以安人，至乎明道以致用，實已括宋代書院之教育理想與精神。朱子曰：「聖賢所以教人之法，具存於經，有志之士，固當熟讀深思而問辨之。」（註一三）朱子此言，誠爲書院教育之精神標竿，亦可爲宋代書院教育必以經爲主，而旁及諸史之主因。

二、教學自由化，不流於呆滯

宋代書院教育，不僅教材多樣化，印其教學方式亦自由化。因書院講學無固定方式，正足以表現自由講學之精神。書院教學方式，有橫經自講者，如危逢吉之於龍江書院：

危稹字逢吉，……郡有臨漳臺，據溪山最勝處，作龍江書院其上，既成，橫經自講，人用歆動。（註一四）

如輔潛庵之於傳貽書院，與趙順孫之於學道書院：

輔廣字漢卿，號潛庵。……奉祠而歸，歸築傳貽書院教授，學者稱爲傳貽先生。（註一五）

趙順孫字和仲，……築學道學院以講學。（註一六）

他如舒璘之於廣平書院，杜方山之於樊川書院，方逢辰之於石峽書院，黃榦之於螺峰書院，陳景肅之於石屛書院，李方子之於雲巖書院，李覯之於盱江書院，皆屬此類。（註一七）除橫經自講外，亦有創書院而延名儒主教者，如程公許之於南軒書院、郭良臣之於西園、石澗、南湖三書院：

程公許字季興，一字希穎。……其知袁州時，新周茂叔祠、葺南軒書院，聘宿儒胡安之爲諸生講說。（註一八）

吳葵字景陽，其家以貲雄於東陽，與郭氏埒。郭氏（良臣）有西園、南湖、石澗三書院，招延呂成公、薛象先之徒，教授子弟。（註一九）

又如袁蒙齋之於象山書院，王實翁之於上蔡書院：

馮興宗字振甫，……袁蒙齋甫持節江左，延爲象山書院堂長，群士信嚮。（註二〇）

王賁字蘊文，號石潭。……王實翁創上蔡書院，請魯齋（王柏）爲堂長，先生具古冠服來謁，及魯齋歸，乃敦請代理其事。（註二一）

他如眞德秀創東湖書院，延蔡廷傑爲長；葉克誠建重樂書院，延仁山先生講學；王埜建建安書院，延鄭師尹講學；李琮建蓮溪書院，延周諤講學，皆屬此類。（註二二）除宿儒橫經自講及延名師主講外，亦有代以高弟者。如鄧約禮、傅子雲之於槐堂，黃榦、李燔之於竹林：

鄧約禮字文範，……師象山，在槐堂中稱齋長。有求見象山者，象山或令先從先生問學。傅子雲字季魯，號琴山。……應天山精舍成，學者坐以齒，先生在末席，象山令設一席於旁，時令先生代講。或頗疑之，象山曰：「子雲天下英才也。」及出守荊門，使居精舍，象山執手語之曰：「書院事俱以相付，其爲我善永薪傳。」謂諸生曰：「吾遠守小郡，不能爲諸君掃清氛翳，幸有季魯在，願相親近。」（註二三）

黃榦字直卿，……丁母憂，學者從之講學於墓廬甚衆。熹作竹林精舍，成，遺榦書，有「它時便可請直卿代即講席」之語。

李燔字敬之，……熹嘉之，凡諸生未達者先令訪燔，俟有所發，乃從熹折衷。（註二四）

宋代書院教學方式，大抵如上所述。至於書院教學之法，通常採用「講演法」（Lecture Method），登席講授經文，敷陳經義，如姚勉登西澗書院，講授周禮鄉大夫「三年則大比，攷其德行道藝，而興賢者能者，鄉老及鄉大夫帥其吏與其衆寡，以禮賓之。厥明，鄉老及鄉大夫群吏獻賢能之書于王，王再拜受之，登于天府。」之大義即是。（註二五）亦有以其所教，錄爲講義，由名儒爲之跋，藏於書院並傳於生徒。如象山講論語「君子喻於義，小人喻於利」於白鹿洞書院即是。（註二六）學子於堂下聽講，對於其師之一言一行，隨時札記，即爲「語錄」，如伊川語錄、朱子語錄、象山語錄，其內容簡明扼要，使人易於明曉，不失爲理學之重要著作。此外，宋代書院教育，亦頗重啓發教育，宋元學案卷二十四上蔡學案附錄載：

上蔡初造程子，程子以客肅之。辭曰：「爲求師而來，願執弟子禮。」程子舘之門側，上漏旁穿，天大風雪，宵無燭，晝無炭，市飯不得溫。程子弗問，謝處安焉。踰月，豁然有省，然後程子與之語。

由此記載觀之，程子堪稱善於機會教育之教育家。孔子曰：「士志於道，而恥惡衣惡食者，未足與議也。」孟子亦曰：「天將降大任於是人也，必先苦其心志，勞其筋骨，餓其體膚，空乏其身，行拂亂其所爲，所以動心忍性，增益其所不能。」（註二七）此或程子舘謝良佐於門側，令食不得飽，衣不得煖之主因。羅欽順曰：

顏淵曰：「舜何人也，予何人也，有爲者亦若是。」蓋以舜自期也。舜飯糗茹草，若將終身；顏子簞食瓢飲，不改其樂，本原之地，同一無累，如此則顏之造於舜也，其孰能禦之。孟子曰：「人能無以飢渴之害爲心害，則不及人不爲憂矣。」此希聖希賢之第一義也。（註二八）

宋代書院既以希聖希賢爲主旨，而「無以飢渴之害爲心害，則不及人不爲憂」又係希聖希賢之第一義，無怪乎程子以此試上蔡之誠，堅上蔡之志，而上蔡終能「豁然有省」。朱子嘗曰：「教道後進，須是嚴毅，然亦須有以興起開發之，徒拘束之亦不濟事。」（註二九）由程子啓發上蔡之例觀之，宋代書院教育不僅師道嚴尊，亦頗善於機會教育，而不使教學方式流於呆滯。

三、當仁不讓，不拘於名分

教材多樣化，教學自由化，固爲宋代書院教育之特色，然猶不足以表現其自由講學之精神。最足表現其自由講學之精神者，乃師生同門間不拘名分，當仁不讓，質疑問難，以求義理精當之熱誠與決心。程明道、程伊川均嘗講學於嵩陽書院。明道誨人以寬，終日靜坐如泥塑人，然接人渾是一團和氣。宋元學案卷十四明道學案附錄稱：「明道先生與門人講論，有不合者，則曰：更有商量。」伊川爲立品學權威，誨人以嚴毅著稱，然伊川却最能鼓勵學者創發新意。尹焞於程門中尙稱最魯，然與伊川講論之際，却每有慧解。宋元學案載：

伊川與和靖論義命。和靖曰：「命爲中人以下說，若聖人只有一個義。」伊川曰：「何謂也？」和靖曰：「行一不義，殺一不辜，而得天下者，不爲也，奚以命爲。」伊川大賞之。（註三〇）

伊川善於啓發後學，能容人申述辯難，故門下弟子常能發人所未發，而直叩理學之義蘊。象山講學於應天山精舍，每誨弟子「自立自重，不可隨人脚跟，學人言語。」（註三一）劉清之字子澄，嘗先後講學於白鹿洞書院、臨蒸精舍與槐陰精舍，至其教學之法，「每因月講，復具酒肴以燕諸生，相與輸情論學，設爲疑問，以觀其所嚮，然後從容示以先後本末之序。」（註三二）蔡元定師事朱子，朱子曰：「季通（元定）吾老友也。」凡性與天道之妙，他弟子不得聞者，必以語季通。異篇、奧傳、微辭、深義、四方學者有未達者，多令先就季通討究，而後親折衷焉。慶元初年，韓侂胄禁僞學，蔡元定謫道州，朱文公與諸所從遊百餘人，送別蕭寺。臨別之際，文公以連日讀參同契所疑叩蔡元定，蔡元定應答灑然。（註三三）凡此正足以表現宋代書院師生間，不恥下問，以追求學術眞理之熱忱與精神。宋元學案卷六十九滄洲諸儒學案劉靜春先生傳載：

劉㦸字季文，一字靜春，廬陵人，學於朱子之門，眞西山雅重之，嘗謂人曰：「吾輩所言，皆是皮膚，惟靜春能道其骨髓，若靜坐山中十年，庶幾敢望靜春耳。」然先生晚年頗不滿其師中庸章句之說，以是與西山多不合。其論曰：「惟天之命，於穆不已，惟人受天地之中以生，故謂之性。而貴於物焉。湯誥曰：『惟皇上帝，降衷於下民，若有恒性。』吾夫子曰：『天地之性，人爲貴。』是則人之性，豈物之所得而儗哉？中庸曰：『天命之謂性，率性之謂道。』是專言乎人，而不雜乎物也。或者謂必兼人物而言之，似也而差也。古先聖賢言性命，有兼人物而言者，有專以人言者。易曰：『各正性命。』是乃兼人物而言之。然既曰各有不同，則人物之分，亦自昭昭，假如天命之性，亦兼人物而言，則犬之性猶牛之性，牛之性猶人之性，當如告子之見矣。」因著就正錄，西山力與之爭，先生終不以爲然。每見，必力持其說。西山引觴解之曰：「生平竊笑漢儒聚訟，吾儕豈可又爲後世所笑，姑各行所學而已。

據此記載，可知宋代書院師友間，爲求眞理而一絲不苟之精神。張栻爲朱子講友，朱子講貫義理時，每與張栻往復切磋，而情感甚篤。然於辯明義理，疑析學問時，朱子之態度却又極其嚴正。朱子大全文集卷三十一，錄朱子與張敬夫論癸巳論語說一篇，於張栻論語說頗多詆評，如解學而「孝弟也者，其爲仁之本與」章，張栻云：「自孝弟而始，爲仁之道生而不窮，其愛雖有差等，而其心無不溥矣。」朱子論之曰：「按有子之意，程子之說，正謂事親從兄，愛人利物，莫非爲仁之道，但事親從兄者，本也；愛人利物者，末也。本立然後末有所從出，故孝弟立而爲仁之道生也，今此所解，語意雖高，而不親切。」又曰：「此章仁字，正指愛之理而言，易傳所謂偏言則一事者是也。故程子於此，但言孝弟行於家，而後仁愛及於物，乃著實指事而言。其言雖近，而指則遠也。今以心無不溥形容，所包雖廣，然恐非本旨，殊覺意味之浮淺也。」諸如此類甚多。由於朱子不以爲嫌，張栻不以爲忤，且不以疑析辯難而生閒隙之心，故於切磋砥礪之餘，而情感益篤。及張栻卒，朱子爲之撰祭文，曰：

> 自孔、孟之云遠，聖賢絕而莫繼。得周翁與程子，道乃抗而不墜。然微言之輟響，今未及乎百歲，士各私其所聞，已不勝其乖異。嗟惟我之與兄，脗志同而心契。或面講而未窮，或書傳而不置。蓋有我之所是而兄以爲非，亦有兄之所然而我之所議。亦有始所共嚮，而終悟其偏。亦有早所同嚌，而晚得其味。蓋繳紛往返者幾十餘年，末乃同歸而一致。由是上而天道之微，遠而聖言之秘，近則進修之方，大則行藏之義，以兄之明，固已洞照而無遺，若我之愚，亦幸竊窺其一二。（註三四）

「當仁不讓於師」，朱子與張栻可謂知其理者也。朱子一生志在講學，當時與張栻、呂祖謙雖稱密友知交，然於講道論學之際，卻能不拘師友名分，一絲不苟以求學術之眞理，務得義理之精當。此自由講學之精神，正是宋代書院教育之一大特色。

四、學貴自得，而非爲科舉

宋代書院之盛，蓋緣於科舉之反響，已於第三章第一節論之頗詳，不擬贅述。宋代書院講學，以希聖希賢爲鵠的，強調「學者須是爲己」，高唱「凡人須以聖賢爲己任」〔註三五〕。此沾染濃厚理想主義（Idealism）之教育思想，自非爲科舉之業。朱熹之於書院教育，常不與科舉妥協。當其重葺白鹿洞書院時，即高揭一遠大理想，並以之告諭諸生。朱子曰：「熹竊觀古昔聖賢所以教人爲學之意，莫非使之講明義理以修其身，然後推以及人，非徒欲其務記覽，爲詞章，以釣聲名，取利祿而已也。」〔註三六〕由是觀之，朱子乃期以書院教育，建立一新人生觀與價值觀。朱子又曰：「蓋聞古之學者爲己，今之學者爲人。故聖賢教人爲學，非是使人綴緝言語，造作文辭，但爲科名爵祿之計，須是格物、致知、誠意、正心、修身，而推之以至於齊家、治國，可以平治天下，方是正當學問。」〔註三七〕是知朱子之教育鵠的，在「爲己之學」，由內聖而及於外王，由成己而及於成物。

象山之態度，亦復如是。袁燮稱：「乾道淳熙間，象山陸先生以深造自得之學，師表後進。其道甚粹而明，其言甚平而切。凡所啓告學者，皆日用常行之理（禮），而毫髮無差，昭晰無疑。」〔註三八〕淳熙八年（西元一一八一年），象山應朱子之邀，講學於白鹿洞書院，曉諭學者曰：「科舉取士久矣，名儒鉅公皆由此出，今爲士者固不能免此。然場屋之得失，顧其技與有司好惡如何耳，非所以爲君子小人之辨也。而今世以此相尚，使汨沒於此而不能自拔，則終日從事者，雖曰聖賢之書，而要其志之所鄉，則有與聖賢背而馳者矣。推而上之，則又惟官資崇卑，祿廩厚薄是計，豈能悉心力於國事民隱，以無負於任使之者哉。從事其間，更歷之多，講習之熟，安得不有所喩，顧恐不在於義耳。誠能深思是身，不可使之爲小人之歸，其於利欲之習，怛焉爲之痛心疾首，專志乎義而日勉焉，博學審問愼思明辨而篤行之，由是而進於場屋，其文必皆道其平日之學，胸中之蘊，而不詭於聖人。」（註三九）象山之教人，亦貴於自得，而不拘泥於科舉之業，不難見知矣。

魏了翁嘗講學於鶴山書院，於當時教育以科舉爲鵠的一端，深致其嘆。魏了翁曰：

古者自入小學，學幼儀，肄簡諒則既有以固其肌膚之會，筋骸之束，而養其良知良能之本。其入大學也，所以爲教之具，非強其所無也。凡以上帝所降之衷，生民所秉之彝，萬物備具而作之君師者，特因其固有而爲之品節以導廸之，使其仁義禮智之性，以行諸君臣、父子、兄弟、夫婦、朋友之倫，而無不盡其分焉耳。今之爲教者，獨何如哉？利祿之誘，梏於其前，既不由小學以養其德性，厚其基本，又不進之於大學，以明其本初，而潰於大成。其父兄之所訓廸，師友之所切劘，大抵務記覽、爲詞章，以求合於有司之程，爲規取利祿計耳。自始童習以階成人，耳目之所濡，心志之所之，始進既若是，隨事亹亹，往而不返，其以是干澤也，不至於得不已，幸而得之，則又將以其所以教以人者教人，彼是相

尋，其流益降，充而爲公爲卿皆由此選，其所成就，有不逮古人者，蓋不俟其入政，而固可前知之矣。〔註四〇〕

既思有以救之，自不得不講學於書院，藉以挽狂瀾於既倒。濂溪書院成，魏了翁爲之記以訓勉諸生：

君子深造之以道，欲其自得之也。自得之則居之安，居之安則資之深，資之深則取之左右逢其原。蓋惟誠求而實見，然後篤信而力行，行矣而著，習矣而察，然後渙然怡然有不能以自已者。今乃以先儒之講析既精，後學之萃類滋廣，苟有纖能小慧，則資之以飾口耳，假之以獵聲利，而於我若無與然，極其爲害，又反有甚於記覽詞章之溺志者。某之懼此有年矣，故因侯之築室以館諸生也，發是義以告之。〔註四一〕

魏鶴山之教育觀，乃在於誨人深造自得，學以爲己，而不泥於科舉。除朱子、象山、鶴山外，黃榦曾講學於螺峯書院，陳文蔚曾講學於龍山書院，黃榦新修白鹿書院記勉諸生曰：「今侯亦招致嘗從學先生（朱子）而通其說者，使長其事講授焉。所望於諸生豈淺哉？苟徒資口腹、謀利祿，而治心修身漫不加意，則既失崇尚教育之旨，覽觀山川之勝，周旋堂宇之盛，於心安乎。」〔註四二〕陳文蔚講學於龍山書院，勉勵學子曰：「幸從事於古人爲己之學，格物致知，正心修身，志在天下，而不私於一己。」〔註四三〕凡此皆足以明宋代書院教育，具有一反科舉精神，而此反科舉精神，正是宋代書院教育之另一特色。

附註

註　一　見我國書院制度及其精神，鵝湖月刊四卷一期。

註　二　莊子天下篇曰：「詩以道志，書以道事，禮以道行，樂以道和，易以道陰陽，春秋以道名分。」

註　三　見宋元學案卷六十七，九峯學案，劉涇傳。

註　四　見宋元學案卷七十二，二江諸儒學案，楊子謨傳。

註　五　見宋元學案卷八十八，巽齋學案，歐陽守道傳。

註　六　見宋元學案卷八十二，北山四先生學案，袁易傳。

註　七　同註五。

註　八　宋元學案卷八十八，文天祥傳後錄西澗書院釋菜講義一篇。其立論重點在於「言忠信，行篤敬」六字，文長不錄。

註　九　俱見象山先生全集卷三十六，年譜。

註一〇　見宋元學案卷七十四，慈湖學案，錢時傳。

註一一　見全祖望，鮚埼亭集外編卷十六，石坡書院記。

註一二　宋元學案卷五十一，東萊學案錄呂祖謙麗澤講義，內含易說、詩說、周禮說、禮記說、論語說、孟子說及雜說等幾部分。可見易、詩、周禮、禮記、論語、孟子諸經，嘗爲東萊課士之教材。

註一三　見朱子大全文集卷七十四，白鹿洞書院揭示。

註一四　見宋史卷四一五，危稹傳。

註一五　見宋元學案卷六十四，潛庵學案，輔廣傳。

註一六　見宋元學案卷七十，滄江諸儒學案下，趙順孫傳。

註一七　參見附錄一——宋代書院創建一覽表、附錄二——宋代書院師長一覽表。

註一八　見宋元學案卷七十二，二江諸儒學案，程公許傳。

註一九　見宋元學案卷六十，說齋學案，吳葵傳。

註二〇　見宋元學案卷七十四，慈湖學案，馮興宗傳。

註二一　見宋元學案卷八十二，北山四先生學案，王賁傳。

註二二　分見宋元學案卷六十八蔡和傳、浙江通志卷二十八、福建通志卷六十四、江西通志卷八十一。

註二三　分見宋元學案卷七十七，槐堂諸儒學案、鄧約禮傳及傅子雲傳。

註二四　俱見宋史卷四三〇，道學傳四。

註二五　見欽定四庫全書雪坡集卷九，西澗書院講書。

註二六　象山先生全集卷二十三，錄象山白鹿洞書院講義一篇，朱子爲之跋曰：「淳熙辛丑春二月，陸兄子靜來自金谿，其徒朱克家、陸麟之、周清叟、熊鑑、路謙亨、胥訓實從。十日丁亥，熹率僚友諸生，與俱至於白鹿書院，請得一言，以警學者，子靜既不鄙而惠許之。至其所以發明敷暢，則又懇到明白，而皆有以切中學者隱微深痼之病，蓋聽者莫不悚然動心焉。熹猶懼其久而或忘之也，復請子靜筆之於簡，而受藏之。凡我同志，於此反身而深察之，則庶乎其可不迷於入德之方矣。」

註二七　分見論語里仁，孟子告子下。

註二八　見清張伯行編，廣近思錄卷二。

註二九　見張行伯編，續近思錄卷十一。

註三〇　引見宋元學案卷二十七，和靖學案

註三一　見象山先生全集卷三十五，語錄下。

註三二　引見宋史卷四三七，儒林七，劉清之傳。

註三三　參見宋元學案卷六十二，西山蔡氏學案，蔡元定傳及附錄。

註三四　見朱子大全文集卷八十七，祭張敬夫殿撰文。

註三五　見朱子語類卷八。

註三六　見朱子大全文集卷七十四，白鹿洞書院揭示。

註三七　見朱子大全文集卷七十四，玉山講義。

註三八　見絜齋集卷十止善堂記。象山先生全集卷三十六，年譜所錄略同。

註三九　見象山先生全集卷二十三，白鹿洞書院論語講義。
註四〇　見鶴山先生大全文集卷三十九，石泉軍軍學記。
註四一　前引書卷四十七，道州濂溪書院記。
註四二　見欽定四庫全書勉齋集卷二十。
註四三　見陳克齋先生集卷三，龍山書院講義。

第二節　尊嚴師道

本文第二章第一節論及中國書院制度形成之緣由時，曾言中國書院制度源于知識分子之憂患意識，源于傳統儒者之自覺精神，而此自覺精神常表現於三方面，即對學問之嚮往，對師道之重視，對道統之尊崇。宋理學家每依書院講學，其目的除在闡明正學，期以明道致用外，其精神尤表現於師道之重視上。「師道」觀本係儒家之教育思想，「師者，所以傳道、授業、解惑也。」〔註一〕此乃傳統儒者之體認。禮記學記云：「凡學之道，嚴師爲難。師嚴然後道尊，道尊然後民知敬學。」教育所以發揮其功能，達成移風易俗之目標，全在能否嚴師尊道也。周敦頤嘗曰：「聖人立教，俾人自易其惡，自至其中而止矣。故先覺覺後覺，闇者求於明，而師道立矣。師道立則善人多；善人多，則朝廷正而天下治矣。」〔註二〕張栻亦曰：「師道之不可不立也久矣。良才美質何世無之，而後世人才所以不如古者，以夫師道之不立故也。」〔註三〕宋儒每以師道之重自任，故尊嚴師道乃爲宋代書院教育之一貫精神。

北宋時期，師道之嚴尊始於胡瑗、孫復，而二程子繼之。胡瑗、孫復、石介皆嘗講學於泰山書院。黃震云：「師道之廢，正學之不明久矣。宋興八十年，安定胡先生、泰山孫先生、徂徠石先生，始以其學教授，而安定之徒最盛，繼而伊洛之學興矣，故本朝理學雖至伊洛而精，實自三先生而始。」（註四）此言不虛。胡瑗爲湖州教授，宋元學案卷一稱：「先生倡明正學，以身先之，雖盛暑必公服坐堂上，嚴師弟子之禮，視諸生如子弟，諸生亦愛敬如父兄。」石介與泰山齊名，然却能以誠摯態度師事泰山，使沈淪已久之「師道」得以重視。魏了翁曰：「天聖以前，師道久廢，自先生從孫明復氏，執禮甚恭，諸生始知有師弟子。」（註五）若不重師道，則正學不能明。正學不明，則上智者無以與適道，下愚者無以去其頑冥，狡詐者無以復其忠信，愚昧無知，詐僞寡信，又將何以爲人？此乃孫復、石介、胡瑗矢志尊嚴師道之所由。

除孫復、胡瑗、石介外，二程子之講學，亦以尊嚴師道爲先務。程顥曰：

> 治天下以正風俗得賢才爲本，宋興百餘年而教化未大醇，人情未盡美，士人微謙退之節，鄉閭無廉恥之行，刑雖繁而奸不止，官雖冗而材不足者，此蓋學校之不修，師儒之不尊，無以風勸養勵之使然耳。竊以去聖久遠，師道不立，儒者之學幾於廢熄，惟朝廷崇尚教育之則不日而復。古者一道德以風俗，苟師學不正，則道德何從而一。方今人執私見，家爲異說，支離經訓，無復統一，道之不明不行，乃在於此。（註六）

程顥謂宋興百餘年，風俗未趨於醇厚，考其緣由，實爲學校不修，師道不立之故。師道不立，聖學日微，豈能一道德而敦教化，明人倫而厚風俗？爲振衰起弊，謀國家之長治久安，自須重整師道。程明道又曰：

善言治天下者，不患法度之不立，而患人材之不成。善修身者，不患器質之不美，而患師學之不明。人材不成，雖有良法美意，孰與行之。師學不明，雖有受道之質，孰與成之。〔註七〕

二程子講學，無不以重建師道自許。宋元學案載：

定夫訪龜山，龜山曰：「公適從何來？」定夫曰：「某在春風和氣中，坐三月而來。」龜山問其所之，乃自明道處來也。〔註八〕

程明道待學者以寬，宋元學案卷十四稱其接人「渾是一團和氣，所謂望之儼然，即之也溫。」其教育學子，常思隨類裁成，而實現因材施教之理想。自其接引後學與嚴正律己之態度以觀，則程明道非徒有重振師道之自覺，且已爲宋代師道之楷模。〔註九〕程伊川對師道之態度，則與明道大異其趣。宋元學案伊川學案稱：「其接學者以嚴毅，嘗瞑目靜坐，游定夫、楊龜山立侍不敢去。久之，乃顧曰：『日暮矣，姑就舍。』二子者退，則門外雪深尺餘矣。」此一記載即杏壇所謂之「程門立雪」。伊川之所以待學者以嚴毅，除欲以驗其誠，堅其志，動心忍性，增益其所不能外，更欲以平日凝鍊涵養而成之理想人格，表露於學者之前，展現師道之尊嚴，使學者於潛移薰陶中，領悟師道與學術之莊嚴意義。〔註一〇〕程明道曰：「異日能使人尊嚴師道者，吾弟也。若接引後學，隨人才而成就之，則予不得讓焉。」（註一一）明道自然和平，因材施教；伊川規制周詳，嚴守禮義，二儒對師道之態度雖異，然一意重振久喪之師道，二人之旨歸則同。

宋室南渡，學風益壞，士習日浮，以漁獵爲學問，以綴緝爲文章，以操切爲實才，以貪刻爲奉公，至於「父所以詔其子，兄所以勉其弟，師所以教其弟子，弟子之所以學，舍科舉之業，則無爲也。」（註一二）士風之壞如斯，考其所由，誠以師道不立之故。朱子曰：

國家建立學校之官，遍於郡國，蓋所以幸教天下之士，使之知所以修身、齊家、治國、平天下之道，而待朝廷之用也，此其德意可謂厚矣。然學不素明，法不素備，選用乎上者，以科目詞藝爲足以得人；受任乎下者，以規繩課試爲足以盡職。蓋在上者，不知所以爲人師之德；而在下者，不知所以爲人師之道，是以學校之官雖遍天下，而遊其間者，不過以追時好取世資爲事，至於所謂修身、齊家、治國平天下之道，則寂乎其未有聞也。是豈國家所爲立學校教人之本意哉。（註一三）

上不知所以爲人師之德，下不知所以爲人師之道，不僅不能治國平天下，且因師道之不立，以致正學之不明，而「人之精爽負於血氣，其發露於五官者安得皆正？不得明師良友剖剝，如何得去其浮僞，而歸於眞實？又如何得能自省、自覺、自剝落？」（註一四）爲矯此弊，宋儒每講學於書院，期以樹立師道，扶持世道而致振聾起聵之目標。如陸象山講學於象山精舍，即爲一例。象山謂「道非難知，亦非難行，患人無志耳。及其有志，又患無眞實師友，反相眩惑，則爲可惜耳。」（註一五）學者為學，須先立志——志為聖人。志既立，更須良師益友，以教誨砥礪，始不致流於一偏。象山以為學者治學固須有道，而師者亦須以正道相傳。象山曰：

> 秦漢以來，學絕道喪，世不復有師。以至於唐，曰師、曰弟子云者，反以為笑，韓退之、柳子厚猶為之屢嘆。惟本朝理學，遠過漢唐，始復有師道。雖然，學者不求師，與求而不能虛心，不能退聽，此固學者之罪，學者知求師矣，能退聽矣，所以導之者乃非其道，此則師之罪也。（註一六）

為人師者，若不導之以道，即師不成師，非徒無以講學求道，正適足以害道。象山以為「師道」，不僅責成學者而已，尤其要者，乃責成秉鐸者。象山之所以立教於槐堂，似有以重建「師道」自許之意。郭氏欲延象山，象山拒之。象山曰：

> 某家居，乃欲坐致於千里之外，古之尊師重道者，其禮際似不如此，儲子得之平陸，而孟子不見。某雖不肖，而彼之所以相求者，以古之學，如遂獨行千里而赴其招，則亦非彼之所求者矣。前輩親師求友，蓋不憚勞苦飢寒，裹糧千里，固其宜也。今婺號鄉學者多，乃無一人溯江而西者。學者不能往，而教者能往，非所聞也。（註一七）

象山以為尊師重道，學者須躬親請益，雖路隔千里，亦必跋山涉水，裹糧而求，以示向道之誠。郭氏欲延象山於千里之外，已失古人尊師重道之意。象山既以重振師道自期，則自不應聘而往。

除陸象山外，魏了翁主講鶴山書院，亦每以重振師道自期。魏了翁之所以必以師道自任，蓋見於當時俗儒講學，實多溺於功利，迷於邪說，陷於場屋，不惟誤人子弟，亦且禍國殃民，而思有以救之。魏了翁曰：

自嘉定以來，……老師宿儒零替殆盡，後生晚學散漫無依。其有小慧纖能者，謹於經解語錄，諸生揣摩剽竊，以應時用，文詞浮淺，名節隳頓。蓋自其始學，父師之所開導，子弟之所課習，不過以譁衆取寵，惟官資、宮室、妻妾是計爾。及其從仕，則又上之所以軒輊，下之所以喜慍，亦不出諸此，古人所謂爲己之學，成物之本，固不及知也。一旦臨小小利害，周章錯愕，已昧所擇，脫不幸而死生臨乎其前，則全軀保妻子之是務，雖亂常干紀，有不遑恤。嗚呼！使此習也而日長月益，平居無直諒多聞之友，立朝無正色犯顏之士，臨難無伏節死義之臣，雖利在盜賊，利在夷狄，亦委己聽命而已。（註一八）

師道之不立，以致後學散漫無依，沈迷俗學，敗壞士風；而父師之所開導不以其道，更爲亂常干紀之源。苟欲正本清源，一救此弊，魏了翁以爲唯有自師道上著手，始是根本要圖：

敷求碩儒，開闡正學，使人人知其有禮義廉恥之實，知有君臣父子之親，知此身之靈於物而異於禽獸也。則見得必思義，見危必致命。夫如是，而君享用賢之福，爲人臣者，亦職有利焉。周敦頤曰：「師道立則善人多，善人多則朝廷正而天下治。」此斷斷然如穀之可有正確尊嚴之師道，始有嚴正而昌明之學術。有嚴正昌明之學術，始能培育優秀之人才。有優秀之人才，始能扶持治道。書院教育之所以必以師道自期，強調尊嚴師道，不獨欲濟秦漢以降師道久廢之弊，亦實寓有以「師道」提昇「治道」之偉大理想。

於尊嚴師道之前提下，宋儒講學於書院，不僅要求學者尊師重道。〔註二〇〕爲師者更能飭身律己，使學子於取則觀法之際，成就頂天立地之人格，而實現「與之共學」「與之適道」之理想。如朱光庭歿，程伊川哭之慟，其祭文曰：「七八年間，同志共學之人，相繼而逝，今君復往，使予踽踽於世，憂道學之寡助。則予之哭君，豈特交朋之情而已。」〔註二一〕劉質夫歿，程伊川亦哭之慟，其誄文曰：「游吾門者衆矣，而信之篤，得之多，行之果，守之固若子者幾希。方賴子致力以相輔，而不幸遽亡，使吾悲傳學之難。則所以惜子者，豈只從遊之情哉。」〔註二二〕伊川之慟，不僅慟同志之徂謝，亦慟道學之難傳。慶元之際，僞學禁作，朱子門人雖間有更名他師者，然大抵皆能篤守師說，嚮道不悖。如吳昶徒步寒泉精舍，就正所學；黃士毅徒步趨閩，師事朱文公。〔註二三〕凡此皆顯出師生間眞誠無私，篤志衞道之熱忱。他如宋元學案載：

羅從彥字仲素，……嘗與龜山講易，至乾九四爻，云伊川說甚善，先生即鬻田裹糧，往洛見伊川，歸而從龜山者久之。〔註二四〕

潘景夔字景尹，……其父朝散，好謙，篤於教子。越數百里，遣從東萊遊。且謀徙家於婺

，以便其學。（註二五）

程掌字叔運，……嘗徒步杖策訪魏鶴山於山中曰：「嘗見洪公咨夔於於潛，謁眞公德秀於浦城，聿求當今名教宗主，觀善而歸，今見先生，志願畢矣。」（註二六）

由上引例，不難想見宋儒向學之誠與信道之篤。為得名師，或裹糧千里、或杖策跋涉、或徙家就學，形式雖然非一，然尊師重道之心却無二致。若非書院師致力於師道精神與師道尊嚴之重振，焉克至此。近人羅耀彰謂：

正確之尊師重道觀念及師生關係，應以師生間眞實感情為基準，師道之可貴即在於此。科舉制度下之座主門生本無感情，而妄立師生關係，混冒師生之名，對於師道乃一大侮辱。理學家師生之間，本來應有眞實感情，是以建立深厚之師生關係，塑造崇高之師道楷模，然因理學家一味講敬、講嚴、妨害自然感情之建立，而落入佛教師道之嚴重神秘。理學家之通病，即在此認理太死，執禮太拘，是故古傳之一切倫理關係，一至彼等手中，即陷死路，而致禮教吃人之境地，師生關係，自不例外。（註二七）

羅氏之說，雖不無所見，然却非持平之論。參以伊川哭朱光庭、劉質夫，及朱子門人干冒不韙，篤志向學之例觀之，宋理學家於師生關係，豈無眞實之感情存在？尤可表者，宋儒於士風低迷，俗儒充斥之際，每能以師道楷模自許，使受學者能體會學術之莊嚴意義，此與一般以獵取功名利祿為鵠的之庸師俗儒，相去豈可以道里計。宋代書院教育雖以尊嚴師道自許，以重振師道自勵，然並未以此牽制學子之思慮，更無所謂「禮教吃人」之事。伊川待人嚴毅，原欲驗其誠，堅其志，以救其弊；而明道待人寬和，則欲學子於春風化育中，「安其學而親其師，樂其友而信其道」，使學子「雖離師輔而不反。」（註二八）二程尊嚴師道之意在此，宋儒以「師道楷模」自任之意亦在此。中國學術最重傳統，因重傳統，故尊師重道遂衍為不變之倫常習慣。宋代書院教育，以人格教育為重點，於教育歷程中，教師之情、知、意常為生徒之表率，教師之精神生活與生徒之精神生活融成一片，由互敬而共契，由共契而實現向道之理想。因而，宋代書院制度，可謂中國教育理想之重現，而書院中師生之關係，更為中國人格教育之縮影。（註二九）宋代書院教育於眞理之追求，雖能不拘名分，析疑辯難，務求義理之精當，然弘揚人倫，尊師重道，却為宋代書院教育一貫之精神與特色。

附註

註　一　見韓昌黎集卷一，師說。

註　二　見周子全書卷八，通書，師第八。

註　三　見南軒集卷十，三先生祠記。

註　四　見黃氏日抄卷四十五。

註　五　見魏了翁，鶴山先生大全文集卷四十八，徂徠石先生祠堂記。

註六　見二程全書明道文集卷二，請修學校尊師儒取士箚子。

註七　見河南程氏遺書第四，二先生語四。

註八　見宋元學案卷十四，明道學案下附錄。

註九　參見黃金鰲，我國書院制度及其精神，鵝湖四卷一期。

註一〇　參見張元，宋代理學家的歷史觀，第一章第一節，臺灣大學歷史研究所博士論文。

註一一　見宋元學案卷十五，伊川學案上。

註一二　見朱子大全文集卷七十四，同安縣諭學者。

註一三　前引書卷七十四，送李伯諫序。

註一四　見象山先生全集卷三十五，語錄下。

註一五　前引書卷一，與姪孫濬。

註一六　前引書卷　　，與李省幹。

註一七　前引書卷四，與王德修。

註一八　見鶴山先生大全文集卷十六，論敷求碩儒開闡正學。

註一九　同前註。

註二〇　如呂祖謙乾道四年九月規約云：「舊所從師，歲時往來，道路相遇，無廢舊禮。」（東萊別集卷五）東萊之所以如此要求學生並約戒學生，實欲學子尊師重道之故。

註二一　見二程全書，伊川文集卷七，祭朱公掞文。
註二二　前引書同卷，祭劉質夫文。
註二三　參見宋元學案卷六十九，滄洲諸儒學案上。
註二四　見宋元學案卷三十九，豫章學案。
註二五　前引書卷七十三，麗澤諸儒學案。
註二六　前引書卷八十，鶴山學案。
註二七　見唐宋時代中國師道之歧途，教師之友，十一卷五期。
註二八　見禮記學記。
註二九　參見劉伯驥，廣東書院制度頁四〇五，台北，國立編譯館中華叢書編審委員會，六十七年三月再版。

第三節　教訓合一

宋代書院教育之另一特色，爲教訓合一。傳統儒家教育思想，原以人格教育爲主眼，至於知識之傳授，乃餘事耳。孔子曰：「弟子入則孝，出則弟，謹而信，汎愛衆，而親仁，行有餘力，則以學文。」〔註一〕此乃傳統儒教之典型。宋代書院教育，旣以上繼周孔，闡揚正學自任，基於孔孟設教之理想與原則，不但注重學問之充實，尤重品德之修養。是故重視人格教育，善於以身示教，遂爲宋代書院教育之表徵。茲說明如后：

一、重視人格教育

清馮敏昌云：「夫書院之設，所以育才，尤以蓄德爲先。士苟有才無德，則亦無足觀矣。」（註二）馮氏之言甚是，書院教育旨在陶冶人性，成就理想人格，以爲國家之用。由於書院著眼於理想人格之甄陶，不泥於科舉之學，故每能造就眞儒學士，而爲國家民族之棟樑。清祥濡毫曰：「往昔所爲書院也者，求學士眞儒，必於此焉遇。蓋歲時屆其地，則儒先酓酓講學砥節，相語以道德，相勗以躬行，自宋以來，書院之立咸若是。」（註三）祥濡毫之言，誠不虛之論。朱子一生志在講學，其目的即在造就足以承當重任「完人」。朱子謂：「爲學須思所以超凡入聖。如何昨日爲鄉人，今日便爲聖人？須是竦拔，方始有進。」（註四）旣欲超凡入聖，便須於日常生活中，加強人格教育。而「居敬」乃超凡入聖之不二法門，朱子云：「持敬之說，不必多言，但熟味整齊嚴肅、嚴威儼恪、動容貌、整思慮、正衣冠、尊瞻視此等數語，而實加功焉，則所謂直內，所謂主一，自然不費安排，而身心肅然，表裡如一矣。」（註五）淳熙六年（西元一一七九年），朱子知南康軍，重葺白鹿洞書院以講學，並擬定白鹿洞書院揭示，以垂教後學。朱子曰：「言忠信，行篤敬，懲忿窒慾，遷善改過：右修身之要。正其誼不謀其利，明其道不計其功：右處事之要。己所不欲，勿施於人，行有不得，反求諸己：右接物之要。」（註六）足見朱子之教育，實以人格教育爲先。呂祖謙講學於麗澤書院，其乾道四年九月規約云：「凡預此集者，以孝弟忠信爲本，其不順於父母，不友於兄弟，不睦於宗族，不誠於朋友，言行相反，文過遂非者，不在此位。既預集而或犯，同志者規之，規之不可，責之；責之不可，告於衆而共勉之，終不悛者除其籍。」又曰：「凡預此集者，聞善相告，聞過相警，患難相恤。……會講之容，端而肅；群居之容，和而莊。舊所從師，歲時往來，道路相遇，無廢舊禮。勿得品藻長上優劣，訾毀外人文字。郡邑政事，鄉閭人物，稱善不稱惡。勿得干謁、投獻、請託。勿得互相品題，高自標置，妄分清濁。語勿褻、勿諛、勿妄、勿雜、勿狎非類，勿親鄙事。」（註七）足見呂祖謙之教，亦以人格教育爲先。姚勉講學於西澗書院，曉諭諸生：

成周所興賢能，必取其爲德行道藝之士。德者，六德也，知仁聖義中和是也。行者，六行也，孝友睦淵任恤是也。藝者，六藝也，禮樂射御書數是也。……知者始條理之事，聖者終條理之事，仁是本心天理之心，義是裁制事物之宜，中即喜怒哀樂未發之中，天下之大本，和即是發而中節之和，天下之達道，無非是學道最緊要底事。成周之世，司徒以此教民，鄉大夫以此興民，便是人人皆理會此道。既有此六德，然後孝於父母，友於兄弟，睦於宗族，婣於親戚，任而信於朋友，恤而惠於鄉閭，兼有此六行，然後可以學五禮、六樂、五射、五御、六書、九數之藝，猶論語所謂：行有餘力，則以學文也。……願益用功於道，用功於德行，而後用功於藝……以無負作成之意。（註八）

姚勉之教，既以六德六行爲首，而後及於六藝，足見姚氏之教，亦以人格教育爲重。胡安國嘗講學於嶽麓書院及碧泉書院，曰：「士當志於聖人。」教人「學以立志爲先，以忠信爲本，以致知爲窮理之門，以主敬爲求養之道。」〔註九〕足見胡安國之教，亦重人格教育。尹穀講學於嶽麓書院，其教人之法，「日未出，授諸生經及朱氏書，士雖有才思而不謹飭者，擯不齒。諸生隆暑必盛服端居終日，夜滅燭，始免巾幘。早作，必冠而後出帷。」〔註一〇〕由此可見，尹穀非特重視人格教育，亦且注重生活教育。

除上述諸儒外，自書院建築，亦可明乎中國傳統教育之主張與理想。建寧府紫芝書院立，以志道、據德、依仁、游藝名其齋。樓鑰曰：「若名齋之義，其待學者尤深矣。……苟能盡力於三省（志道、據德、依仁）而遊於此（藝），則爲士庶幾乎備矣。」〔註一一〕龍山書院立，以成德名其堂，以知、仁、聖、義、中、和名其齋，劉爚曰：「予惟周官大司徒以鄉三物教萬民，而六德寬居其首，故爲名其堂曰成德，而以成德之目名其齋，且傳以進修之義焉。古昔聖人以君師爲己任，故其修道之教，無一弗備。先之以智者，欲其講學窮理以發良心之知也。繼之以仁者，欲其篤志力行以充本心之德也。而又聖以極其成，義以達諸用，立心以中，而制行以和，道之全體具在是矣。」〔註一二〕此二書院，一以志道、據德、依仁、游藝名其齋，一以成德名其堂，以成德之目名其齋，除授學者以進修之義外，實寓有希聖希賢之偉大理想。王鎮華謂：「無文化背景之建築，即如無自己主張之語言。」〔註一三〕王氏之言不虛。據書院建築，吾人可知宋代書院不僅爲知識傳授之地，且爲人格教育之所。又因宋代書院重視人格教育，終能造就如文天祥、謝枋得般頂天立地之人格。全祖望曰：「巽齋之門有文山，徑畈之門有疊山，可以見宋儒講學之無負於國矣。」〔註一四〕此誠持平之論矣。

二、善於以身示教

袁宏後漢紀有云：「經師易遇，人師難遭。」經師重知識之傳授，人師重品德之修養。中國文化精神本重言行一致，而宋代書院乃人格教育之所，故以身示教亦每爲書院教育之一大特色。其時主持與講學書院者，均爲一代碩儒，而其淹通學識，足爲學子矜式，加之書院師能於日常生活中以身示教，一言一行，亦足爲士子取法，故於敦勵切磋之餘，每能收潛移默化之功。如林光朝講學於東井之紅泉精舍，其教人之法，在「以身爲律，以道德爲權輿，不專習詞章爲進取計」〔註一五〕足見林光朝教學特重身教。朱子教人亦以身教爲主。黃榦稱朱子之爲學，曰：「窮理以致其知，反躬以踐其實」，及其平日修身者：「其色莊，其言厲，其行舒而恭，其坐端而直。其閒居也，未明而起，深衣幅巾方履，拜於家廟以及先聖，退坐書室，几案必正，書籍器用必整。其飲食也，羹食行列有定位，匕箸舉措有定所。倦而休也，瞑目端坐。休而起也，整步徐行，中夜而寢，既寢而寤，則擁衾而坐，或至達旦。威儀容止之則，自少至老，祁寒盛暑，造次顚沛，未嘗有須臾之離也。」〔註一六〕朱子平日之行己若是，受其精神感召之餘，門下弟子如蔡元定、黃榦、杜知仁、蔡沈皆能振奮激發，而無怍於古人。

陸九淵講學於象山精舍，馮元質曰：「先生常居方丈，每旦精舍鳴鼓，則乘山簥至，會揖，陞講座，容色粹然，精神烱然。……平居或觀書，或撫琴，佳天氣則徐步觀瀑，至高誦經訓，歌楚詞及古詩文，雍容自適。雖盛暑，衣冠必嚴肅，望之如神。」〔註一七〕象山之行己若是，受其精神感召之餘，門人亦能恭謹持身。楊簡講學於碧沚，袁甫曰：「慈湖先生平生履踐，無一瑕玷。處閨門如對大賓，在闇室如臨上帝。年登耄耋，兢兢敬謹，未嘗須臾放逸。學先生者，學此而已。」〔註一八〕楊簡爲象山高弟，其行己可謂無愧於師。馮興宗、桂萬榮俱爲慈湖門人。馮興宗嘗爲書院堂長，群士信嚮，宋元學案云：「先生忠信篤敬，毫髮無僞，訓警懇至，語自肺腑流出，故人之感悟者，亦倍深切。」〔註一九〕桂萬榮嘗講學於石坡書院，全祖望稱其「生平踐履，大類慈湖。」〔註二〇〕正因楊簡、馮興宗皆能一本誠懇態度教人，又能言行相顧，以身作則，學者之感悟，亦倍覺深切，此乃身教有進於言教也。

歐陽守道嘗爲嶽麓書院副山長，宋元學案巽齋學案稱：「先生初升講，發明孟氏正人心承三聖之說，學者悅服。」而文天祥之祭巽齋文曰：「其持身也，如履冰，如奉盈，如處子之自潔。及其爲人也，發於誠心，摧山岳，沮金石。雖謗興毀來而不悔其所爲。天子以爲賢，搢紳以爲善類，海內以爲名儒，而學者以爲師。」〔註二一〕足見歐陽守道亦爲以身作則之「人師」。張栻講學於嶽麓書院，宋元學案曰：「先生爲人坦蕩明白，表裡洞然，詣理既精，信道又篤，其樂於聞道，而勇於徙義，則又奮勵明決，無毫髮滯吝意。故其德日新，業日廣，而所以見於論說行事之間者，上下信之。」又曰：「南軒先生嶽麓之教，身後不衰。宋之亡也，嶽麓精舍諸生，乘宇共守，及破，死者無算。」（註二二）由於張栻「樂於聞道，勇於徙義」，受其人格感召之餘，嶽麓書院諸生終能忠義奮發而視死如歸。可見張栻亦爲善於以身示教之「人師」。范仲淹嘗掌教應天府書院，宋元學案高平學案附錄載：

晏殊留守南京，公遭母憂，晏公請嘗府學，嘗宿學中，訓督學者。……出題使諸生作賦，必先自爲之，欲知其難易，及所當用意，亦使學者準以爲法，由是從學者輻湊。

據此所載，范仲淹亦爲善於以身作則之「人師」，儒家最重道德教育，常思以個人之高尚人格，表現於日常生活與動靜語默中，使學者受其感召而同歸於善。論語顏淵曰：「一日克己復禮，天下歸仁焉。」周易繫辭曰：「君子居其室，出其言，善則千里之外應之。」此可謂「以身教者從，以言教者訟」之精義。宋代書院教育乃教與訓並重之教育，不僅重知識之傳授，亦重人格之甄陶。於教學方面，宋代書院教材自由，旨在使學者由博學、審問、愼思、明辨，而篤行之。於人格訓練方面，除立學規以課責學者外，於日常生活中，身教、禮教、言教，結合無間，相輔相成，期於潛移默化中以變學者之氣質，而成就理想之人格，更爲宋代書院教育之一大特色。（註二三）

附註

註　一　見論語學而篇。

註　二　見重修萬松書院記，引自湖北通志卷五十九。
註　三　見鳳儀書院記，引自江西通志卷八十一。
註　四　見朱子語類卷八。
註　五　見朱子大全文集卷四十五，答楊子直方。
註　六　見朱子大全文集卷七十四，白鹿洞書院揭示。
註　七　見欽定四庫全書東萊集別集卷五。
註　八　見雪坡集卷九，西澗書院講書。
註　九　引自宋元學案卷三十四，武夷學案。
註一〇　見宋元學案卷八十八，巽齋學案，尹穀傳。
註一一　見攻媿集卷五十四，建寧府紫芝書院記。
註一二　見欽定四庫全書雲莊集卷四，龍山書院記。
註一三　見中國建築備忘錄頁一九三，台北時報文化出版事業有限公司，七十三年九月二版。
註一四　見宋元學案卷八十八，巽齋學案。
註一五　見李清馥，閩中理學淵源考卷八，林光朝傳。
註一六　見欽定四庫全書勉齋集卷三十六，朱子行狀。宋元學案卷四十九晦翁學案所錄同。
註一七　見象山先生全集卷三十六，年譜。

註一八 見宋元學案卷七十四，慈湖學案附錄，樂平文元遺書閣記。

註一九 前引書同卷，馮興宗傳。

註二〇 見全祖望，鮚埼亭集外編卷十六，石坡書院記。

註二一 見宋元學案卷八十八，巽齋學案附錄。

註二二 分見宋元學案卷五十，南軒學案張栻傳，方敏中傳。

註二三 身教、禮教、言教之說，乃陳道生之創見。（參見中國書院教育新論，師範大學教育研究所集刊一期）所謂身教，卽本節所言之「以身示教」。所謂禮教，則係指以宗教儀式之禮祭祀先聖先師，使學者有所取則，知所觀感。（參見本文三章二節宋代書院之功能，祭祀條）所謂言教，係以語言訓誨與文字訓誡之方式，教導諸生，使諸生有所遵循。此三者相互爲用，乃爲宋代書院之一貫精神。

第四節 循序漸進

宋代書院雖設立動機不一，教學方式有異，然自大體言之，則皆主張因應學者之個性能力，而不陵節施教。此因材施教與循循善誘之教育主張，乃宋代書院之另一特色。茲將此二者說明如后。

一、因材施教

禮記學記云：「學者有四失，教者必知之。人之學也，或失則多，或失則寡，或失則易，或失則止，此四者，心之莫同也。知其心，然後能救其失也。教也者，長善而救其失者也。」人之稟賦有高下，學養有深淺，所陷自各有不同，爲人師者須因材施教，始能「長善而救其失」。論語載：

子路問聞斯行諸？子曰：「有父兄在，如之何其聞斯行諸。」冉有問聞斯行諸？子曰：「聞斯行之。」公西華曰：「由也問聞斯行諸，子曰：『有父兄在』，求也問聞斯行諸，子曰：『聞斯行之』，赤也惑，敢問。」子曰：「求也退，故進之；由也兼人，故退之。」〔註一〕

宋張載曰：「教人者，必知至學之難易，知人之美惡，當知誰可先傳此，誰將後倦此。」又曰：「知至學之難易，知德也；知其美惡，知人也。知其人，即知德，故能教人使入德，仲尼所以問同而答異，以此。」〔註二〕可知孔子誠爲一善於因材施教之教育家。

宋代書院教育，講學之名師宿儒，每能適應學者之個性而因材施教。程明道曰：「君子之教人，或引之，或拒之，各因其所虧者成之而已。孟子之不受曹交，以交未嘗知道固在我而不在人也，故使歸而求之。」〔註三〕足見明道之教人，頗能因材施教，多就其器而裁成之。朱子講學亦重適應學者個性而因材施教。朱子謂：「聖賢教人有定本，如博學、審問、愼思、明辨、篤行是也。其人資質剛柔敏鈍不可一概論，其教則不易。」〔註四〕當其講學於滄洲精舍時，即依此

「因材施教」之原則立教。宋元學案卷六十九滄洲諸儒學案載：

李燔字敬子……從文公學，文公告以曾子弘毅之語，退而名其齋以自儆焉。

李方子字公晦……性端謹純篤。文公謂之曰：「觀公爲人，自是寡過，但寬大中要規矩，和緩中要果決。」遂以果名齋。

潘時舉字子善……每喜靜坐。晦庵云：「專務靜坐，又恐墮落那一邊去。只是虛著此心，隨動隨靜，無時無處，不致其戒謹恐懼之力，則自然主宰分明，義理昭著矣。」先生服膺師語，造詣日深。

觀三則史料，朱子可謂善於因材施教矣。李燔穎悟天成，足堪重任，是以朱子以「士不可不弘毅，任重而重道」之語勉之。李方子性端謹拘檢，是以文公勉之以「和緩中要果決」。至於潘時舉喜靜坐，故朱子告之「專務靜坐，又恐墮落那一邊去。」朱子誠能因機指點，隨類裁成，使其教學臻於高度藝術化之境界。

呂祖謙立教於麗澤書院，亦是如此。嘗云：「某竊謂學者氣質各有利鈍，工夫各有深淺，要是不可限於一律，正須隨根性，識時節，箴之中其病，發之當其可，乃喜。固有恐其無所向望，而先示以蹊徑者，亦有必待其憤悱而後啓之者，全在斟酌也。」（註五）又云：「大凡人資質各有利鈍，規模各有大小，此難以一律齊，要須常不失故家氣味。所向者正，所存者實，信其所當信，恥其所當恥，持身謙遜，而不敢虛驕；遇事審細，而不敢容易，如此則雖所到或遠或近，要是君子路上人也。」（註六）正因學者之資質各有利鈍，工夫各有深淺，故須斟酌學者之氣質、個性與心理狀態，而施予適當之教育。

陸象山講學於象山精舍，亦是如此。象山先生全集卷三十六年譜稱其教人，「首誨以收斂精神，涵養德性，虛心聽講，諸生皆俛首拱聽，非徒講經，每啓發人之本心也，間舉經語爲證。其有欲言而不能自達者，則代之說，宛如其所欲言，乃從而開發之。諸生登方丈請誨，和氣可掬，隨其人有所開發。或教以涵養，或曉以讀書之方，未嘗及閑話，亦未嘗令看先儒語錄。」由此可知，象山教人亦能斟酌學生之資質，而予以適當之啓廸。宋元學案槐堂諸儒學案載：

陳剛字正已……象山言涵養是主人，省察是奴婢。先生不以爲然。象山曰：「足下才氣邁往，而學失其道，凡所經營馳鶩者，皆適以病其心耳。」

徐仲誠……嘗請教於象山，象山使思孟子「萬物皆備於我矣，反身而誠，樂莫大焉」一章，仲誠處槐堂一月。一日，問之云：「仲誠思得孟子如何？」仲誠答云：「如鏡中看花。」答云：「見得仲誠也是如此。」顧左右曰：「仲誠眞善自述者。」因說與云：「此事不在他求，只在仲誠身上。」

另象山學案附錄亦載：

四明楊敬仲……問如何是本心。先生曰：「惻隱，仁之端也；羞惡，義之端也；辭讓，禮之端也；是非，智之端也，此即是本心。」對曰：「簡兒時已曉得，畢竟如何是本心。」凡數問，先生終不易其說，敬仲亦未省。偶有鬻扇者訟至于庭，敬仲斷其曲直訖，又問如初。先生曰：「聞適來斷扇訟，是者知其爲是，非者知其爲非，此即敬仲本心。」敬仲大覺，忽省此心之無始末，忽省此心之無所不通。先生嘗語人曰：「敬仲可謂一日千里。」象山教人，以收放心，明本心爲主，欲人反身修德，實踐孟子擴充四端之教。陳正己才氣縱橫，然不免好高騖遠，故象山力揪其謬。徐仲誠穎悟天成，是以象山先喻以孟子章句，待其有所窒礙，始爲之解說，此乃「如時雨化之者」〔註七〕之精義。楊簡問如何是本心？象山答以孟子四端，待其有所不通，象山復以其決訟時之是非心啓之，而楊簡終能豁然貫通。由此三例觀之，陸象山亦堪稱善於因材施教之教育家。

宋代書院教育，強調教訓並重，各學派間之講學重點與旨趣，雖非一致，然以應學者個性，因材施教，却爲各學派講學之共同主張。

二、循循善誘

宋代書院教育，以「成聖成賢」爲極致，然此崇高目標，並非一蹴可幾，而須循序漸進，眞積力久，始能水到渠成。程明道曰：「君子教人有序，先傳以小者近者，而後教以大者遠者。」〔註八〕此乃「登高必自卑，行遠必自邇」之精義。朱子教人，主張下學而上達。其言曰：「聖賢之學，雖不可淺意量，然學之者必自其近而易者始。」〔註九〕又曰：「聖賢教人下學上達，循循有序，故從事其間者，博而有要，約而不孤，無妄意陵躐之弊。今之言學者，類多反此，故其高者淪於空幻，卑者溺於見聞，倀倀然未知其將安何歸宿也。」〔註一〇〕朱子並不贊同陵節躐等，其強調：「聖人教人，循循有序，不過使人反而求之至近至小之中，博之以文，開其講學之端，約之以禮，嚴其踐履之實。」〔註一一〕所謂「反而求之至近至小之中」，即求之於日常生活之中。朱子又曰：「聖之教人，大概只是說孝弟忠信日用常行底語。人能就上面做將去，則心之放者自收，心之昏者自著。」〔註一二〕若能於日常生活中，力求孝弟忠信之道，由此用力，即可上達聖域。陳淳序竹林精舍錄曰：「先生寢疾，某每入臥內聽教，諄諄警策，無非直指病痛所在。以為所欠者下學，惟當專致其下學之功而已。致知必一一平實，循序而進，而無一物之不格；力行必一一平實，循序而進，而無一事之不周，如顏子之博約，勿遽求顏子之卓爾；如曾子之所以為貫，勿遽求曾子之所以為一。」〔註一三〕朱子為學主窮理以致其知，反躬以踐其實，博學以文，約之以禮，由下學而上達，循序漸進而終底於成。故其教人，「以大學、論孟、中庸為入道之序，而後及諸經。」〔註一四〕必以此者何也？陳淳曰：「蓋不先諸大學，則無以提挈綱領而盡論孟之精微。不參諸論孟，則無以發揮蘊奧而極中庸之歸趣。若不會其極於中庸，則又何以建立天下之大本，而經綸天下之大經哉？是則欲求道者，誠不可不急於讀四書，而讀四書之法，無過求，無巧鑿，無旁搜，無曲引，亦惟平心以玩其指歸，而切己以察其實用而已爾。果能於是四者融會貫通，而理義昭明，胸襟灑落，則在我有權衡尺度，由是而進諸經，與凡讀天下之書，論天下之事，莫不冰融凍解，而輕重長短，截然一定，自不復有錙銖分寸之差矣。」〔註一五〕陳淳此言，可謂深得朱子之意。朱子教人，不離日用常行之道，不主陵節而施之說，凡為學用力之處，莫不如此。故循序善誘之精神，乃朱子教育思想之主要特色。

張栻教人，亦主張學者進德須循序漸進，而戒好高騖遠。張栻曰：「所謂聖人誨人有先後，學者進德有次第，此言誠是也。然所謂先後次第要須講明，譬如適遠，豈可不知路之所從，不然只是冥行而已。」又說：「大抵學者當以聖賢為準，而所進則當循其序，亦如致遠者以漸而至也，若志不先立，即為自棄，尙何所進哉？」〔註一六〕張栻以為學者必先立志為聖賢，而後由近而遠，脚踏實地做聖賢工夫，自可漸入聖賢之域，故張栻曰：「所謂循序者，自灑掃、應對、進退而往皆序也。由近以及遠，自粗以至精，學之方也。如適千里者，雖步步踏實，亦須循次而進。今欲闊步一蹴而至，有是理哉？自欺自誤而已。」〔註一七〕循序漸進必始乎灑掃、應對、進退之際，由此下學而上達，此即張栻教人為學之道。對於當時學者好高騖遠之弊，張栻則深致其嘆：

邇來愈覺論學之難。蓋升高自卑，陟遐自邇。學者多忽遺乎所謂卑與邇者，而渺茫臆度夫所謂高與遠者，是以本根不立，而卒無以進。彼蓋未知聖賢本末精粗非二致，而學之有始有卒也。〔註一八〕

對此躐等速進之弊，張栻每思有以救之。宋元學案卷七十一，嶽麓諸儒學案載：

李壼字季允……從張南軒遊。時先生求道甚銳，南軒戒以勿急於求成，自是循序而進。

足見張栻誠為一善於「長善而救其失」之名師碩儒。程明道曾云：「講明正學，其道必本於人倫，明乎物理；其教自小學灑掃應對以往，修其孝弟忠信，周旋禮樂，其所以誘掖、激勵、漸摩、成就之道，皆有節序，其要在於擇善修身，至於化成天下。」（註一九）程明道此語，堪爲朱子、張栻教育思想之註脚。朱子教人爲學，留意於孝弟忠信之道；南軒教人爲學，周旋於思慮云爲之際。二人立教之所以必本乎人倫，明於物理，不離於日用常行之間，實因爲由此可以上達，且能化成天下之故。

陸象山講學，其教人爲學之次第先後，雖異於朱子，然主爲學須循序漸進，却又與朱子無異。象山嘗云：

涓涓之流，積成江河。泉源方動，雖只有涓涓之微，去江河尚遠，却有成江河之理。若能混混，不舍晝夜，如今雖未盈科，將來自盈科；如今雖未放乎四海，將來自放乎四海；如今雖未會其有極，將來自會其有極，歸其有極。（註二〇）

水必盈科而後進，爲學更須進之以漸而後可。象山教人爲學，最忌貪功躁進，因「欲速則不達」也。象山云：「學固不欲速，欲速固學者大患。」（註二一）又云：「爲學固不可迫切，亦當有窮究處，乃有長進。」（註二二）包敏道昆仲爲學，病在好進。象山戒之曰：「昆仲爲學，不患無志，患在好進欲速，反以自病。聞說日來愈更收斂定帖，甚爲之喜。若能定帖，自能量力隨分，循循以進。儻是吾力之所不能及，而強進焉，亦安能有進，徒取折傷困吝而已。」（註二三）可見象山教人亦主循序漸進，而戒絕陵節躐等之弊。

宋代書院教育，或以尊王宗孔爲宗旨，或以明道致用爲目標，或以成聖成賢爲鵠的，雖各不相同，然其自由講學，尊師重道，教訓合一，與循序漸進之精神，却足爲後世之法。前人有云：「教化者，爲治之本；學校者，教化之原。欲敦隆教化而興起學校者，其道安在？在務其本而不求其末，尚其實而不務其華，以內行爲先，不汲汲於聲譽；以經術爲先，不屑屑於文辭。如是，則於聖人化民成俗之道，庶乎其有當也夫。」（註二四）倘欲重振師道，建立優良學風，則於宋代書院教育制度，不可不留心也。

附註

註一　見論語先進篇。

註二　見張子全書卷二，正蒙，中正篇。

註三　見河南程氏遺書第四，二先生語。

註四　見朱子語類卷一二四。

註五　見欽定四庫全書東萊集別集卷八，與朱侍講元晦。

註六　前引書卷十，與內弟曾德寬。

註七　孟子盡心曰：「君子之所以教者五：有如時雨化之者，有成德者，有達財者，有答問者，有私淑艾者。此五者，君子之所以教也。」所謂「時雨化之者」，朱註以爲：「草木之生，播種封殖，人力已至，而未能自化。所少者雨露之滋耳。及此時而雨之，則其化速矣。教人之妙，亦猶是也。」如象山之曉諭徐仲誠，可謂如時雨化之者也。

註八　見河南程氏遺書第八，二先生語。

註九　見張伯行編，續近思錄卷二。

註一〇　同前註。

註一一　前引書卷十一。

註一二　同前註。

註一三　引自宋元學案卷四十九，晦翁學案附錄。

註一四　引自勉齋集卷三十六，朱子行狀。

註一五　引自北溪大全集卷十五，嚴陵學校講義。

註一六　見南軒文集卷十九，寄周子充尚書。

註一七　前引書卷三十二，答胡季隨。

註一八　前引書卷二十七，答宋教授。

註一九　見二程全書，明道文集卷二，請修學校尊師儒取士劄子。

註二〇　見象山先生全集卷三十四，語錄上。

註二一　前引書卷四，與劉淳叟。

註二二　前引書卷二，與吳顯仲。

註二三　前引書卷六，與包敏道。

註二四　引自福建通志卷六十二，御製學校論。

第五章　宋代書院與宋代學術之關係

宋代書院制度原肇於儒家之學術理想－內以成己，外以成物。此內聖外王之理想，乃書院制度發展之原動力。於自由講學精神之體現下，宋代書院每成為宋儒學術思想之溫床。然於蒙受書院潤澤之餘，宋儒之回饋，對宋代學術亦有極其深遠之影響。以下擬從經學與理學二方向，探索宋代書院與宋代學術之關係。

第一節　宋代書院與宋代經學之關係

經者，常道也。聖人覺世牖民，每能因事以寓教〔註一〕此則莊子天下篇所云：「詩以道志，書以道事，禮以道行，樂以道和，易以道陰陽，春秋以道名分」之意。禮記經解稱：「入其國，其教可知也。」並謂溫柔敦厚、疏通知遠、廣博易良、絜靜精微、恭儉莊敬、屬辭比事為六經教化之功。而其所以然者，誠以六經所言皆天地正道與古今定理之故。中國傳統思想，素以儒家學說為中心，而群經每成為歷代學校之教材。宋代書院教育自不例外。朱熹嘗云：「予惟古之學者無他，明德新民，求各止於至善而已。夫其所明之德，所止之善，豈有待於外求哉？識其在我，而敬以存之，其亦可矣。其所以必曰讀書云者，則以天地陰陽事物之理，修身、事親、齊家、治國以至於平治天下之道，與凡聖賢之言行、古今之得失、禮樂之名數，下而至於食貨之源流、兵刑之法制，是亦莫非吾之度內有不可得而精粗者，若非考諸載籍之文，沈潛參伍，以求其故，則亦無以明夫明德體用之全，而止其至善精微之極也。」（註二）此乃必以群經課士之所由。宋儒雖以群經課士，然因「自聖學不傳，世之爲士者，不知學之有本，而唯書之讀，則其所以求於書，不越乎記誦訓詁文詞之間，以釣聲名干利祿而已，是以天下之書愈多而理愈昧，學者之事愈勤而心愈放，詞章愈麗，議論愈高而其德業事功之實愈無以逮乎古人。」（註三）有見於此，宋儒講學每主於義理之探索，推本天道以明人事，而不自陷於章句訓詁之狹隘境界。此種治學之精神態度，不僅左右宋儒治經之取向，亦影響宋代經學之風氣。具體言之，宋代書院教育對宋代經學之影響約有四端：曰著書立說，充實經典之寶庫；曰新義解經，影響治經之取向；曰以疑相高，助長疑經之風氣；曰表章四書，提高孟子之地位。茲將此四者分述於后：

一、著書立說，充實經典之寶庫

宋代書院本係耆儒名師講學佈道之地，主其教者，每爲學識淹通品格高尙之士。施教之際，由於能躬行實踐，忠信篤敬，毫髮無僞，起居相共，訓警懇至，其語皆灑灑然自胸腑中出，故學者之感悟亦倍覺深切。宋元學案載歐陽守道爲嶽麓書院副山長，其初升講，發明孟子正人心承三聖之說，學者悅服。（註四）宋史載危逢吉作龍江書院，旣成，橫經自講，人用歆動。（註五）吳縣志稱山長陳宗亮、堂長顏堯煥、胡應清講學學道書院，衣冠森列，聽者充然。（註六）宋史稱黃斡講乾坤二卦於白鹿洞書院，山南北之士皆來集。〈註七〉凡此皆大師講學於書院而群士爭列門庭之例。講學之前，書院師每以所長經學撰為講義，以便與學者共講論。而學者於聽講之餘，亦每札記其師之言行為語錄，或撰為專書以翼乎經，補苴罅漏。稽之史志，此類著作甚多。如：

毛詩講義十二卷　四庫全書總目提要卷十五經部云：「宋林岊撰。岊字仲山，古田人。紹熙元年特奏名，嘉定間嘗守全州，宋史不為立傳，而福建通志稱其在郡九年，頗多惠政，重建清湘書院，與諸生講學，勉敦實行，郡人祀之柳宗元廟，則亦循吏也。是編皆其講論毛詩之語，觀其體例，蓋在郡時所講授，而門人錄之成帙者。大都簡括箋疏，依文訓釋，取裁毛鄭，而折衷其異同。雖範圍不出古人，然融會貫通，要無枝言曲說之病。當光寧之際，廢序之說方盛，岊獨力闡古義，以詔後生，亦可謂篤信謹守者矣。」

可見此書係林岊講學於清湘書院時，門人所輯錄之講稿。其書折衷毛鄭，獨闡古義，別具特色。又如：

石鼓論語問答三卷　四庫全書總目提要卷三十五經部云：「宋戴溪撰。溪有續呂氏家塾讀書記，已著錄。是書卷首有寶慶元年許復道序，稱淳熙丙午丁未間，溪領石鼓書院山長，與湘中諸生集所聞而為此書，朱子嘗一見之以為近道。陳振孫書錄解題所載，與序相符。其書詮釋義理，持論醇正，而考據間有殊舛。……然訓詁義理，說經者向別兩家，各有所長，未可偏廢。溪能研究經義，闡發微言，於學者不為無補，正不必以名物典故相繩矣。」

案陳振孫直齋書錄解題卷三著錄石鼓論語答問三卷、孟子答問三卷，其下云：「戴溪撰。岷隱初仕衡嶽祠官，領石鼓書院山長，所與諸生講說者也。其說切近明白，故朱晦翁亦稱其近道。」由是可知，石鼓論語答問三卷並孟子答問三卷，實爲戴溪講學於石鼓書院時師弟子之記錄，其書大抵詮釋經義而不泥於章句，亦具特色。又如：

麗澤論說集錄十卷　四庫全書總目提要卷九十二子部儒家類二云：「宋呂祖謙門人雜錄其師之說也。前有祖謙從子喬年題記，稱先君嘗所裒輯，不可以不傳，故今仍據舊錄，頗附益次比之。喬年爲祖謙弟祖儉之子，則蒐錄者爲祖儉，喬年又補綴次第之矣。凡易說二卷、詩說拾遺一卷、周禮說一卷、禮記說一卷、論語說一卷、孟子說一卷、史說一卷、雜說二卷，皆冠以門人集錄字，明非祖謙所手著也。」

案宋元學案卷五十一，東萊學案呂祖謙傳後著錄呂氏易說、詩說、周禮說、禮記說、論語說、孟子說、史說、雜說各數則，而名之「麗澤講義」，即出於此書。陳振孫曰：「麗澤論說集錄十卷，呂祖謙門人所錄平日說經之語，末三卷則爲史說雜說。東萊於諸經，亦惟讀詩記及書說成書而皆未終也。」〈註八〉可見此書乃呂祖謙講學於麗澤書院，而門人札記其語而成書者。又如：

四書纂疏二十六卷　四庫全書總目提要卷三十五經部云：「宋趙順孫撰。順孫字格菴，括蒼人。考黃溍集有順孫阡表，曰自考亭朱子合四書而爲之說，其微詞奧旨，散見於門人所記錄者，莫克互見，公始採集以爲纂疏。蓋公父少傅魏公雷，師事考亭門人滕先生璘，授以尊所聞集，公以得於家庭者，溯求考亭之原委，纂疏所由作也，則順孫距朱子三傳矣。故是書備引朱子之說，以翼章句集註。所旁引者，惟黃榦、輔廣、陳淳、陳孔碩、蔡淵、蔡沈、蔡咊道、胡泳、陳埴、潘柄、黃士毅、眞德秀、蔡模一十三家，亦皆爲朱子之學者，不旁涉也。……順孫以疏爲名，而自序云陪穎達公彥後，則固疏體矣。繁而不殺，於理亦宜。」

案宋元學案載：趙順孫字和仲，縉雲人，韓王普之後。父雷學於溪齋滕氏，授以尊所聞集，遂傳其子。先生旣長，謂朱子之微言奧旨，散見於門人所記錄者，莫克互見，乃采集以爲四書纂疏，學者盛傳之。並稱趙順孫築學道書院以講學。〔註九〕趙順孫之學源於其父趙雷，趙雷之學出於滕璘，滕璘之學出於滄洲，故順孫所傳，實爲朱子正宗，趙順孫於講學之餘，掇拾朱子及滄洲諸儒之微詞奧旨爲之疏解，其間雖不免冗濫之病〔註一〇〕，然其書繁而不殺，於理亦宜，可謂有功於朱子矣。又如：

書說三十五卷　四庫全書總目提要卷十一經部云：「宋呂祖謙有古周易，已著錄。是編文獻通考作十卷，趙希弁讀書附志作六卷，悉與此本不合。蓋彼乃祖謙原書，未經編次，傳鈔者隨意分卷，故二家互異。此本則其門人時瀾所增修也。原書始洛誥，終泰誓，其召誥以前，堯典以後，則門人雜記之語錄，頗多俚俗。瀾始刪潤其文，成二十二卷，又編定原書爲十三卷，合成是編。王應麟玉海云：林少穎（之奇）書說，至洛誥而終，呂成公書說，自洛誥而始。蓋之奇受學於呂居仁，祖謙又受學於之奇，本以終始其師說為一家之學，而瀾之所續，則又終始祖謙一人之說也。」

由是可知，書說一書乃祖謙講學麗澤之講義，後經門人編次整理而成帙。四庫全書所錄麗澤論說集錄十卷，中有易說、詩說、周禮說、禮記說、論語說、孟子說、史說，而無書說，誠以書說原已成帙之故。祖謙講論尚書，據書說為言，而門人聽講傳鈔之餘，又附以所聞，即此書說三十五卷是也。

除上述五書外，戴溪有易總說二卷，眞德秀有復卦說一卷，朱熹有黃士毅集書說七卷，輔廣有詩說一卷、陳傅良有周禮說一卷，袁甫有孝經說三卷，黃榦有論語通釋十卷、論語意原一卷、六經講義一卷。〔註一一〕諸書或以「講義」名，或以「說」名，或為作者自撰，或為門人綴輯成帙，形式雖然不一，然要之俱為講學之記錄結晶，其實質並無二趣。其間雖不免自闢傒徑，馳以己說，而違古義，然由於宋儒能本天道以言人事，向不鑿空立說，故雖光怪陸離，却不失為風雨名山之業，金匱石室之書。正如宋史藝文志所云：「其所製作、講說、紀述、賦詠、動成卷帙、絫而數之，有非前代之所及也。雖其間銥裂大道，疣贅聖謨，幽怪恍惚，瑣碎支離，有所不免，然而瑕瑜相形，雅鄭各趣，譬之萬派歸海，四瀆可分，繁星麗天，五緯可識，求約於博，則有要存焉。」且由於書院教育能「擺落漢唐，獨研義理」〔註一二〕，故每能發人之所未發，益群經以新血肉，賦群經以新生命暨新精神，而此正是宋代經學有異於前代之處。

二、新義解經，影響治理之取向

宋人治經，談義理者則每言易，論政治者則多說春秋。考宋史藝文志所錄，經類凡一三〇四部，其中春秋類計二四〇部居首，易類二一三部次之，足證宋代春秋學與易學之盛矣。顧宋儒之治春秋者，每能因事致戒，陳往諷今，明體達用；其治易者，亦每能本天道而明人事。至於研及他經，亦每能不守陳規而自抒己說。劉申叔（師培）謂宋儒每以理說經，輔以語錄；或以事說經，證以史實。（註一三）李師威熊亦以特重易及春秋之研究爲宋儒治經之主要取向，藉經義以弘王綱正人倫爲宋儒治經之主要特色，而治經趨於主觀，更爲宋代經學之特徵。（註一四）凡此皆與宋代書院講學關係極爲密切。全祖望稱：「宋世學術之盛，安定泰山爲之先河，程朱二先生皆以爲然。安定沈潛，泰山高明，安定篤實，泰山剛健，各得其性稟之所近，要其力肩斯道之傳，則一也。」（註一五）實則，二先生不僅爲宋代學術淵源之所自，且開宋代以己意說經之先聲。山東通志卷八十八稱孫復、石介、胡瑗嘗講學於岱陽泰山書院。胡瑗有春秋說與周易口義，而孫復則有春秋尊王發微與易說。二儒之所以必惓惓於易、春秋者，誠以是二經乃「聖人之極筆，治世之大法」（註一六）之故。

胡瑗說易以義理爲宗（註一七），強調修己安人之道，高唱內聖外王之功，雖推本天道，却能落實於人事，故有別於圖書象數之學。其說乾卦曰：

聖人于此垂教，欲使人法天之用而不法天之形，所以名乾而不名天也。且天之形，象人之體也；天之用，象人之精神也。使寒暑以成，日月以明，萬物以生，此天之健用也。若人之有耳目口鼻四體是其形也，其口言、鼻臭、目視、耳聽、手足四體之運此其用也。至于心之思慮蘊于內則爲五常百行，發于外則爲政教禮義，故爲君、爲父、爲子、爲兄、爲弟、爲夫、爲婦，以至於爲士農工商，莫不本于乾乾不息，然後皆得其所成立也。（註一八）

胡瑗以爲：誠正修齊治平乃一貫之道，而「五常」乃心之思慮蘊于內之準則，亦即修己之要項，故胡瑗以之配元亨利貞。胡瑗曰：

元者，始也。言天以一元之氣始生萬物，聖人法之以仁，而生成天下之民物，故于四時爲春，于五常爲仁。

亨者，通也。夫物春始生，之夏則極生而至于大通，故高者、下者、洪者、纖者，各遂其分而得其性也。聖人觀夏之萬物有高下洪纖，乃作爲禮以法之，使尊者、卑者、貴者、賤者，各定其分而不越於禮，故於四時爲夏，于五常爲禮。

利者，和也。在文言曰：利者，義之和。言物之既生既育，故必成之有漸，自立秋涼風至，八月白露降，九月寒露降，以至爲霜爲雪，以成萬物，莫不有漸而成也。聖人法之以爲義。義者，宜也。天下之民雖有禮以定其分，然必得其義以裁制之，則各得其宜也，故於四時爲秋，於五常爲義。

貞者，正也、固也。言物之既成，必歸于正，以陰陽之氣幹了於萬物，聖人法之爲智。事非智不能幹固而成立，故於四時爲冬，于五常爲智。

然則，此五常不言信者何也？蓋信屬于土，土者分王四季。凡人之有仁義禮智必有信，然後能行，故于四者無所配也。〔註一九〕

胡瑗以元亨利貞配以春夏秋冬，合以仁義禮智（信），足見胡氏說易實本天道而言人事。必以此四德合以五常者，誠以五常爲修身成己之要道之故。傳統儒家之觀念，身修則家齊而國治天下平。齊家治國必先修身，而修身亦必以治國平天下爲依歸。然則治國之道何也？胡氏以爲禮樂政刑是也。故胡氏又以元亨利貞合以禮樂政刑：

此四德（元、亨、利、貞）以天下事業言之，則元爲樂，亨爲禮，利爲刑，貞爲政。何則？蓋元者始生萬物，萬物得其生，然後鼓舞而和樂。聖人法之，制樂以治天下，則天下之民亦熙熙而和樂，故以元爲樂也。天下既已和樂，然而不節則亂，故聖人制禮以定之，使上下有分，尊卑有序，故以亨爲禮也。夫禮樂既行，然其間不無不率教者，聖人雖有愛民之心，亦不得已乃爲刑以治之，於是大則有征伐之具，小則有鞭扑之法，使民皆畏罪而遷善，故以利爲刑也。夫天下既有樂以和之，禮以節之，刑以治之，不以正道終之，則不可也，故政者，正也，使民物各得其正，故貞爲政也。夫四者達而不悖，則天下之能事畢矣。故四者在易則爲元亨利貞，在天則爲春夏秋冬，在五常則爲仁義禮智。聖人備于乾之下，以極天地之道，而盡人事之理也。〔註二〇〕

胡安定教育士子之宗旨，實欲以仁義禮智信之道德修養，肯定道德之生命，而為聖為賢。然道德之生命，非成己而已，亦所以成物也。故必須合內外，通物我，以開物成務，廣濟蒼生。是故胡瑗又欲透過禮樂政刑之治事手段，馴至平治天下之鵠的。此體用不二，內外合一之思想特徵，影響宋代經學甚鉅。胡氏門人劉彝稱胡瑗以明體達用之學授諸生，出其門者無慮數千餘人。（註二一）其中程頤、孫覺最為傑出。程頤撰易傳，四庫全書總目提要卷二稱伊川不信邵子之數，「故邵子以數言易，而程子此傳則言理。一闡天道，一切人事。」今觀其易傳，亦每留心於修己安人之道，內聖外王之功。如說損卦云：

> 君子觀損之象，以損於己。在修己之道所當損者惟忿與欲，故以懲戒其忿怒，窒塞其意欲也。（註二二）

又如說比卦九五爻云：

> 五居君位，處中得正，盡比道之善者也。人君比天下之道，當顯明其比道而已。如誠意以待物，恕己以及人，發政施仁，使天下蒙其惠澤，是人君親比天下之道也。如是，天下孰不親比於上。若乃暴其小仁，違道干譽，欲以求下之比，其道亦已狹矣，其能得天下之比乎。（註二三）

日人本田成之謂伊川易傳「從一切道德之理論以解釋易」（註二四），誠不虛之論。而伊川此種治易之態度，無疑來自胡瑗之啓示。此外，胡瑗、程頤說易，每喜以史證易，借古諷今。如胡瑗之說師卦六四爻曰：

次，止也。按春秋莊三年冬，公次于滑。八年，師次于郎以俟陳人蔡人，是皆次者，止之義也。（註二五）

又釋夬卦卦辭曰：

若昔唐太宗可謂英主矣，然而享治既久，則恃其剛威，以有高麗百濟之征，至今稱之，終累聖明之德也。（註二六）

程伊川釋頤卦六五爻亦曰：

以成王之才，不至甚柔弱也，當管蔡之亂，幾不保於周公，況其下者乎。（註二七）

此以史證經之風，對宋代經學亦有深遠之影響。蓋此風一開，而學術風氣為之丕變矣。稽之四庫：蘇軾有東坡易傳九卷，四庫提要稱其書「多切人事，其文辭博辨，足資啓發。」張根有吳園易解九卷，四庫提要稱其書「於人事天道倚伏消長之機，尤三致意焉。」耿南仲有周易新講義十卷，四庫提要稱其書「因象詮理，隨事致戒，亦往往切實有裨。」李光有讀易詳說十卷，四庫提要稱其書「於當世之治亂，一身之進退，觀象玩辭，恒三致意。」鄭剛中有周易窺餘十五卷，四庫提要稱其議論「正大精切，通於治體。」李杞有周易詳解十五卷，四庫提要稱其「博采史籍，以相證明，雖不無稍涉氾濫，而其推闡精確者，要於立象垂戒之旨，實多發明。」（註二八）凡茲所舉，或獨抒己意，或折衷古義，或以綜比矜富，或以議論相高，大抵皆能窮天道以明人事，明於體而達諸用。而此治易之精神態度，實來自胡、程之啓示。

孫復講學於泰山書院，以春秋教授生徒，撰春秋尊王發微十二卷，倡導「尊王攘夷」之說，於辨名分，別嫌疑，興亡治亂之機，每三致意焉。歐陽修曰：「先生治春秋，不惑傳注，不爲曲說以亂經。其言簡易，明於諸侯大夫功罪，以考時之盛衰，而推見王道之治亂，得於經之本義爲多。」〈註二九〉實則，不惑傳注，乃孫復治經之法，及其旨歸則在於推見王道之治亂，以求撥亂世而反於正。〈註三〇〉顧孫復之說春秋，由於每有牽合，不能盡合禮制，遂有「膚淺」之譏。〈註三一〉然孫復能以聖人之書寓以己意，暢言尊王之要，不斤斤於文字訓詁之間，實已開宋代春秋新說之先河。〈註三二〉其後之說春秋者甚多。如王晳有春秋皇綱論五卷，其旨在「尊君與賢，旌善黜惡」，而「篤於三綱五常，明於義理之盡。」〈註三三〉孫覺有春秋經解十三卷，「大旨以抑覇尊王爲主」。〈註三四〉胡安國撰春秋傳三十卷，其自序自述其旨在集各家之長，推廣程子之說，以「尊君父、討亂賊、闢邪說、正人心、用夏變夷。」王夫之謂：「是書也，著攘夷尊周之大義，入告高宗，出傳天下，以正人心而雪靖康之恥，起建炎之衰，誠當時之龜鑑。」〈註三五〉陳傅良作春秋後傳十二卷，其旨在「正君臣之分，嚴夷夏之辨。」〈註三六〉趙鵬飛撰春秋經筌十六卷，其旨在「正人倫，興王道，明君臣之義。」〈註三七〉凡此皆能因事致戒，借古諷今，惓惓於尊王攘夷復仇雪恥之義。他如蔡沈之說尚書，袁燮之說毛詩，亦能引古義以勵時君，爲體用兼備之學。〈註三八〉近人馬宗霍曰：「國勢不振，士大夫憤夷禍之日亟，痛恢復之難期，情殷中興，切念雪恥，無以寄志，退而著書，則垂戒莫顯乎易象，復讎莫大乎春秋，趨治二經，殆亦有不獲已者焉。」（註三九）實則，宋人治經之所以於易必本天道以言人事，於春秋必揭尊王復仇之義，且由是二大經而遍及群經者，時代環境之刺激固是一因，然孫胡二氏之講學泰山書院，實具有先導之功。

南宋私人講學之風更盛於北宋。乾淳以還，學分爲三，朱學也、呂學也、陸學也。（註四〇）三家門徑不一，態度各異，其治經取向亦自有別。朱子教人不廢傳注而崇義理，「經之有解，所以通經，經既通，自無事於解，借經以通乎理耳。」（註四一）是以宗朱學者，大抵主義理而兼考證，如蔡淵之周易經傳訓解，胡方平之易學啓蒙通釋，蔡沈之書集傳，金履祥之尙書表注，輔廣之詩童子問，朱鑑之詩傳遺說，衞湜之禮記集說，皆以朱子之學爲宗者也。東萊教人重實踐，主實用，於義理之外，究心文獻，考索於禮樂兵農制度之際，故宗呂學者，大抵通經義而長於史，如陳傅良之周禮說、左氏章指、毛詩解詁，葉適之春秋通說、周易述釋，大抵以呂學爲宗者也。陸九淵之教人爲學以明其本心爲主，謂「學苟知本，六經皆我註脚。」（註四二）此影響宋代經學甚鉅。宋人治經偏於主觀，而尤以南宋爲然，近人朱學瓊謂：

漢人注經運用客觀之訓詁，予人者乃實在之感受；宋人解經憑主觀大發議論，予人者乃虛浮之感受。主觀是心之作用，唯心論之理學家憑主觀論經文，甚至扭曲經義以就己說，乃是本位主義之發揮。此乃宋人說解與「漢唐注疏全異」之根本所在。（註四三）

宋人治經之所以趨於主觀，競馳己說，甚至不惜扭曲經義以就己說，一方面固由於風氣所使然，然象山「心學」之唱，未嘗非其俑始。蓋陸象山設教於槐堂及應天山精舍（後更名象山書院），「觀其垂訓，立教欲從，大抵欲人求放心，以復其本然之體。」（註四四）「上而啓沃君心，下而切磨同志，又下而開曉黎庶，及其他著述，皆此心也。」（註四五）流風所趨，聲聞天下，而出其門者，亦皆本其師說以解經講學。如楊簡之學出於象山，其後講於碧沚，有楊氏易傳二十卷，四庫提要卷三稱其解易「惟以人心為主，而象數事物，皆在所略。」又撰五誥解四卷，四庫提要卷十一稱其「好舉新民保赤子之政，推本於心學。」今觀其書，發明心學之處甚多。如解康誥「汝丕遠惟商耇成人，宅心知訓」句云：

商家老成人謂之耇。造德雖遠在前世，當篤志大求其遺訓而觀之也。宅心者，安乎本心。本心既安而不起私意，則能知古人之訓旨矣。禹告舜曰：「安汝止。」伊尹告太甲曰：「欽厥止。」至文王之教，亦惟在宅心。蓋人心本靜止而不動，喜怒哀樂，視聽言動，皆其變化，如鑑中生萬象而鑑無思為，惟動乎私意故至昏亂。（註四六）

又如解易乾卦象辭「天行健君子以自強不息」曰：

孔子嘗告子思：「心之精神是謂聖。」明乎此心，未始不神，未始或息，則乾道在我矣。不曰乾而曰健者，所以破人心之定見，使人知夫乾者，特一時為之名，而未嘗有定名也。（註四七）

凡此皆能發象山「復其本心」之說。又如袁燮之學亦出於象山，後講學於城南之樓氏精舍〈註四八〉，撰有絜齋家塾書鈔十二卷，紹定四年其子袁甫刻置象山書院，以廣流傳。四庫全書總目提要卷十一稱：「是編大旨在於發明本心，反復引伸，頗能暢其師說。」又如袁甫學於慈湖，後持節江左，建象山書院，延師儒講學〈註四九〉，並錄平日授諸生者爲中庸講義四卷。四庫提要卷三十五稱：

> 其學出於楊簡，簡之學出於陸九淵，故立說多與九淵相合。如講語大語小一節云：「包羅天地，該括事物，天下不能載者，惟君子能載之，而天下又何以載。幽通鬼神，而天下又何以破。」此即象山語錄（案：象山先生全集卷三十五荊州日錄）所云：天下莫能載者，道大無外，若能載則有分限矣；天下莫能破者，一事一物，纖悉微末，未嘗與道相離之說也。其講自誠明一節云：「誠不可傳，可傳者明，明即性也，不在誠外也。」此即象山語錄（案：荊州日錄）所云：誠則明，明則誠，此非有次第，其理自如此之說也。其他宗旨，大都不出於此。雖主持過當，或不免惝恍無歸，要其心得之處，未嘗不自成一家。

四庫提要之說甚是。除上述三儒外，王宗傳有童溪易傳三十卷，惟憑心悟，力斥象數之弊，宗旨同於慈湖。〈註五〇〉陳經撰尚書精義五十卷，自序稱今日語諸友以讀此書之法，當以古人之心，求古人之書，吾心與是書相契而無間，然後知典謨訓誥誓命，皆吾胸中之所有，亦吾日用之所能行，此又近於象山「六經註我」之說。〈註五一〉劉師培謂：「以理說經者，多與宋儒語錄相輔。」〔註五二〕此言誠是。宋儒治經，每輕語言文字，譏章句訓詁，而貴於獨尋遺經，戛戛自造一家之言，甚至鑿空立說，強爲牽合。而其所以然者，固起於漢唐注疏之反響，然書院講學獨研義理之風，亦未嘗無推波助瀾之功。倘明乎此，則宋代書院與宋代經學之關係，可不俟辨矣。

三、以疑相高，助長疑經之風氣

宋人疑經乃一全面性之學術活動，其範圍屈翼鵬（萬里）歸爲三類：一疑經義之失當，二疑經義之作者，三疑經文之脫簡、錯簡、訛字。〔註五三〕實則，疑經之風有唐一代已肇其端，如韓愈疑孟子非軻自著之書〔註五四〕、趙匡疑左傳非左丘明所作〔註五五〕均是，惟未造成風氣耳。宋陸游以爲疑經之風漸盛於慶曆之後，其言曰：

唐及國初，學者不敢議孔安國、鄭康成，況聖人乎？自慶曆後，諸儒發明經旨，非前人所及，然排繫辭，毀周禮，疑孟子，譏書之胤征、顧命，黜詩之序，不難於議經，況傳注乎。〔註五六〕

王應麟以爲然，而三經新義尤其俑始，王氏曰：

自漢儒至於慶曆間，談經者則守訓故而不鑿，七經小傳出，而稍尚新奇矣。至三經新義行，視漢儒之學若土梗。〔註五七〕

疑經風氣一開，士子趨之若鶩，而「新進後生，未知臧否，口傳耳剽，翕然成風。至有讀易未識卦爻，已謂十翼非孔子之言；讀禮未識篇數，已謂周官爲戰國之書；讀詩未盡周南召南，已謂毛鄭爲章句之學；讀春秋未知十二公，已謂三傳可束之高閣。循守注疏者，謂之腐儒；穿鑿異說者，謂之精義。」〔註五八〕迄南宋，疑經之風愈盛。據今人葉國良之研究統計：宋代嘗疑經改經者（案改經實自疑經而來），凡一百三十人。若分別南北宋，北宋得四十四人，南宋凡八十六人。若以一人一經爲一單位，則北宋凡八十三單位，南宋凡一百七十三單位。是南宋疑經風氣承繼北宋而烈於北宋。〔註五九〕顧疑經風氣何以特盛於宋，林益勝謂禪學盛行導致主觀意識抬頭係其主因〔註六〇〕，實則，書院講學標榜「疑」字，乃形成疑經風氣之重要關鍵。蓋書院講學，每喜標榜「疑」，強調「學者要先會疑」〔註六一〕，以爲學必有疑，方是實在功夫，若「不知疑者，只是不便實作，既實作則須有疑。」〔註六二〕如朱子教人，便喜標榜「疑」字：

讀書無疑者教有疑，有疑者却要無疑，到這裡方是長進。〔註六三〕

朱子之所以欲學者「疑」，誠以「大疑則大進」〔註六四〕之故。張栻教人亦欲學者能疑：

觀書當虛心平氣……如其可疑，雖或傳以聖賢之言，亦須更加審擇。〔註六五〕

呂祖謙教人亦是如此，呂氏曰：

學者不進則已，欲進之則不可有成心，有成心則不可與進乎道矣。故成心存則自處以不疑，成心亡然後知所疑矣。小疑必小進，大疑必大進，蓋疑者不安於故而進於新者也。〔註六六〕

陸九淵之教人亦強調「疑」，以爲「爲學患無疑，疑則有進。」〔註六七〕其門下弟子楊簡之主張大致相類：

學必有疑，疑必問，欲辨明其實也。〈註六八〉

楊簡同門袁燮之觀點亦如是：

學者讀書不可無所疑。所謂疑者，非只一二句上疑也，要當疑其大處。〈註六九〉

胡寅教人，亦標「疑」字：

疑必有疑，疑必有問，問必資賢智于我者，問非所疑……此師弟子之失也。〈註七〇〉

王柏主教麗澤、上蔡二書院，亦每誨學子以「疑」：

讀書不能無疑，疑而無所考，缺之可也。可疑而不知疑，此疎之過也。〈註七一〉

凡此均說明宋代書院講學極富高度之懷疑精神。而此疑古不苟與求眞求實之科學精神，實乃書院制之固有精神焉。〈註七二〉書院教育本貴乎以身率教，言行合一。宋儒不僅要求學子能疑，於講經論學之際，宋儒本身亦能有所疑。如朱子疑書大序非孔安國所作，其言曰：

尚書小序不知何人作，大序亦不是孔安國作，怕只是撰孔叢子底人作，文字軟善，西漢文字却麤大。

又曰：

尚書注幷序，某疑非孔安國所作，蓋文字善困，不類西漢人文章，亦非後漢人之文。〈註七三〉

朱子之高弟蔡沈撰書集傳，疑尚書小序非孔子所作，並合小序爲一篇，大體本諸朱子之意。

朱子再傳魏了翁亦講學於鶴山書院，嘗疑周禮左傳爲秦漢人僞作之書，其言曰：

周禮、左氏並爲秦漢間所附會之書。周禮亦有聖賢遺法，然附會極多。

又曰：

周禮與左氏兩部，字字謹嚴，首尾如一，更無疏漏處，疑秦漢初人所作，因聖賢遺言足成之。（註七四）

朱子講友張栻乾道間主教嶽麓書院，疑周禮非周公原書，其言曰：

更秦絕滅之餘，周官之書存者無幾矣。今之所傳，先儒以爲雜出漢儒，一時傅會，是不可考也。（註七五）

朱子三傳王柏，嘗爲麗澤、上蔡二書院師，疑易繫辭傳非孔子之親筆，其言曰：

（繫辭）與子思作中庸同體，蓋繫辭傳，門人以夫子之意發明，非夫子之親筆也。果夫子之親筆，則章首之「子曰」何以或有或無？或問或答？篇中之「子曰」何以或引或斷耶？然則繫辭傳之成文，且非夫子之親筆，則象傳之具體，小象之比辭，安得爲夫子之全筆耶？（註七六）

王柏高弟金履祥講學於蘭谿之重樂書院，嘗疑尚書大序爲東漢人所僞作，其言曰：

履祥疑安國之序，蓋東漢之人爲之。不惟文體可見，而所謂「聞金石絲竹之音」，端爲後漢人語無疑也。蓋後漢之時，讖緯盛行，其言孔子舊居事多涉怪，如闕里草自除，張藏壁之類，如此附會多有之，則此爲東漢傳古文者託之可知也。（註七七）

陸九淵講學強調復其本心，以爲「學苟知本，六經皆我註脚。」是故於先儒所公認之經，亦每能疑。如云「繫辭首篇第二句可疑，蓋近於推測之辭。」又疑史記周本紀文王重卦之說，其言曰：

後世言伏羲畫八卦，文王始重之爲六十四卦，其說不然。且如周禮雖未可盡信，如筮人言三易，其經卦皆八，其別皆六十有四。「龜筮協從」，亦見於虞書，必非僞說。如此，則卦之重久矣。蓋伏羲既畫八卦，即從而重之，然後能通神明之德，類萬物之情，而持天下之理。文王蓋因繇辭而加詳，以盡其變爾。（註七八）

其弟子楊簡亦疑繫辭非孔子所作，其言曰：

易大傳曰：「古者庖犧氏之王天下，仰則觀象於天，俯則觀法於地，觀鳥獸之文與地之宜，近取諸身，遠取諸物，於是始作八卦。」某嘗謂大傳非聖人作，於是乎益驗。此一章乃不知道者，推測聖人，意其如此。（註七九）

此外，如李覯疑禮記儒行非孔子之言：

儒行非孔子之言也，蓋戰國時豪士所以高世之節耳。其條雖十有五，然指意重複，要其道不過三數塗而已。……考一篇之內，雖時與聖人合，而稱說多過，其施於父子、兄弟、夫

婦、若家、若國、若天下，粹美之道則無見矣。聖人之行，如是而已乎。（註八〇）

林之奇講學於拙齋書院，嘗疑書序為史官之作：

書序本自為一篇，蓋是歷代史官相傳，以為書之總目。吾夫子因而討論是正之，以與五十八篇共垂於不朽。（註八一）

林光朝講學於紅泉精舍，嘗疑中庸非子思之作：

某近來選數人逐番講禮書，到樂記、中庸却自為開釋。此數篇似董仲舒所作，與大序、繫辭相為表裡耳。（註八二）

凡此均明書院講學在求學子能「疑」。因宋儒標榜「疑」經，且「一唱數和」，自然成風，宋人遂每以疑經為賢，講經為能，「疑經不已，遂至改經、刪經、移易經文以就己說。」甚至於「顛倒割裂，私竄古籍，使體無完膚。」（註八三）經學至此，誠一厄矣。考其所由，主觀意識擡頭固是一因，然與書院講學以疑相高，亦不無關係。

四、表章四書，提高孟子之地位

論語者，五經之錧鎋，六藝之喉衿也，孟子之書則象之。（註八四）顧自漢季以來，論語與孟子雖各自成帙，然在宋代之前，孟子之地位遠不如論語。趙歧孟子題辭稱：

漢興，除秦虐禁，開延道德，孝文皇帝，欲廣遊學之路，論語、孝經、孟子、爾雅皆置博士，後罷傳記博士，獨立五經而已。

是孝文帝時論語已立學官矣。成帝年間，劉向校理群籍，則論語六藝略，班固漢志因之。故至前漢，論語雖無經之名，然漢儒已目之爲經矣。後漢書卷三十五張純傳稱：

> 純以聖王之建辟雍，所以崇尊禮義，既富而教者也，乃案七經……欲具奏之。

章懷太子李賢注云：「七經謂詩、書、禮、樂、易、春秋及論語也。」至此，論語不僅有經之實，亦有經之名矣。其後，隋書經籍志列論語於經部孝經之後，舊唐書經籍志，新唐書藝文志因之，元脫脫宋史藝文志又因之。至是以降，論語之經學地位遂牢不可破矣。

反觀孟子之地位，則大不如論語。孟子之書昌言法先王、行仁政、班爵祿、治民產，雖能「挺名世之才，秉先覺之志，拔邪樹正，高行厲辭，導王化之源，以救時弊，開聖人之道，以斷群疑，其言精而贍，其旨淵而通。」（註八五）然於李唐之前，却難與論語並尊，故漢志則孟子於子部儒家類而隋志因之。迨乎李唐，韓愈始表章孟子，以爲自「孔子之徒沒，尊聖人者，孟氏而已。」（註八六）由於韓愈之表章，孟子之地位稍崇，然猶未足以廁身唐志經部之列。趙宋立國，尊尚教化，端拱元年（西元九八八年）三月，司業孔維奉敕校勘五經正義百八十卷，詔國子監鏤板行之。（註八七）至道二年（西元九九六年），判監李至請命李沆、杜鎬等校定周禮、儀禮、穀梁傳疏及別纂孝經論語正義。咸平三年（西元一〇〇〇年）癸巳，命祭酒邢昺代領其事，杜鎬等預之。咸平四年（西元一〇〇一年）九月丁亥卒事以獻，十月九日命杭州刻板。（註八八）至是十三經注疏已見十二，獨缺孟子注疏耳。大中祥符五年（西元一〇一二年），孫奭等校孟子，采衆家之長，爲音義二卷，七年正月上新印孟子及音義。至是，孟子猶不得升格隸經。〔註八九〕仁宗慶曆元年（西元一〇四一年），命國子監取易、詩、書、周禮、禮記、春秋、孝經爲篆隸二體，刻石兩楹。〔註九〇〕論者謂此爲孟子升格隸經之始。〔註九一〕孟子隸經，治之者衆，加之程子教人，必始於四書，以爲「初學入德之門，無如大學，其他莫如語孟。」「學者當以論語、孟子爲本。論語孟子既治，則六經可不治而明矣。」「學者先須讀語孟，窮得語孟，自有要約處，以此觀他經，甚省力。語孟如丈尺權衡相似，以此去量度事物，自然見得長短輕重。」〔註九二〕由於程子極力表章四書，開風氣之先，自是以降，治孟子者益衆，如張載有孟子解（佚）、王安石有孟子解（佚）、游酢有孟子雜解（存）、尹焞有孟子解（存）、陳禾有孟子傳（佚）、王令有孟子講義（佚）、龔原有孟子解（佚）、許允成有孟子新義（佚）、王雱有孟子注（佚）、沈括有孟子解（佚）、陳暘有孟子解義（佚）、李撰有孟子講義（佚）、章甫有孟子解義（佚）、上官愔有孟子略解（佚）、李彖有孟子講義（佚）。〔註九三〕上述諸書雖或因朱子四書集註出而亡佚，然由此亦可想見，當日治孟之風，實凌駕前代，而孟子之地位，亦日益提高，幾與論語齊矣。

南宋時期，理學大昌。張栻在湘，朱熹在閩，陸九淵在贛，呂祖謙在婺，相與講明正學，終使「天理之微，事物之衆，鬼神之幽，莫不洞然，畢貫於一，至周公、孔子、孟氏之傳，煥然復明於當世。」〔註九四〕張栻於乾道間主教嶽麓，一時名師碩儒皆來講學，而嶽麓書院亦一度更名南軒書院。至於南軒教人，朱子述行狀後曰：「公之教人，必先使之有以察乎義利之間，而後明理居敬，以造其極。」〔註九五〕張栻既以辨義利爲先，而辨義利之詳者莫過於孟子，故張栻於孟子頗多闡發。其癸巳孟子解七卷成於乾道癸巳，於王霸之辨，義利之分，言之最明。故張南軒之教，可謂有功於孟氏矣。象山之教人，則以收放心，明本心爲要，其門人弟子傅子雲稱：「孟氏去今千有七百餘年，七篇俱存，晦濁甚矣。其間出而力扶吾道者固有其人，然至我朝伊洛諸賢而始盛。殆沖和鬱蓄之久，故間見層出者非一。惟象山先生稟特異之資，篤信孟氏之傳，虛見僞說不得以淆其眞，奪其正，故推而訓廸後學，大抵簡易明白，開其固有，無支離繳繞之失，而有中微起痼之妙。……然於著誠息僞與起人心之功，亦可謂有光於孟氏矣。」〔註九六〕朱子畢生志在講學，依宋元學案及方志所載，朱子嘗先後講學於白鹿洞、嶽麓、螺峯、石湖、龍山、懷玉、考亭等書院。至其教人，大抵以格物窮理爲先，而其要則在論孟學庸之書，朱子嘗云：

大學之道雖以誠意正心爲本，而必以格物致知爲先。所謂格物致知，亦曰窮盡物理；使吾之知識無不精切而至到耳。夫天下之物，莫不有理，而其精蘊，則已具於聖賢之書，故必由是以求之。然欲其簡而易知，約而易守，則莫若大學、論語、中庸、孟子之篇也。〔註九七〕

又大學章句引言云：

子程子曰：「大學，孔氏之遺書，而初學入德之門也。」於今可見古人爲學次第者，獨賴此篇之存，而論、孟次之。學者必由是而學焉，則庶乎其不差矣。

又中庸章句引言亦云：

子程子曰：「不偏之謂中，不易之謂庸。中者天下之正道，庸者天下之定理。」此篇乃孔門傳授心法……善讀者，玩索而有得焉，則終身用之有不能盡者矣。

正因中庸乃孔門傳授心法，大學爲初學入德之門，而論孟爲五經六藝之錧鎋喉衿，故朱子合之爲一編，創爲四書之名，並爲之整理訓釋，使四書拔乎群籍而定於一尊。朱子大全文集卷八十二書臨漳所刊四子書後云：

河南程夫子之教人，必先使之用力乎大學、論語、中庸、孟子之書，然後及乎六經。蓋其難易、遠近、大小之序，固如此而不可亂也。故今刻四古經（案：四古經即易、詩、書、春秋，刻於紹熙元年）而遂及乎此四書者以先後之，且考舊聞，爲之音訓，以便觀者，又悉著凡程子之言及於此者，附於其後，以見讀書之法，學者得以覽焉。

朱子之所以表章四書原欲示學者以爲學之次第，且建立獨自之思想體系，遂使孟子之地位大爲提昇，而躋於論語之次。南宋淳熙刊本九經與紹熙刊本九經，均廁孟子其中，是則孟子一書不僅爲宋儒所重，亦爲坊刻所矚目矣。自是以降，治四書者多，而書院講學亦每據四書以立說。如陳文蔚講學於南軒書院，告學者以學庸之大義，其言曰：

中庸一書約而精微之理，泛而日用之事，無所不備，然其切要者不越乎人倫之常，故曰天下之達道五。……大學中庸其義一也，學者誠能以致知爲力行之本，以力行盡致知之實，交用其力，無敢偏廢，則達德以全，達道以行，中庸其在我矣。〔註九九〕

魏了翁道州濂溪書院記勉學子曰：

君子深造之以道，欲其自得之也；自得之，則居之安；居之安，則資之深；資之深，則取之左右逢其原。蓋惟誠求而實見，然後篤信而力行。行矣而著，習矣而察，然後渙然怡然有不能以自已者。〔註一〇〇〕

陸九淵講學於白鹿洞書院嘗喻學者：

子曰：「君子喻於義，小人喻於利。」……人之所喻由其所習，所習由其所志，志乎義，則所習者必在於義，所習在義，斯喻於義矣。志乎利，則所習者必在於利，所習在利，斯喻於利矣。〔註一〇一〕

他如楊子謨講學於雲山書院，與諸生敷陳論孟學庸大義。〔註一〇二〕歐陽守道爲嶽麓書院副山長，發明孟氏正人心承三聖之說。〔註一〇三〕尹穀爲嶽麓書院堂長，丁內艱居家教授，日未出授諸生經及朱氏四書。〔註一〇四〕凡此皆闡揚四書之例。宋儒之學本異於漢唐，而書院教育更有別於漢唐。或推本宇宙萬物之理，而極於人生之正道；或以爲性即是理，天地萬物之理可驗之於吾心；或主即凡天下之物因其已知之理而益窮之，以求至乎其極。大抵言心言性，言天理言人欲。及其立說，則歸本於論孟學庸。而其所以然者，蓋欲爲儒學尋覓更高之形上基礎，並建立一思想體系，以期對抗佛學所使然。（註一〇五）馮友蘭中國哲學史第十章「道學之初興及道學中二氏之成分」嘗云：

孟子之學，本有神秘主義之傾向，其談心談性，談「萬物皆備於我，反身而誠」以及「養心」、「寡欲」之修養方法，可認爲可與佛學中所討論，當時人所認爲有興趣之問題，作相當之解答，故於儒家典籍中，求與當時人所認爲有興趣之問題有關之書，孟子一書，實其選也。……大學本爲禮記中之一篇，又爲荀學，自漢以後至唐，無特別稱道之者，韓愈以其中有「明明德」、「正心」、「誠意」之說，亦可認爲與當時所認爲有興趣之問題有關，故特別提出。……此後至宋明，大學亦爲宋明道學家所根據之重要典籍焉。

馮氏之說甚是。論、孟、學、庸四書本以倫理道德爲基礎，以心性之辨爲重心，及其旨歸則在於詳察天人之際，窮研古今之道。宋代書院教育旨在「宗孔」、「致用」、「希聖」，而詆佛正所以宗孔也，明經正所以致用也，心性之辨正所以希聖也，故於此四書每致意焉。由於書院講學標榜四書，遂使孟子由諸子進而躋升於孔子之次。而大學、中庸亦由禮記單獨提列而出，與論孟同爲經學要典，勢傾群經。迨乎理宗之世，以朱注四書「發揮聖賢蘊奧，有補治道」，特贈朱熹太師，追封信國公（註一〇六），而四書之地位益尊。元仁宗皇慶二年（西元一三一三年），詔定考試程式，以論、孟、學、庸取士（註一〇七），自是以降垂六百年，學者實未有不讀四書者。四書地位之崇高如此，幾有凌駕六經之勢，平心而論，宋代書院講學表章四書，實居其首功焉。

附註

註一　參見熊十力，讀經示要，頁十九，台北明文書局七十三年七初初版。

註二　見朱子大全文集卷八十，福州州學經史閣記。

註三　同前註。

註四　見宋元學案卷八十八，巽齋學案。

註五　見宋史卷四二五，危稹傳。

註六　見吳縣志卷二十七。

註七　見宋史卷四三〇，道學傳四。

註八　見直齋書錄解題卷三，經解類。

註九　見宋元學案卷七十，滄州諸儒學案下。

註一〇　四庫全書總目提要卷三十五云：「鄧文原作胡炳文四書通序，頗病順孫此書之冗濫，炳文亦頗摘其失。」是冗濫為順孫四書纂疏之失。

註一一　見宋史卷二〇二，藝文志一。

註一二　見四庫全書總目提要卷一，經部總敍。

註一三　見國學發微頁八十四～八十六，台北廣文書局，五十九年十月初版。

註一四　見兩宋治經取向及其特色，國立政治大學中華學苑三十期。
註一五　見宋元學案卷一，安定學案全祖望案語。
註一六　引自徂徠集卷十六，泰山書院記。
註一七　說見四庫全書總目提要卷二，周易口義十二卷條。
註一八　見周易口義卷一，上經乾卦。
註一九　同前註。
註二〇　同前註。
註二一　見宋元學案卷一，安定學案。
註二二　見易傳卷五，損卦彖辭傳。
註二三　前引書卷一，比卦九五爻傳。
註二四　見中國經學史，頁二四五，台北廣文書局，六十八年五月初版。
註二五　見周易口義卷二，師卦六四爻。
註二六　前引書卷七，夬卦卦辭。
註二七　見易傳頤卦六五爻傳。
註二八　以上所舉，俱見四庫全書總目提要卷二，經部二、卷三，經部三。
註二九　見歐陽文忠公集，居士集卷二十七，孫明復先生墓誌銘。

註三〇　說見牟潤孫，兩宋春秋學之主流，大陸雜誌五卷四期。

註三一　經義考卷一七九引葉夢得之語曰：「孫明復春秋，專廢傳從經，然不盡達經例，又不深於禮學，故其言多自牴牾，有甚害於經者，既概以禮論當時之過，而不能盡禮之制，尤爲膚淺。」

註三二　參見倪天蕙，宋儒春秋尊王思想研究，頁七十三，國立政治大學中文研究所碩士論文（七十一年）。

註三三　見春秋皇綱論卷一，孔子修春秋篇及尊王篇。

註三四　見四庫全書總目提要卷二十六，春秋類。

註三五　見宋論卷十，高宗。

註三六　見倪天蕙，宋儒春秋尊王思想研究，頁一七三。

註三七　同註十四。

註三八　蔡沈書集傳卷六，釋文侯之命云：「蘇氏曰：『予讀文侯篇，知東周之不復興也。宗周傾覆，禍敗極矣，平王宜若衛文公、越勾踐然。今其書乃旋旋焉與平康之世無異。』春秋傳曰：『厲王之禍，諸侯釋位以閒王政，宣王有志而後効官，讀文侯之命，知平王之無志也。』……方將以復讎討賊之衆，而爲戍申戍許之舉，其忘親背義，得罪於天已甚矣。何怪其委靡頹墮而不自振已哉。然則，是命也，孔子以其猶能言文武之舊而存之歟？抑亦示戒於天下後世而存之歟。」袁燮絜齋毛詩經筵講義卷三，說黍離云：「嗚呼！周雖不競，鎬京之地猶在境內，而忠臣過之，猶悲憂如此，況有甚于此者乎！我國家建都於汴，既九朝矣，宗廟宮闕于是乎在。靖康之禍，鞠爲禾黍，非能如東周之在境內。神皋未復，敵久據之，往時朝會之地，今爲敵人之居，此天地之大變，國家之大恥也。使周大夫生于今日，過其故都，其悲憂慘戚之情，又當如之何哉。平王惟不自彊，所以迄不能復西都之盛。聖王誠能反其所爲，臥薪嚐膽，以復讎刷恥自期，則大勳之集指日可俟也。人情之慘戚，將轉而爲歌謠，豈不偉哉。」是二書亦每能因事致戒，借古諷今，惓惓於尊王復仇之義。

註　三九　見中國經學史頁二二一，台北商務印書館，六十八年九月台六版。

註　四〇　說見鮚埼亭集外編卷十六，同谷三先生書院記。

註　四一　見朱子語類卷十一，讀書法下。

註　四二　見象山先生全集卷三十四，語錄上。

註　四三　見宋代的經學風氣與張南軒經解的弊病，中華文化復興月刊七卷六期。

註　四四　見汪廷珍，象山先生全集序。

註　四五　見袁燮，象山先生全集序。

註　四六　見五誥解卷一，康誥解。

註　四七　見楊氏易傳卷一，乾卦象辭。

註四八　事見宋元學案卷五十一，東萊學案呂祖儉小傳。

註四九　見宋元學案卷七十四，慈湖學案馮興宗傳。

註五〇　見四庫全書總目提要卷三，經部易類三。

註五一　前引書卷十一，經部書類一。

註五二　同註十三。

註五三　見宋人疑經的風氣，原載於大陸雜誌二十九卷三期，後收於書傭論學集中。

註五四　韓昌黎集卷十四，答張籍書云：「孟軻之書，非軻自著，軻既歿，其徒萬章、公孫丑相與記軻所言焉耳。」

註五五　趙匡曰：「啖氏依舊說，以左氏爲邱明受經於仲尼。今觀左氏解經淺於公穀，誣謬實繁。若邱明才實過人，豈宜若此。」（引自唐陸淳春秋啖趙集傳纂例卷一，經苑五冊）

註五六　語見王應麟困學紀聞卷八，放翁所言排繫辭乃指歐陽修而言，毀周禮指大程子與蘇子由而言，疑孟子指李覯而言，譏胤征顧命指蘇軾而言，黜詩序指鄭漁仲而言。

註五七　見王應麟困學紀聞卷八。

註五八　引自司馬文正公傳家集卷四十二，論風俗劄子。

註五九　參見葉國良，宋人疑經改經考，頁一四八及附錄二，國立臺灣大學文史叢刊，六十九年六月初版。

註六〇　見林益勝，宋義理派易學的研究，頁六十，國科會報告（六十一年）。

註六一　見二程全書，外書卷十一。

註六二　引自近思錄卷二。

註六三　見朱子語錄卷十一。

註六四　見張洪編，朱子讀書法卷一。

註六五　見南軒集卷二十，答朱元晦秘書。

註六六　見張伯行編，廣近思錄卷二。

註六七　見象山先生全集卷三十五，語錄下。

註六八　見慈湖遺書卷七，汎論易。

註六九　見絜齋家塾書鈔卷四。

註七〇　見斐然集卷十九，傳燈玉英節錄序。

註七一　見詩疑卷二，風序辨。

註七二　見盛朗西，中國書院制度，頁六十～六十一，上海中華書局，二十三年十一月初版。

註七三　並見朱子語類卷七十八。

註七四　並見鶴山先生大全文集卷一〇九，師友雅言。

註七五　見癸巳孟子解卷五。

註七六　見金履祥，論語集註考證卷一前。

註七七　見尙書表注尙書序注。

註七八　以上所引俱見象山先生全集卷三十四，語錄上。

註七九　見楊氏易傳卷二十。

註八〇　見直講李先生文集卷二十九，讀儒行。

註八一　見尙書全解卷十四。

註八二　見艾軒集卷六，與鄭編修漁仲。

註八三　引自皮錫瑞，經學歷史頁二八七，台北藝文印書館六十三年五月初版。

註八四　引自孟子注疏趙岐題辭。所謂錧鎋，焦循正義曰：「錧鎋當作輨轄。說文：錧，轂耑踏也。轄，鍵也。轄與舝通。舝，車軸耑鍵也。蓋車之轉運在軸轂，而輨如環約於轂，轄如笄約於軸，非此，軸與轂不可運。五經非論語則無以運行，故爲五經之輨轄也。」喉衿者，孫疏云：「說文云：喉，咽也；衿，衣領也，言論語爲五經六藝之要如此錧鎋與夫喉衿也

註八五　見孫奭，孟子正義序。

註八六　見韓昌黎集卷一，讀荀。

註八七　事見王應麟玉海卷四十三，端拱校五經正義條。

註八八　前引書卷四十一，咸平孝經論語正義條。

註八九　屈萬里謂：其時孫奭等所纂乃孟子音義，而非義疏。並曰：「蓋孟子一書，在北宋時，猶不爲士林所重，故不列之於經，且孫疏爲邵武士人僞託，書成或當在南宋。」(說見十三經注疏板刻述略，學原三卷三，四合期)又玉海卷四十三「景德校諸子」條具載孫奭爲音義始末，足見其時孟子猶稱子而不稱經。

註九〇　見王應麟玉海卷四十三，「嘉祐石經」條。

註九一　葉名澧跋北宋汴學二體石經記稱其事畢工於嘉祐六年，且曰：「宋史及玉海言書寫諸經皆無孟子。吳氏玉縉金石存云：『嘗見四大册於吳門薄氏，乃尙書、周禮、禮記孟氏文，辨挾泰山以超北海，書超爲起之誤，不言某經若干卷，元時有修復汴梁石經之舉。』翟氏灝四書考異引李師聖記云：『汴梁舊有六經論語、孝經石本，殘缺漫剝，參政也先帖木兒慨然以爲己任，不數月還復舊觀，孟子七篇猶闕然，欲增置而期會拘迫，有司請爲後圖。』據此汴學初刊諸石，卽有孟子在內。宋史玉海不及之者，其時亡佚已久，王伯厚及修史諸公，不復知有此石，蓋其疏也。」葉氏以爲孟子在嘉祐石經之列，並指摘王應麟之失。持此說者，有張國淦之歷代石經考、錢基博之四書解題及其讀法、傳武光之四書學考。如諸說可信，則孟子升格隸經當在此時，苟或不然，亦不晚於孝宗乾淳之際，蓋巾箱本九經刊於此時故也。

註九二　以上所引俱見近思錄卷三。

註　九三　以上所引諸書，並見趙國雄兩宋孟子著述考，國立政治大學中文研究所碩士論文（七十四年）。
註　九四　引自朱子大全文集卷七十八，江州重建濂溪先生書堂記。
註　九五　引自宋元學案卷五十，南軒學案附錄。
註　九六　見槐堂書院記，引自撫州府志卷三十三。
註　九七　見朱子大全文集卷五十九，答曹元可。
註　九八　有關南宋淳熙本及紹熙本九經刊刻始末，可參阮廷焯南宋九經考，孔孟學報二十六期。
註　九九　見陳克齋先生集卷三，南軒書院講義。
註一〇〇　見鶴山先生大全文集卷四十七。
註一〇一　見象山先生全集卷二十三，白鹿洞書院論語講義。
註一〇二　見宋元學案卷七十二，二江諸儒學案、楊子謨傳。
註一〇三　見宋元學案卷八十八，巽齋學案。
註一〇四　同前註。
註一〇五　同註十四。
註一〇六　見宋史卷四十一，理宗本紀一。
註一〇七　見元史卷八十一，選舉志一。

第二節　宋代書院與宋代理學之關係

理學亦稱宋學、道學、性理學、心性學、心學，係根據先秦儒者業已樹立之弘規，進一步引伸發揮，就內在於個人之心性修養，做自覺之道德實踐工夫，使理長存於心，使個人有限生命獲得無限圓滿意義之學。（註一）顧理學何以勃興於趙宋而成爲學術思想主流？歷來學者言之不一。日人宇野哲人謂其眞因有四：曰儒學之革新、士風之改善、儒道二教之融合、佛教之影響。（註二）夏君虞謂宋學之起因，可一言盡之，即「時爲之也」，而其故有五：曰時主之提倡、儒學自身之變化、二氏之末流、唐以詩賦取士之矯正、排外之心理。（註三）程發軔謂理學之成因，由於儒家之自覺自發，以復興中國文化之道統爲己任，本孔孟義理之學，而融合道家之玄理，佛家之心性，相激相盪，相反相成，而創此儒學之新境界——理學。（註四）錢穆則曰：「自宋言之，當時所謂學術思想者，推道院而已耳，惟禪林而已耳。蓋儒術衰歇，自晚漢而已然，雖以傳統尊嚴，制科所在，注疏詞章，僅爲利祿。粗足語夫學問之眞者，轉在彼而不在此也。惟長生久視之術，既渺茫而莫驗，涅槃出世之教，亦厭倦而思返，乃追尋之於孔孟六經，重振淑世之化，陰襲道院禪林之緒餘，而開新儒學之機運者，則所謂宋明理學是也。」（註五）是則宋代理學之起本與書院無涉。顧自北宋末期以降，書院之發展每與理學之升降互爲因果，相爲表裡。而書院對於理學之影響，大致有二：曰助長理學之風行，曰促成學派之分立。茲將此二者分述於后：

一、助長理學之風行

自慧能大宏禪宗之義，餘風廣被。佛氏之徒，多以「明心見性」，求「以心傳心」之法；心性之學，遂爲當世所重視。儒學之士，亦求所以勝之之道，以自高其說。於是昌黎韓愈言堯、舜、禹、湯、文、武、周公、孔子相承之統，獨尊孟子。其徒李翺，合融儒佛，而重中庸。宋儒繼業，益廣其義。（註六）胡瑗孫復，開其先河。宋元學案卷首序錄稱：「宋世學術之盛，安定泰山爲之先河，程朱二先生皆以爲然。安定沈潛，泰山高明，安定篤實，泰山剛健，各得其性稟之所近，要其力肩斯道之傳，則一也。」胡瑗設教湖州，以道德仁義明體達用之學，教授諸生；而孫復則退居泰山書院，聚徒著書，以治經爲教。（註七）孫胡雖開宋學之先，然宋代理學之興，實有待周敦頤之破暗。黃百家謂：「孔孟而後，漢儒止有傳經之學，性道微言之絕久矣。元公崛起，二程嗣之，又復横渠諸大儒輩出，聖學大昌。故安定、徂徠卓乎有儒者之矩範，然僅可謂有開之必先，若論闡發心性義理之精微，端數元公之破暗也。」（註八）湖南通志卷六十九稱：「宋周敦頤以駕部員外郎攝紹州事，首重學校，屬邑皆立書院，訓誨後學。」及其教人，「在於志伊尹之志，學顏子之學」（註九），「若其闡性命之根源，多聖賢所未發，尤有功於孔孟。」（註一〇）是時，二程子受學於濂溪，後講學於河南嵩陽書院，（註一一）推明周敦頤之學，「使夫天理之微，人倫之著，事物之衆，鬼神之幽，莫不洞然畢貫於一，而周孔孟氏之傳，煥然復明。」（註一二）宋室南渡之後，書院講學之風益盛，而朱熹、張栻、呂祖謙、陸九淵尤大張其軍。朱子一生功在講學，李清馥閩中理學淵源考卷十六載淳熙六年三月，朱子受命至南康，首下教三條，興利除害，尤以厚彝常、美教化爲首務。訪白鹿洞書院書院遺址，奏復其舊，約聖賢教學大端爲學規，每休沐則輒詣學與諸生質疑問難，風教大行。淳熙十年，朱子建武夷精舍。紹熙五年，改建嶽麓書院，多訓以切己務實工夫。是年冬，竹林精舍成，朱子率諸生行釋菜禮，復更名爲滄洲精舍（淳祐四年理宗賜名考亭書院）。此外，依各方志所載，朱子嘗先後講學於江西之龍光書院、龍山書院、草堂書院、鵝湖書院、東山書院，浙江之月林書院、美化書院，福建之雲谷書院、石湖書院、小山叢竹書院，湖南之龍潭（主一）書院。（註一三）「其剖析性理之精微，則日精月明」（註一四），及其教人，則「表章四書，開示後學」「明聖人正大本心，以破後世穿鑿」，而「六經之道，賴之而昭昭乎如揭中天之日月」。（註一五）宋史卷四二七道學傳云：「新安朱熹得程氏正傳，其學加親切焉。大抵以格物致知爲先，明善誠身爲要，凡詩書六藝之文與夫孔孟之遺言，顚錯於秦火，支離於漢儒，幽沈於魏晉六朝者，至是皆煥然而大明，秩然而各得其所。此宋儒之學所以度越諸子，而上接孟氏者歟。」此言不虛。朱子講學之地歷閩、浙、湘、贛四省，故其弟子亦以斯四省爲多。爲便於敍述，表列於后：

朱熹
- 湘
  - 襲蓋卿（雙蹲書院）
  - 黎貴臣（昭文書院）
- 輔廣（傳貽書院）─韓翼甫─陳普（雲莊書院）

- 浙
  - 杜煜、杜知仁（樊川書院）
  - 陳埴（明道書院）
- 贛
  - 劉清之（槐蔭精舍）
  - 柴中行（南溪書院）—湯巾（河源書院）—徐霖（柯山精舍）—謝枋得（疊山書院）
  - 黃義勇（白鹿洞書院）
  - 金去僞（鄱江書院）
  - 李燔（白鹿洞書院）
  - 陳文蔚（河源書院）
  - 歐陽謙之—歐陽守道（白鷺洲書院）
    - 文天祥（西澗書院）
    - 劉辰翁（濂溪書院）
  - 曾三異（龍城書院）
  - 李方子（雲巖書院）
  - 吳雄（陽坪書院）
  - 鍾震（主一書院）
  - 胡泳（竹梧書院）

- 王過（拙齋書院）
- 程端蒙（蒙齋書院）
- 程珙（柳湖書院）
- 胡安之（南軒書院）

閩

- 祝穆—祝洙（涵江書院）
- 潘柄—黃績（涵江書院）
- 林學蒙（道南書院）
- 詹體仁—眞德秀（西山精舍）
  - 盧孝孫（玉溪書院）
  - 周天驥（河源書院）
  - 孔元龍（柯山書院）
  - 徐元杰（延平書院）
  - 徐幾（建安書院）
- 楊復（考亭書院）
- 陳宓（白鹿洞書院）
- 劉爚—翁易（竹林精舍）
- 蔡沈（南山書院）
  - 蔡杭（麗澤書院）
  - 蔡權（蘆峰書院）
  - 蔡模（建安書院）

- 何基（麗澤書院）—王柏（上蔡書院）
  - 金履祥（重樂書院）
  - 王賁（上蔡書院）

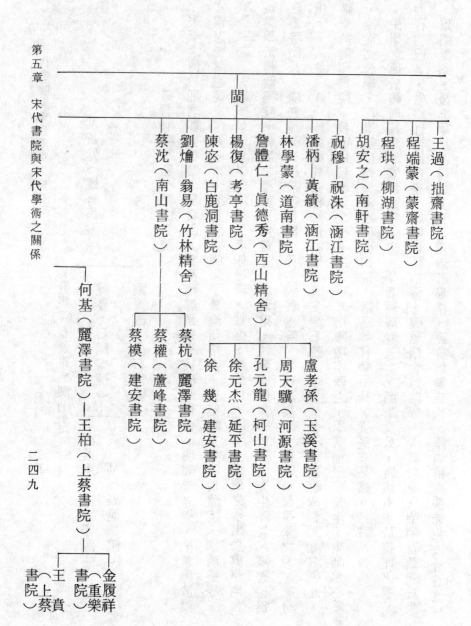

黃榦（螺峰書院）
- 董夢程—董鼎（深山書院）
- 饒魯（石洞書院）
  - 程若庸（安定書院）
  - 袁　易（石洞書院）
- 劉養浩（白石書院）

蜀—魏了翁（鶴山書院）

朱學之傳於湘者如龔夢卿、黎貴臣。龔夢卿師承朱子於滄州精舍，明義理之學，後講學於湖南常寧之雙蹲書院。〔註一六〕黎貴臣亦師朱子於滄州精舍，後築昭文書院於醴陵，講明道學，士類多宗之。〔註一七〕朱學之傳於浙者如輔廣、杜煜、杜知仁、陳埴。輔廣之學出於滄州精舍，後講學於傳貽書院。輔廣之學傳於恂齋先生韓翼甫，韓翼甫傳其學於石堂先生陳普，陳普後爲雲莊書院山長。陳普復傳其學於韓信同，後主雲莊書院，「刊落舊聞，貫穿周程張朱之說，毫分縷析」。〔註一八〕杜煜與其弟杜知仁初學克齋先生石憝，並學於朱子，窮理求仁，知其所止，後講學於樊川書院，發明格致誠正之學。〔註一九〕陳埴字器之，學者稱潛室先生，少師水心葉適，後從文公學，江淮制使趙善湘建明道書院，辟爲幹官兼山長，從遊者甚盛。〔註二〇〕

朱學之傳於贛者甚衆，劉清之字子澄，學者稱靜春先生，師朱文公，慨然有志於義理之學，以力行切己者，省察性情爲首務，後築槐蔭精舍，臨蒸精舍以講學。〔註二一〕柴中行私淑於朱子，以儒學顯，後講學於南溪之上，從遊者若湯漢、饒魯等數百人，學者稱南溪先生。〔註二二〕

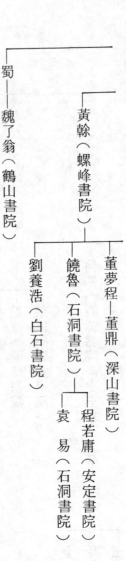

柴中行傳其學於湯中、湯漢、湯巾。後湯中講學於河源書院，湯漢講學於象山書院。〔註二三〕湯巾復傳其學於徐霖，徐霖字景說，學者稱徑畈先生，衢守游鈞嘗築柯山精舍，聘爲講學，從者數千年，謝枋得其門人也。後謝枋得講學於疊山書院，以忠義自任。〔註二四〕黃義勇字去私，臨川人，從文公於武彝精舍，爲白鹿洞書院堂長。〔註二五〕金去僞字敬直，從朱遊，潛心體驗，學者稱草窗先生，後講學於鄱江書院。〔註二六〕李燔字敬子，往建陽從文公學，後爲白鹿洞書院堂長，講道論學，學者宗之，與黃榦並稱「黃李」。〔註二七〕陳文蔚字才卿，學者稱克齋先生，其學以求誠爲本，以躬行爲事，先後講學於南軒書院、河源書院、雙溪書院、龍山書院，徐元杰其門人也。〔註二八〕徐元杰陳文蔚鉛山，後講學於河源書院及延平書院。〔註二九〕歐陽謙之爲朱熹弟子，傳其學於歐陽守道，江萬里建白鷺洲書院，首致爲諸生講說。吳子良爲湖南轉運使，聘爲嶽麓書院副山長，發明孟子之說，學者悅服。歐陽守道傳其學於文天祥、劉辰翁而文天祥後講學於西澗書院，劉辰翁爲濂溪書院山長。〔註三〇〕曾三異字無疑，學者稱雲巢先生，專於經學，從朱子論道，後講學於龍城書院。〔註三一〕李方子字公晦，從朱子於滄州精舍，後講學於陽坪書院，講貫明徹，尤有志於當世。〔註三三〕胡泳字伯量，學者稱桐原先生，師文公於滄州精舍，後講學於竹梧書院，生徒雲集。〔註三四〕王過字幼觀，學者稱拙齋先生，從朱子學，後講學於拙齋書院，與程端蒙、董銖並稱「三先生」。〔註三五〕程端蒙字正思，號蒙齋，師江介，後師朱文公，講學於蒙齋書院。程珙字仲璧，登文公之門，講學於柳湖書院。〔註

三六〕胡安之字叔器，受業朱晦庵，程公許葺南軒書院，聘主講席，學者稱白齋先生。〔註三七〕

宋孝宗乾道淳熙以降，朱學特盛於閩，而後勁健將亦多。祝穆師朱文公，以其學授其子祝洙，祝洙後爲涵江書院山長，闡揚師訓，發明經旨，厥功甚偉。〔註三八〕潘柄師朱子於武夷精舍，朱子以所學授之。潘柄傳其學於黃績，黃績後爲涵江書院山長，並與同門建東湖書堂，聚講如其師之規約，而學者雲集。〔註三九〕林學蒙字正卿，初從朱子遊，後卒業於黃榦。僞學禁起，築室龍門庵下，講明性命之旨。陳師復（宓）守延平，作道南書院，聘爲堂長，朔望設講席，執經座下者數百人。〔註四〇〕詹體仁師朱子於滄州，傳其學於眞德秀，眞德秀後講學於西山精舍，與黃榦諸公扶持學脈，風流相接。〔註四一〕眞德秀傳其學於盧孝孫、周天驥、孔元龍、徐幾。盧孝孫字新之，學者稱玉溪先生，講學於玉溪書院、石林書院。〔註四二〕周天驥字子德，建河源書院以講學。〔註四三〕孔元龍字季凱，尚學篤志，從西山遊，後爲柯山書院山長。〔註四四〕徐幾號進齋，通經，尤精於易，自朱眞後，理學之傳，稱得其妙，後爲建寧府教授，兼建安書院山長。〔註四五〕陳宓少遊朱子之門，出知南康軍，與諸生講論白鹿洞書院，改知南劍州，倣白鹿洞規創延平書院，並築滄州草堂，與諸生講學。〔註四六〕劉爚字晦伯，學者稱雲莊先生，出入朱子之門，切磋講貫數十年，所造獨深，粹然一出於正，僞學禁興，歸武夷山講道讀書，築雲莊山房，爲終老之計。其門人翁易字粹翁，通六經，尤長於春秋，晚歲授徒於竹林精舍，學者稱竹林先生。〔註四七〕蔡沈字仲默，入則服膺父教，出則師事文公，先後講學於蘆峰書院、南山書院、武彝講堂，扶翼正學，功不可沒。﹝註四八﹞其長子蔡模字仲覺，篤志好學，一以聖賢爲師。王埜創建安書院，請任席長。次子蔡杭字仲節，博通經史，邃於理學，淳祐中主教麗澤書院，寶祐中奉勅建西山精舍及蘆峰書院；季子蔡權字仲平，以兄恩補承務郎，爲蘆峰書院山長，教授鄉里，講明義理。﹝註四九﹞黃榦字直卿，號勉齋，受業於朱子，講論經義，亹亹不倦，先後講學於螺峰書院、武彝講堂、白鹿洞書院、群士聚集。﹝註五○﹞及其教人，以理義爲本，嘗謂：「居敬以立其本，窮理以致其知，克己以滅其私，存誠以致其實，以是四者而存諸心，則千聖萬賢，所以傳道而教人者，不越乎此矣。」﹝註五一﹞其門下弟子甚多。如何基字子恭，登勉齋之門，研精覃思，平心易氣，以窮義理，爲麗澤書院山長，學者稱北山先生。其門下弟子王柏字會之，號魯齋，蔡杭、楊棟守婺、趙景緯守台，聘爲麗澤、上蔡弱書院師。王柏復傳其學於金履祥、王賁，後金履祥講學於重樂書院、王賁代王柏爲上蔡書院堂長，均能闡揚師說，發明義理。﹝註五二﹞董夢桂號介軒，學於黃榦，傳其學於族弟董鼎，而董鼎後講學於深山書院，不守一師之說。﹝註五三﹞饒魯字伯輿，學於黃榦、李燔，後作石洞書院講學其中，專意聖賢之學。饒魯傳其學於程若庸、袁易。程若庸字逢原，淳祐間爲湖州安定書院山長，馮去疾創臨汝書院於撫州，復聘爲山長，咸淳中登進士，授武夷書院山長，累主師席，從遊者最盛。﹝註五四﹞袁易字通甫，爲石洞書院山長，以師道自任，推明雙峯之說，上及於考亭，而學者敬服。﹝註五五﹞劉養浩受學於黃榦，得居敬窮理之要，相地於白石山爲精舍以處學者，蔡杭扁曰白石書院，學者稱白石先生。（註五六）朱學之傳於蜀者，以魏了翁最爲傑出。魏了翁字華父，宋史卷四三七稱其築室白鶴山下，以所聞於輔廣、李燔者開門授徒，士爭負笈從之，由是蜀人盡知義理之學。實則，魏了翁乃私淑朱張之學，而非師輔廣、李燔者，黃百家固已辨之詳矣。（註五七）其所講學之地曰鶴山書院（註五八），於理學之傳，實有拓宇開疆之功。李清馥謂：「自文公之後，勉齋黃氏、節齋九峰蔡氏、雲莊劉氏、果齋李氏諸高弟維持者數十年，其後獨西山與鶴山私淑之餘，仔肩道脈，朱蔡之學，賴以不墜，師友從遊，啓廸之功，其所繫豈小哉。」（註五九）此誠至當之論。

南宋理學之傳以朱子一門最盛，其時能與考亭相講究切磋，而爲朱子敬服者，唯張栻南軒一人而已。朱子於東萊則言其雜，於象山則言其禪，於南軒則罕有譏評。南軒之學原出胡五峯，而其所造，較之五峯尤爲純粹。（註六〇）其所講學之地除嶽麓書院外，如城南書院、道山書院、南軒書院，均不出於湘境。（註六一）然南軒本係蜀人，餘澤之潤，蜀人亦蒙其膏霑焉。故南軒之傳，亦以湘蜀之地爲盛。茲表列於下說明之：

張栻
- 湘
  - 張庶（嶽麓書院）
  - 張忠恕（嶽麓書院）
  - 張洽（白鹿洞書院）
  - 吳獵（嶽麓書院）

蜀
- 鍾如愚（南嶽書院）
- 范蓀（滄江書院）
- 范仲黼（二江書院）
- 宇文紹節—程公許（蟠龍書院）
- 楊知章—楊子謨（雲山書院）
- 李修己—李義山（龍山書院）
- 高崇（玉淵書院）
- 虞剛簡（滄江書院）
- 薛紱（玉淵書院）

張庶字晞顏，張栻再從子，其學以孝弟忠信爲本，後講學於嶽麓書院，侍張栻九年。（註六二）張忠恕字行父，張栻之侄，學者稱拙齋先生，講學於嶽麓書院，務求爲己之學，士之出湖湘者，皆從之遊。（註六三）張洽，張栻之孫，爲白鹿洞書院山長，昌明家學。（註六四）吳獵字德夫，學者稱畏齋先生，有得於張栻求仁之學，後爲嶽麓書院堂長。鍾如愚字師顏，問仁於南軒，因受業焉，後爲南嶽書院山長。（註六五）范蓀字秀才，乾淳以後，南軒之學盛於蜀中，范仲黼爲之魁，而范子長、范子該與范蓀並稱嫡傳，時人謂之四范。其學本於誠一，後講學於滄江書院。范仲黼字文叔，始從南軒學，杜門十年，不汲汲於進取，學者稱月舟先生，晚年講學於二江之上，剖析精微，羅絡隱遁，直接五峯之傳。而南軒之教，遂得大行於蜀中。〔六六〕宇文紹節字挺臣，師張栻，傳其學於程公許。程公許後知袁州，葺南軒書院，聘宿儒胡安之爲諸生講說。〔註六七〕楊知章號雲山老人，得張栻之學於廣漢歸而授其子楊子謨，楊子謨朝夕究圖，默識聖賢下學上達之序，動靜語默不違乎誠，晚年講學於雲山書院，與諸敷陳論孟學庸大義。〔註六八〕李修己字思永，從南軒遊，傳其學於李義山，後李義山講學於龍山書院。〔註六九〕高崇字西叔，學出於南軒，教人主於自得。後修復玉淵書院講學，以厲人心，昌明正學。〔註七〇〕虞剛簡字仲易，私淑於南軒，學者稱滄江先生，晚年卜居講學於成都合江之滄江書院，致力於伊洛之學。〔註七一〕薛紱字仲章，私淑於南軒，築玉淵書院以講學，學者稱符谿先生。〔註七二〕張栻原係湘學中堅，講學之地大抵以嶽麓書院爲中心而擴及他方。全祖望謂：「宣公居長沙之二水，而蜀中反疏。然自宇文挺臣、范文叔、陳平甫傳之入蜀，二江之講舍，不下長沙，黃兼山、楊浩齋、程滄洲砥柱岷峨，蜀學之盛，終出於宣公之緒。」〔註七三〕是則，南軒之學得盛於巴蜀一帶，實乃書院講學之功。

朱子博文約禮，集伊洛之大成，張栻辨理精明，爲湘學之中堅，全祖望謂：「南軒似明道，晦翁似伊川。」〔註七四〕其時與朱、張爭鳴而相掎角者，則陸九淵象山先生。陸九淵字子靜，自號存齋，其學以尊德性爲宗。家之東扁曰槐堂，嘗以授徒講學。淳熙十四年登應天山講學，建精舍居焉。翌年戊申，易應天山名爲象山，四方學徒雲集，居山五年，登山來見者踰數千人，與朱子講學之盛，可謂壎篪並美矣。〔註七五〕乾道淳熙以降，槐堂之學以浙之甬上爲盛，江西反不如之，茲表列說明如下：

- 陸九淵
  - 浙
    - 楊簡（碧沚講院）
      - 鄒近仁（歸軒書院）
      - 馮興宗（象山書院）
      - 錢時（象山書院）—夏希賢—夏溥（安定書院）
      - 桂萬榮（石坡書院）
      - 童居易（杜洲書院）—曹漢炎（杜洲書院）
    - 袁燮（樓氏精舍）
    - 沈煥（竹洲講院）
    - 舒璘（廣平書院）
    - 豐有俊（東湖書院）
  - 贛
    - 陸持之（東湖書院）
    - 傅夢泉（曾潭講堂）
    - 傅子雲（象山書院）
    - 危稹（龍江書院）

槐堂之學傳於浙者，以甬上四先生爲著。〔註七八〕楊簡字敬仲，師事象山，築室潤湖之上

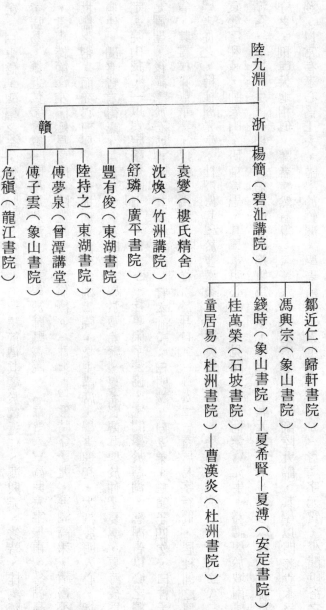

，更名慈湖，後講學於碧沚，其學以明本心爲主，以不起意爲宗，其生平踐履曰誠，曰明，曰孝弟，曰忠信，聖學之全，無以加矣。〔註七七〕楊簡傳其學於鄒近仁、馮興宗、錢時、桂萬榮、童居易。鄒近仁字魯卿，問學於慈湖，後講學於歸軒書院。〔註七八〕馮興宗字振甫，慈湖高弟，袁甫持節江左，延爲象山書院堂長，群士信嚮。〔註七九〕錢時字子是，慈湖高弟，讀書不爲世儒之習，而究心理學，江東提刑袁甫建象山書院，招主講席，學者興起，大抵發明人心，指摘痛快，聞者皆有得焉。〔註八〇〕錢時傳其學於夏希賢，夏希賢傳其學於仲子夏溥，夏溥後爲安定書院山長，一以安定學規課士。〔註八一〕桂萬榮字夢協，嘗問學於慈湖，慈湖告以心之精神是謂聖，後講學於石坡書院，其講學之語，實本師說，曰明誠，曰孝弟，曰顏子四勿，曰曾子三省，其言樸實無華葉，以躬行爲務，非徒從事於耳口。〔註八二〕童居易字行簡，居杜洲之濱，學者從之，稱杜洲先生。杜洲傳其學於曹漢炎，曹漢炎後爲杜洲、慈湖二書院堂長。〔註八三〕袁燮字和叔，師象山，研精覃思，其學重明心而不遺見聞，學者稱絜齋先生。嘗講學於城南樓氏精舍，教授諸生，必廸以反躬切己忠信篤實爲道本，每言人心與天地一本，精思以得之，兢業以守之，則與天地相似，聞者竦然有得。〔註八四〕沈煥字叔晦，師陸九齡，其學以明義立本爲急務，以常存孝心爲工夫，講學於竹洲，學者稱定川先生。〔註八五〕舒璘字元質，少聞伊洛之說，受業於陸子之門，講學於廣平書院，啓廸後進，諸生知所向方。〔註八六〕除甬上四先生外，陸學之傳於浙者如豐有俊。豐有俊字宅之，學於象山，後建東湖書院以館遊學之士。〔註八七〕文信國云：「廣平之學，春風和平；定川之學，秋霜肅凝；瞻彼慈湖，雲間月澄；瞻彼絜齋，玉澤冰瑩。」〔註八八〕甬上四先生之學，所造雖然不同，然一時師友，聚於東浙，對理學之發展却裨益非淺。槐堂之學傳於江西者以陸持之、傅夢泉、傅子雲及危稹爲著。陸持之字伯微，陸九淵之子。豫章建東湖書院，連帥以書幣彊起爲山長。〔註八九〕傅夢泉字子淵，號若水，學於槐堂，嘗講學曾潭之滸，學者稱曾潭先生。〔註九〇〕傅子雲字季魯，登象山之門。應天山精舍成，學者坐以齒，季魯在末席，象山令設一席於旁，時命季魯代講。紹定四年，袁甫持節西江，修明象山之學，爲建象山書院，延季魯講學其中。〔註九一〕危稹字逢吉，學者稱驪塘先生，遊象山之門，後知漳州，作龍江書院，橫經自講，人用歆動。〔註九二〕黃宗羲有云：「陸子之在象山五年間，弟子屬籍者至數千人，何其盛哉。然其學脈流傳，偏在浙東，此外則傅夢泉而已，故朱子曰：『浙東學者多子靜門人，類能卓然自立，相見之次，便毅然有不可犯之色。』然則此數千人者，固多旅進旅退之徒耳。」〔註九三〕是陸學之傳終不及朱學之盛也。

南宋孝宗乾道淳熙以降，學分爲三，陸學也，朱學也，呂學也。張栻一脈由於南軒早逝，加之後繼乏力，遂不如朱、陸、呂學之盛。呂祖謙之學於義理外，究心於文獻，凡禮樂兵農制度，靡不博涉，而以經世致用爲主，晚年講學之地曰麗澤書院，取易兌象傳之義焉。〔註九四〕東萊之傳以浙東婺州爲主，茲表列說明如下：

呂祖謙─葉邽─葉棨發─葉霖─葉審言（明正書院）
　　　　─郭澄（西園書院）

—葉誕（瀫東書院）
—戚如琥—戚紹—戚象祖（道一書院）
樓昉—┬鄭清之（甬東書院）
　　　└應繇（翁洲書院）

呂東萊以其學授葉邽，葉邽以其學授葉棨發，葉棨發以其學授葉霖，葉霖以其家學授葉審言，葉審言後爲明正書院山長。其學以寡慾爲宗，治家有法，吉凶諸禮，一遵成公家法。〔註九五〕郭澄字伯清，少敏悟，其父良臣爲築西園、南湖、石澗三書院，延呂成公、薛象先之徒講學其中。〔註九六〕葉誕字必大，從東萊遊，後講學於瀫東書院。〔註九七〕戚如琥字少白，從東萊遊，篤於修齊之道。戚如琥傳其學於戚紹，戚紹傳其學於戚象祖，戚象祖後爲和靖，道一書院山長。〔註九八〕樓昉字暘叔，從東萊於婺，後以其學教授鄉里，從遊者數百人。鄭清之字德源，從樓昉學，建甬東書院以講學。應繇字之道，刻志於學，從樓昉遊，及其貴，建翁洲書院以興起後進。〔註九九〕全祖望有云：「明招學者，自成公下，世忠公繼之，由是遞傳不替，其與嶽麓之澤，並稱克世。長沙之陷，嶽麓諸生荷戈登陴，死者十九，惜乎姓名多無考，而明招諸生，歷元至明未絕，四百年文獻之所寄也。」〔註一〇〇〕是則，書院講學實乃關係道脈之絕續焉。

以上僅就朱、張、陸、呂家理學略述其源流，實則宋代理學之派別繁多，並不止於上述四家。唯此四家之門徒最夥，流傳最廣，影響最鉅，故取樣述之。北宋理學大儒雖亦間有設書院以講學者，然大抵以私家教授爲多，故初期之書院原與理學運動之發展無涉。唯自南宋以降，書院與理學乃二者合而爲一，書院成爲理學之堡壘，理學成爲書院之靈魂，朱陸呂之親炙及私淑者，每假書院昌明理學，闡揚師說，由於書院教育與理學運動依存之結果，遂使理學由晦而明，風行各地，薪火相傳，而不絕如縷。今平心而論，理學運動之所以能開展、擴大，至於瀰漫士林民間，儼然成爲宋代學術之主流與思想之干城，書院講學實功不可沒。宋犖濂溪書院記云：「書院之廢興，即天下理學盛衰所關係也。」（註一〇一）祁宿藻重修河東書院記云：「夫考書院之設始於宋，其時必奉朝庭詔書乃得立，又皆大儒爲之講授，發明性理，剖析義利，道學由是丕興。」（註一〇二）近人劉伯驥有云：

考宋明理學所以特別發達，一方面固然因它本身價值有擴大之可能性，而一方面還因爲它有宣揚之憑藉之所，足以養成風氣。因此在清以前，書院之升降與理學之升降是互爲因果。」（註一〇三）

陳繼新亦云：

有宋一代，理學昌明，成爲中國教育思一項主流，書院講學之功，實居首要。（註一〇四）

是則宋代書院對宋代理學之開展，厥功偉矣。

二、促成學派之分立

宋代書院講學，固有助於理學之傳播與發展，然自「宋乾、淳以後，學派分而爲三，朱學也、呂學也、陸學也，三家同時，皆不甚合。」〔註一〇五〕理學之發展所以必然如此，書院講學實爲促成分立之主要因素。蓋自宋室南渡以降，理學益盛。朱晦庵集北宋理學之大成，書院講學，盛極一時。其論爲學，窮理以致其知，反躬以踐其實，重居敬以成始成終，尊問學以克保其性。以爲持敬之方，莫先主一，問學之道，須有所循；欲其簡而易知，約而易守，故聖賢之書，獨尊論語、孟子、中庸、大學。〔註一〇六〕至其論宇宙之源，則以爲太極涵動靜之理，動靜爲太極之用。有太極而陰陽分，有陰陽而五行具，禀陰陽五行之氣以生，則太極之理各具於其中。其論性命，則以爲天所賦爲命，人所受爲性，感於物爲情，統性情爲心。其論倫理，則以爲仁義禮智之德根於性，惻隱、羞惡、恭敬、是非之心發乎情，形於身則有手足耳目口鼻之用，見於事則有君臣、父子、夫婦、兄弟、朋友之常。朱子以此明教，以此正學，故講明義理，修其身而后及於人。〔註一〇七〕是則，朱子實得乎濂溪、伊川之醇者也。〔註一〇八〕

正當朱學盛行之際，陸九淵獨倡心學於江西，自樹一幟，乃與朱學相掎角。陸象山嘗自謂其學乃因讀孟子而自得之於心，故主心即理之說。象山有云：「心，一心也。理，一理也。至當歸一，精義無二，此心即理，實不容有二。」〔註一〇九〕又云：「萬物森然於方寸之間，滿心而發，充塞宇宙，無非此理。」〔註一一〇〕正因象山主心即理之說，故以宇宙即吾心，吾心即宇宙，以心爲主，而先立乎其大，以爲能立其大，則可以去礙而知本；學苟知本，則萬物皆備於我，六經皆我註脚。〔註一一一〕黃宗羲云：「象山之學以尊德性爲宗，謂先立乎其大，而後天之所以與我者，不爲小者所奪。夫苟本體不明，而徒致功於外索，是無源之水也。同時紫陽之學，則以道問學爲主，謂格物窮理，乃吾人入聖之階梯，夫苟信心自是，而惟從事于覃思，是師心之用也。」〔註一一二〕是則一重尊德性，一重道問學，此乃晦庵與象山基本歧異之處。

與朱、陸講學之同時，呂祖謙講學於浙東。其學以孝弟忠信爲本，以講求經旨，明理躬行爲要。〔註一一三〕其論性理則曰：「吾之性本與天地同其性，吾之體本與天地同其體。」又曰：「天道有復，乃天行自然之道；人之善心發處，亦人心固有之理。天道復，便運行無間；而人心多汨沒，蓋以私意障蔽。然雖有障蔽，而秉彝不可汨沒，便是天行無間之理。」〔註一一四〕人心汨沒，蔽於私意，此人之大患，唯待汨滅私意，以復善心，則吾性可與天地同性，吾體可與天地同體。而修養之方，則須本於天道自然，疏導情性以復其心，故東萊曰：「窒欲之道，當寬而不迫，譬治水，若驟遏而急絕之，則橫流而不可制，故人不禁欲之起，而速禮之復。漢廣之詩已知游女之不可求，而猶思秣其馬秣其駒，是不禁欲之起，終之以不可泳不可方，是速禮之復。心一復則欲一衰，至再至三，則欲亡而純乎理矣。」〔註一一五〕除窮經以該物理外，東萊亦精研史學，推論古今成敗與禮樂治亂之原，以熟悉掌故，經濟事功爲務。東萊曰：「觀史先自書始，然後次及左氏、通鑑，欲其體統源流相承接。國朝典故，亦先考治體本末及前輩出處大致，於大畜之所謂蓄德，明道之所謂喪志，毫釐之間，不敢不致察也。」〔註一一六〕是其治史在明治亂，觀得失，不以考證蒐輯爲賢，蓋於故傳中尋求道德及政治之意義（所謂講求修身及治道），此

乃東萊之歷史哲學，史目其爲永嘉經世學之首倡者以此也。（註一一七）

文人相輕，自古而然。朱學以格物致知爲宗，流佈於閩中；陸學以立本明心爲言，特盛於江西；呂學兼取朱陸之長，復潤色以中原文獻，而昌行於浙東。朱陸呂所重既有異，遂每以所長，相輕所短，隱然形成對立之勢。朱子評象山曰：「陸子靜分明是禪」，「江西之學只是禪」（註一一八），「江西之學了無惻隱、辭遜之心，但有羞惡之心，然不羞其所當羞，不惡其所當惡，有是非之心，然是其所非，非其所是。」「陸子靜楊敬仲自是十分好人，只似患淨潔病底。又論說道理，恰似閩中販私鹽，底下面是私鹽，上面以鮝魚蓋之，使人不覺，蓋其本是禪學，却以吾儒說話遮掩。」又曰：「其弊自以爲是，自以爲高，而視先儒之說皆與己不合。」（註一一九）是則朱子之譏象山，大抵以其狂禪之故。除象山外，朱子於東萊亦多譏評。如曰：「伯恭說義理太多傷巧，未免杜撰。」又曰：「伯恭之弊，盡在於巧。」又曰：「伯恭要無不包羅，只是樸過都不精。」又曰：「伯恭於史分外仔細，於經却不甚理會。」又曰：「婺州士友只流從祖宗故事與史傳一邊去，其馳外之失不少，病在不曾於論語上加工。」又曰：「伯恭門徒，氣宇厭厭，四分五裂，各自爲說，久之必至銷歇。」（註一二〇）是則朱子之譏東萊，實以其雜而無當且流於傷巧之故也。朱子譏詆象山、東萊，象山、東萊於朱子亦不無微詞。象山評朱子曰：「此老才氣英特，平生志向不沒於利欲，當今誠難其輩。第其講學之差，蔽而不解，甚可念也。」（註一二一）又曰：「晦翁之學，自謂一貫，但其見道不明，終不足以一貫耳。」（註一二二）象山更譏朱子窮理盡性之說曰：「今之言窮理者皆凡庸之人，不遇眞實師友，妄以異端邪說更相欺誑，非獨欺人誑人，亦自欺自誑，謂之繆妄，謂之蒙闇，何理之明，何理之窮哉。」（註一二三）而鵝湖之會，象山更以詩譏朱子：「墟墓興哀宗廟欽，斯人千古不磨心。涓流滴到滄溟水，拳石崇成泰華岑。易簡工夫終久大，支離事業竟浮沈，欲知自下升高處，直僞先須辨只今。」（註一二四）陸學既以尊德性爲宗，重在存心，以易簡爲教，故譏朱子支離榛塞。東萊氣量寬宏，罕與人爭，且以朱陸調人自居，於朱陸毀譽參半。東萊評朱子曰：「激揚振厲，頗乏廣大溫潤氣象，若立敵校勝負者。」（註一二五）又曰：「朱元晦英邁剛明，工夫就實入細，殊未可量。陸子靜亦堅實有力，但欠開濶耳。」（註一二六）朱、陸、呂之學既不同，又各以所長，相輕所短，久之，間隙矛盾乃生。荀子謂：「辨生於末學。」朱、陸、呂既歿，門下弟子亦各據書院闡揚師說，爲固壁壘，遂亦以攻許異己爲事。如象山門人評象山之學是道德、性命，形而上者；晦翁之學，是名物、度數，形而下者。（註一二七）又如象山門人包顯道譏朱子「讀書講學，充塞仁義。」（註一二八）而朱子門人於象山亦多譏評。如陳淳詆陸學曰：「大抵此一種門戶，全用禪家宗旨，無一與孔孟合。」（註一二九）又詆慈湖、袁燮象山一脈曰：「其學大抵全用禪家意旨，使人終日默坐，以求本心，更不讀書窮理。而其所以爲心者，又却錯認人心指爲道心之妙，與孔孟殊宗，與周程立敵。」（註一三〇）黃震亦詆陸學曰：「象山之學，務以自己之精神爲主宰；復齋之學，就於天賦之形色爲躬行，皆以講不傳之學爲己任，皆謂當今之世捨我其誰，掀動一時，學者多靡，所不同者，象山多怒罵，復齋覺和平爾。」（註一三一）又曰：「象山之學，雖謂此心自靈，此理自明，不必他求，空爲言議，然亦未嘗不讀書，未嘗不講授，未嘗不援經析理，凡其所業，未嘗不與諸儒同。至其于諸儒之讀書，之講授，之援經析理，則指爲戕賊，爲陷溺，爲繆妄，爲欺誑，爲異端邪說，甚至襲取閭閻賤婦人穢罵語，斥之爲蛆蟲，得非恃才之高，信己之篤，疾人之已甚，必欲以明道自任爲然耶。」〔註一三二〕朱陸門人互相攻訐詆毀之結果，朱陸門戶之衝突日深，裂痕日重，而終形成薰蕕不同室，冰炭不同爐之局。章學誠云：

子夏之門人問交於子張，治學分而師儒尊知以行聞，自非夫子，其勢不能不分也。高明沈潛之殊致，譬則寒暑晝夜，知其意者交相爲功，不知其意交相爲厲也。宋儒有朱陸，千古不可合之同異，亦千古不可無之同異也。末流無識，爭相詬詈，與夫勉爲解紛，調停兩可，皆多事也。然謂朱子偏於道問學，故爲陸氏之學者，攻朱氏之近於支離；謂陸氏之偏於尊德性，故爲朱氏之學者，攻陸氏之流於虛無，各以所畸重者爭其門戶，是亦人情之常也。〔註一三三〕

學各有所見，異同之爭，本在所難免。朱晦庵與陸象山之爭固爭是非眞理也。唯其末流，每蔽於一曲而闇於大理，弊之所在遂由眞理之爭而變爲意氣之爭矣。四庫全書總目提要卷首有云：「自南宋至明，凡說經、講學、論文，皆各立門戶，大抵數名人爲之主，而依草附木者囂然助之，朋黨一分，千秋吳越，漸流漸遠，并其師之宗旨亦失其傳，而讎隙相尋，操戈不已，名爲爭是非，而實爭勝負也。」如是則與朱陸相去有間矣。南宋理學所以有閩學、湘學、江西學、婺學、永嘉學之目，書院講學無疑爲促成其分立之一因也。

附註

註一　參見董師金裕，理學的名義與範疇，孔孟月刊二十卷九期。

註二　參見馬福辰譯，中國近世儒學史第二章，宋學勃興之原因，中國文化大學出版部，七十一年十月新一版。

註三　見宋學概要第三章，宋學之起因，台北華世出版社，文十五年十二月台一版。

註四　見理學概要，頁四，台北正中書局，六十年十一月台初版。

註五　見國學概論第八章，宋明理學，台灣商務印書館，七十四年十二月台十版。

註六　參見林尹，中國學術思想大綱，頁一八六～一八七，台灣商務印書館，七十年十月修訂二版。

註七　參見宋元學案卷一，安定學案；卷二，泰山學案。

註八　見宋元學案卷十一，濂溪學案上。

註九　見宋元學案卷十二，濂溪學案下。

註一〇　見黃震，黃氏日鈔卷三十三。

註一一　河南通志卷四十二戴二程子嘗講學於嵩陽書院。

註一二　見宋元學案卷十三，明道學案上，黃百家案語。

註一三　江西通志卷八十一載：龍光書院，宋紹興間陳自俛建，朱子嘗過書院，留居一月。又載：龍山書院爲宋朱子及李後林、姚雪坡三賢講學所。又卷八十二載：草堂書院在縣北懷玉山下，朱子講學於此。又載：鵝湖書院舊名四賢祠，宋朱子、呂祖謙、陸九淵、九齡講學所。又載：東山書院舊在冠山中峯，汝愚子崇憲師事朱子於此講學。浙江通志卷二十七載：月林書院在清峽，朱子講學所。又卷二十九亦載：美化書院，朱文公講道於此。福建通志卷六十五載：雲谷書院在崇泰里，朱子建。又卷六十八載：石湖書院，在福鼎縣，朱子講學處。晉江縣志卷四載：小山叢竹書院在晉江縣，朱文公種竹建亭，講學其中。湖南通志卷六十八載：龍潭書院在湘潭縣，宋朱子講學地。

註一四　見黃氏日鈔卷三十六。

註一五　同前註。

註一六　湖南通志卷六十九載：雙蹲書院在常寧縣，宋龔夢錫，王習隱二先生講學地，舊名芹東書院。

註一七　湖南通志卷六十八載：昭文書院在醴陵縣治南，宋黎貴臣講學處。宋元學案卷六十九滄洲諸儒學案載：黎貴臣，醴陵人，從朱子受業，講明道學，士類多宗之。

註一八　見宋元學案卷六十四，潛庵學案。

註 一九 參見宋元學案卷六十六，南湖學案，樊川書在黃巖縣，宋晦翁先生與南湖（杜煜）、方山（杜知仁）二杜公講學之地。（參見浙江通志卷卷二十七）

註 二〇 參見宋元學案卷六十五，木鐘學案。

註 二一 參見宋元學案卷五十九，清江學案。

註 二二 參見宋元學案卷七十九，邱劉諸儒學案。

註 二三 河源書院在同安鄉，宋嘉定間校書郎周天驥建，與陳克齋、趙章泉、徐梅野、劉端明、湯息庵、趙崇械講學於此。（江西通志卷八十一）湯漢講學於象山書院，參宋元學案卷八十四。

註 二四 參見宋元學案卷八十四，存齋晦靜息庵學案．浙江通志卷二十八載：徐霖仕於朝道不合，歸隱著書，郡守游鈞建柯山精舍，延霖開講，士友群集。湖北通志卷五十九稱：疊山書院，在興國州，宋謝枋得讀書處。

註 二五 參見宋元學案卷六十九，滄洲諸儒學案上。

註 二六 參見宋元學案補遺卷六十九。江西通志卷八十二載：鄱江書院，在府城北，宋朱子門人金去偽講學處。

註 二七 同註二五。

註 二八 同前註。河源書院在江西同安鄉，參註二三。另陳克齋先生集卷三有南軒書院講義一，雙溪書院揭示一，龍山書院講義一，是陳文蔚嘗講學於此也。

註二九　河源書院見註二三，延平書院在南劍州。（參宋史卷四二四）

註三〇　參見宋元學案卷八十八，巽齋學案。

註三一　參見宋元學案補遺卷六十九。江西通志卷八十一載：龍城書院在七都，宋曾三異建，三異嘗與朱子論撲者之數。

註三二　福建通志卷六十五云：「雲巖書院在雲巖山下，宋李方子講學所。」

註三三　參見宋元學案補遺卷六十九。古今圖書集成職方典卷一二二二載：陽坪書院，宋朱子門人吳雄建以講學，書院四十九間。

註三四　竹梧書院在桃花鄉，宋裘萬頃所構，生徒雲集。萬頃與同里胡桐原，萬澹菴、徐竹堂往復唱和，時稱四傑。（江西通志卷八十一）

註三五　參見宋元學案卷六十九，拙齋書院舊在游奕隖，宋儒王過講學所。（江西通志卷八十二）

註三六　參見宋元學卷六十九，蒙齋書院舊在游奕隖，程端蒙講學所。柳湖書院在十都，宋朱子門人程珙隱居講學所。（江西通志卷八十二）

註三七　參見宋元學案補遺卷六十九。

註三八　參見閩中理學淵源考卷二十。涵江書院在興化縣，淳祐間知軍楊棟，涵江鎮官鄭雄飛建，景定中徐直諒請額，理宗書涵江書院四大字贈之。（福建通志卷六十三）

註　三九　參見宋元學案卷七十，滄洲諸儒學案下，涵江書院見前註。

註　四〇　見閩中理學淵源考卷十七。道南書院疑卽延平書院。古今圖書集成職方典卷一〇六八載：延平書院在府城南九峰山之麓，中有祠，左右翼以廊廡，前有門，宋嘉定二年陳宓倣白鹿洞規式建書院爲奉祠講學之地。又宋史卷四〇八載：陳宓字師復，蒲田人，少嘗登朱熹之門，知南劍州時創延平書院，悉倣白鹿洞之規。

註　四一　見閩中理學淵源考卷三十。西山精舍在蒲城縣東，宋嘉定十四年眞德秀建爲講學之所。（福建通志卷六十五）

註　四二　玉溪書院在貴溪縣南，宋儒盧孝孫講學處。（江西通志卷八十一）宋元學案卷七十七稱：葉夢得……建石林書院，延盧玉溪、陸梭山講學其中。

註　四三　河源書院，參見註二三。

註　四四　參見宋元學案卷八十一，西山眞氏學案。柯山書院原名柯山精舍。（參見註二四）

註　四五　見宋元學案卷八十一。建安書院，在建寧府治北，宋嘉熙二年郡守王埜建。（福建通志卷六十五）

註　四六　參見宋元學案卷六十九，滄洲諸儒學案上。

註　四七　參見宋元學案卷六十九及閩中理學淵源考卷二十五。

註　四八　參見宋元學案卷六十七，九峯學案。蘆峰書院在雲谷，宋乾道間蔡沈建。（福建通志卷六十五）南山書院在武夷虎嘯巖下，宋蔡九峰建以爲講學之所。（古今圖書集成職方典卷一〇五九）武彜講堂在福山雙林寺後，宋朱子與門人黃榦、蔡沈、黃鐘講學於此。（江西通志卷八十一）

註　四九　參見宋元學案卷六十七，九峰學案及閩中理學淵源考卷二十五。

註　五〇　參見宋元學案卷六十三勉齋學案、宋史卷四三〇道學傳四。螺峰書院在古田縣，爲朱子、黃榦講學處。（福建通志卷六十二）武彜講堂參註四八。

註　五一　見聖賢道統傳授總敍說，引自宋元學案卷六十三，勉齋學案。

註　五二　參見宋元學案卷八十二，北山四先生學案。重樂書院在蘭谿縣，宋葉克誠延仁山先生講學處。（浙江通志卷二十八）

註　五三　參見宋元學案卷八十九，介軒學案。深山書院在德興縣，黃榦門人董鼎講學所。（江西通志卷八十二）

註　五四　參見宋元學案卷八十三，雙峯學案。

註　五五　參見宋元學案卷八十二，北山四先生學案。

註　五六　參見宋元學案補遺卷六十三。白石書院在萬源，爲宋劉養浩講學地。（江西通志卷八十二）

註　五七　見宋元學案卷八十，鶴山學案。

註　五八　鶴山書院依四川通志卷七十九所載有三，一在瀘縣，開禧中建。一在邛州，嘉定三年建。

一在蒲江縣，嘉定中建。

註 五九 見聞中理學淵源考卷二十五。

註 六〇 參見宋元學案卷五十南軒學案，黃宗羲案語。

註 六一 城南書院在長沙府城南門外，張栻家潭時建於妙高峯之陽以講學。（湖南通志卷八十一）道山書院在寧鄉縣，一名雲峯書院，宋胡宏、張栻建爲講學之所。（湖南通志卷六十八）南軒書院在衡山縣南，宋張栻與朱子同遊講學於此。（湖南通志卷六十九）

註 六二 參見宋元學案卷五十，南軒學案。

註 六三 同前註。

註 六四 同前註。

註 六五 參見宋元學案卷七十一，嶽麓諸儒學案。南嶽書院在衡山縣南嶽西麓，一名鄴侯書院，胡文定父子及朱子，南軒講學其間。（湖南通志卷六十九）

註 六六 參見宋元學案卷七十二，二江諸儒學案。

註 六七 同前註。

註 六八 同前註。

註 六九 同前註。

註 七〇 參見宋元學案卷八十，鶴山學案。玉淵書院在漢源縣，薛紱建以講學。（古今圖書集成職方典卷六四四）

註　七一　同註六六。

註　七二　同前註。

註　七三　見宋元學案卷七十二，二江諸儒學案。

註　七四　見宋元學案卷五十，南軒學案。

註　七五　參見象山先生全集卷三十六，年譜。

註　七六　所謂甬上四先生卽楊簡、袁燮、舒璘、沈煥，四者皆濱居甬江之域，故名。宋元學案卷五十一東萊學案載：淳熙中明州諸先生多里居，慈湖開講於碧沚，沈端憲開講於竹洲，絜齋則講於城南之樓氏精舍。浙江通志卷二十六載：廣平書院在奉化縣治東，宋舒璘講學於此。

註　七七　參見宋元學案卷七十四，慈湖學案。

註　七八　歸軒書院在德興縣八都，宋儒鄒近仁講學所。（江西通志卷八十二）

註　七九　同註七七。

註　八〇　同前註。

註　八一　同前註。

註　八二　參見宋元學案七十四，慈湖學案。顏子四勿卽論語顏淵篇之「非禮勿視，非禮勿聽，非禮勿動」。曾子三省卽論語學而篇之「為人謀而不忠乎？與朋友交而不信乎？傳不習乎？」

註　八三　參見宋之學案卷七十四，慈湖學案。杜洲書院在慈谿縣治西北，童居易讀書之所。杜洲六先生書院記云：「書院之置，則先生（杜洲）之孫副尉金始肇造之。……其時甬上書院多設山長者，而以杜洲爲最盛。」（鮚埼亭集外編卷十六）慈湖書院亦在慈谿縣，宋史卷四〇五稱：咸淳間制置使劉黼即其居作慈湖書院。

註八四　參見宋元學案卷七十五，絜齋學案。

註八五　參見宋元學案卷七十六，廣平定川學案。

註八六　同前註。

註八七　東湖書院在南昌縣百花洲，宋嘉定間郡丞豐有俊建。（江西通志卷八十一）

註八八　引自宋元學案卷七十六，廣平定川學案。

註八九　參見宋元學案卷五十八，象山學案。

註九〇　參見宋元學案卷七十七，槐堂諸儒學案。曾潭講堂在南城縣南，宋儒傅孟泉師事朱子、陸象山、張南軒，講學於曾潭之滸，從遊日衆，構室以居之。（江西通志卷八十一）

註九一　參見宋元學案卷七十七，槐堂諸儒學案。

註九二　參見宋史卷四一五，危稹傳。龍江書院又名芝山書院，漳州府志卷七載：芝山書院在芝山之麓，宋知州事危稹建，初名龍江書院。

註九三　引自宋元學案卷七十七，槐堂諸儒學案。

註九四　參見宋元學案卷五十一，東萊學案。麗澤書院在金華縣旌孝門外，初呂祖謙築書堂於城西

，前臨二湖，取易兌象傳義，以麗澤名。淳祐中州守許應龍改建於雙溪之滸。（金華縣志卷四）

註　九五　參見宋元學案卷七十三，麗澤諸儒學案。

註　九六　同前註。

註　九七　同前註。瀫東書院在蘭谿縣，宋葉誕建。（浙江通志卷二十八）

註　九八　同註九五。

註　九九　同註九五。甬東書院在鄞縣城東五里，宋鄭清之建。翁洲書院在定海縣北，宋理宗書扁以賜參知政事應繇。（浙江通志卷二十六）

註一〇〇　見宋元學案卷七十三，麗澤諸儒學案，案語。

註一〇一　引自天下書院總志卷七。

註一〇二　引自湖北通志卷五十九。

註一〇三　見廣東書院制度頁八，台北國立編譯館中華叢書編審委員會，六十七年三月再版。

註一〇四　見從教育觀點析論宋代書院制度，學記三期。

註一〇五　見全祖望鮚埼亭集外編卷十六，同谷三先生書院記。

註一〇六　黃榦朱子行狀：「其爲學也，窮理以致其知，反躬以踐其實，居敬者，所以成始成終也。」白鹿洞書院揭示：「父子有親，君臣有義，夫婦有別，長幼有序，朋友有信。」此五教之目，學者學此而已。至爲學之序：「博學之，審問之，愼思之，明辨之，篤行之。」前四者正所以窮理以致其知也。而篤行之事亦各有要，如「言忠信，行篤敬，懲忿窒欲，遷善改過。」爲修身之要；「正其誼不謀其利，明其道不計其功。」爲處事之要；「己所不欲，勿施於人，行有不得，反求諸己。」爲接物之要；而此正所以反躬以踐其實也。

註一〇七　白鹿洞書院揭示云：「熹竊觀古昔聖賢所以教人爲學之意，莫非使之講明義理，以修其身，然後推己及人，非徒欲其務記覽爲詞章，以釣聲名取利祿而已也。」（朱子大全文集卷七十四）

註一〇八　林伊謂：晦庵理氣之分，蓋採取濂溪太極圖說，而加以發明。性情之解，蓋參酌橫渠伊川之論，而另有所樹立。至於主敬以立其本，窮理以其知，反躬以踐其實，而博極群書，自經史著述而外，凡夫諸子佛老天文地理之學，無不涉獵而講究，此亦守伊川「涵養須用敬，進學在致知」之旨而勿失也。（中國學術思想大綱，頁二〇八）

註一〇九　見象山先生全集卷一，與曾宅之。

註一一〇　前引書卷三十四，語錄上。

註一一一　孟子告子有云：「心之官則思，思則得之，不思則不得，此天之所與我者，先立乎大者，則其小者不能奪也。」象山爲學，以心爲本，故力持立乎其大之說。象山先生全集卷三十四語錄上云：「學苟知本，則六經皆我註腳。」又曰：「此理在宇宙間，何嘗有礙，是你自沈埋，自蒙蔽。」爲求去礙，故不重讀書，而重知本，以爲除知本外，更無所謂學。

註一一二　見宋元學案卷五十八，象山學案。

註一一三　呂祖謙麗澤書院乾道四年規約云：「凡預此集者，以孝弟忠信爲本。」乾道五年規約云：「凡與此學者，以講求經旨，明理躬行爲本。」（東萊別集卷五）

註一一四　見宋元學案卷五十一，東萊學案，麗澤講義易說。

註一一五　前引書，麗澤講義詩說。

註一一六　見東萊別集卷七，與張荆州。

註一一七　參見吳康，南宋湘學與浙學，學術季刊四卷二期。

註一一八　見朱子語類卷一二三。

註一一九　前引書卷一二四。

註一二〇　前引書卷一二二。

註一二一　見象山先生全集卷十三，與鄭清之。

註一二二　前引書卷三十四，語錄上。

註一二三　前引書卷十五，與陶贊仲。

註一二四　有關鵝湖之會，參見象山先生全集卷三十四語錄上，及卷三十六年譜。

註一二五　見東萊別集卷七，與朱侍講。

註一二六　前引書卷十，與陳同甫。

註一二七　同註一二二。

註一二八　同註九一。

註一二九　見北溪大全集卷三十二，答鄭節夫。

註一三〇　前引書卷二十三，與李公晦。

註一三一　見黃氏日鈔卷四十二。

註一三二　同前註。

註一三三　見文史通義內篇二，朱陸。

第六章 結論

書院制度原起於儒家學術理想之孕育與傳統知識分子之自覺。迄乎有宋，由於官學之衰微、科舉之影響、理學之發達、學禁之反響、君主之獎倡與經濟之繁榮等因素，致書院講學盛極一時。書院講學興盛後，在尊王宗孔，明體適用與希聖希賢之理想下，書院教育遂以明人倫、辨義利、收放心、通經史、游六藝爲主要內涵，而表現出一異於官學之自由講學、尊嚴師道、教訓合一與循序漸進精神，不僅影響宋代經學之風氣，亦影響宋代理學之發展。顧自趙宋以降，歷代儒者對此具有讀書、藏書、刻書、祭祀與講學功能之教育制度則不無微詞。要其譏評可歸納爲三類：一曰無待書院講學論，二曰書院講學無用論，三曰書院講學亡國論。宋代書院對宋代學術之影響，已如前述。以下擬依宋代書院對宋代教育、政治、社會之影響，駁斥無待書院講學、書院講學無用與書院講學亡國之論，而爲本文之總結焉。

一、從教育觀評「無待書院講學論」

主無待書院講學論者，以清王夫之爲代表。王氏宋論卷三有云：

咸平四年，詔賜九經於聚徒講誦之所，與州縣學校等，此書院之始也。……天子作君師，以助上帝綏四方者也。亦既立太學於京師，設儒學於郡邑，建師長，餼生徒，長吏課之，而道術咸出於一。天子之導士以興賢者，修舉詳備，而惡用草茅之士，私立門庭以亢君師，而擅尸其職，使支離之異學，雌黃之游士，熒天下之耳目而蕩其心。

斯乃似是而非之論。前曾提及，宋代書院之盛，起於當時官學之衰敝，而有學無書、有學無田、有學無師、學舍壞亂不修、教非其義，沈迷俗學，乃當時官學之弊端所在。〔註一〕反觀書院則不然，書院不僅有學、有書、有田產廩餼，即「山長教席，多為名賢栖託之處。蓋當時遺逸傳經之儒，視此職者爲重；其在朝廷之上者，亦以此職愼擇其選而待之不輕。」〔註二〕既如是，則宋代書院與當時官學優劣之數固不俟辨矣。宋豐有俊云：「古者學校既設，復有澤宮，今長沙之嶽麓，衡陽之石鼓，武夷之精舍，星渚之白鹿，群居麗澤，服膺古訓，皆足以佐學校之不及。」〔註三〕清祁宿藻亦云：「治莫尚於教，教莫先於士。士者，才所從出；守令者，佐國家育才者也。其秀良者，既遊之於庠序，董之以師儒矣，又慮其散處而獨無授業講貫之地也，於是立書院以聚之。置嚴師則道益尊，設常餼則不至他營，校優拙則勤惰有所勸懲，守令又以時倡導之、甄察之、激揚之，則書院與庠序相表裡。如是而後才可育，教可隆，治之成也。」〔註四〕清黃以周亦云：「學校興，書院自無異教；學校衰，書院所以扶其敝也。」〔註五〕官學盛時，書院之設自可普及地方教育，輔佐官學之所不逮，而與學校相表裡；官學之衰，書院可以發揮教育功能，扶持學校之敝。如是，則書院可謂有功於國運風化矣。正如秦綬章所云：「國勢之強弱，視乎人才，人才之盛衰，繫乎學校，欲補學校所不逮而切實可行者，莫如整頓書院之一法。」〔註六〕

宋元學案載曰：葉武子調郴州教授，一以白鹿洞學規爲諸生準程，刻四書集註章句以授之。〔註七〕宋史載：吳昌裔調眉州教授，取諸經爲之講說，祠周敦頤及顥、頤、載、熹，揭白鹿洞學規，倣潭州釋奠儀，簿正祭器，士習丕變。〔註八〕又稱唐璘爲瑞州學教授，用白鹿洞教法，崇禮讓，後文藝，士翕然知嚮。」〔註九〕是則書院不僅補官學之所不逮，又影響官學之內容矣。既如是，安得以「私立門庭以亢君師而擅尸其職」詆之。且書院教育所講者，乃孔孟內聖外王之正道，不離乎日用常行之際與天人合德之理，其訓迪後學不僅無繳繞浮泛之失，且有中微起痼之妙，與當時官學「未嘗考其德行、道藝之業，其所受授又皆世俗之書、進取之業，使人見利而不見義」〔註一〇〕者相較，相去固不可以道里計也，安能以「支離之異學，雌黃之遊士，熒天下之耳目而蕩其心」之語譏之？實則，草茅之士私立門庭，抱經伏野，聚集生徒教授，正是宋代書院一貫精神特色。亦正因爲宋代書院能發揮自由講學之精神，遂使孔孟思想光昌於有宋一代。

二、從政治觀評「書院講學無用論」

主書院講學無用者，以元白珽、明黃宗羲、清顏元爲代表。彼等譏評之重點，認爲書院講學平日袖手談心性，徒尚虛言，而無經天緯地之才及扶持治道之功。白珽曰：

所貴乎儒者，以其足以用天下國家也。儒而不適於世用，特腐儒耳，奚益哉。……今或者徒以高談性命爲賢，華麗文詞爲能，求之實用，則無有焉。其不至於誤人天下國家也，幾希。〔註一一〕

黃宗羲亦曰：

儒者之學，經天緯地。而後世乃以語錄爲究竟，僅附答問一二條於伊洛門下，便厠儒者之列，假其名以欺世。治財賦者，則目爲聚斂；開閫扞邊者，則目爲麤材；讀書作文者，則目爲玩物喪志；留心政事者，則目爲俗吏。徒以生民立極，天地立心，萬世開太平之闊論，鈐束天下。一旦有大夫之憂，當報國之日，則蒙然張口如坐雲霧，世道以是潦倒泥腐。遂使尙論者以爲建功立業別有法門，而非儒者之所與也。（註一二）

顏元更譏書院講學徒以聖賢相高，但有高言，而無補於時艱，顏元曰：

性命之理不可講也，雖講，人亦不能聽也；雖聽，人亦不能醒也；雖醒，人亦不能行也。……自漢唐諸儒傳經講誦，宋之周、程、張、朱、陸，遂群起角立，亟亟焉以講學爲事。至明，而薛、陳、王、馮因之，其一時發明吾道之功，可謂盛矣。……然世道之爲叔季自若也，生民之不治自若也，禮樂之不興自若也，異端之日昌而日熾自若也。以視夫孔子明道而亂臣賊子果懼，孟子明道而楊朱墨翟果熄，何啻天淵之相懸也。」（註一三）

又曰：

觀王文成公傳正德十三年四月至贛開書院講學，喟然曰：此一失程朱陸王兩派所同也。但一人得志，守司地方，或一人儒名顯著，地方官尊禮，則必建書院，額其中庭曰講堂。嗟乎！何不曰道院？何不曰學堂？而直以書講名乎？蓋其實不可掩也。……學習、躬行、經

濟，吾儒本業也，舍此而書云書云，講云講云，宋明之儒，非唐虞三代之儒也。〔註一四〕

又曰：

秦漢後千餘年間，氣數乖薄，求如子路冉有，尙不可得，何獨以偏缺微弱，兄於契丹，臣於金元之宋，前之居汴也，生三四堯孔，六七禹顏；後之南渡也，又生三四堯孔，六七禹顏？而前有數十聖賢，上不見一扶危濟難之功，下不見一可將可相之才，拱手以二帝畀金，以汴金與豫矣。後有數十聖賢，上不見一扶危濟難之功，下不見一可將可相之才，拱手以玉璽投海，以少帝與元矣。多聖多賢之世，乃如此乎。〔註一五〕

白、黃、顏三氏之說，大抵皆爲執一之論。顏元之說近人勞思光已駁斥其非，勞氏曰：「此固係針對明末以降之時弊而發，然以爲儒者只應從事實際政治經濟甚至軍事活動，而不應講學，則實是欲將學術理論研究之專業化予以否定，此大悖於社會發展之原理。蓋知識之保存累積，學術思想之進展，乃社會發展之必要條件。倘一社會中全無專門從事於學術思想研究之社群，則一切新觀念、新制度無由產生，社會無發展，文化亦無發展矣。」〔註一六〕明儒講學，姑且不論。宋儒講學，雖談性理，然却非空談無用之學。正如繆鳳林所云：「躬行實踐，不專事空談，此宋儒共同之點。雖其途術各有不同，要皆以實行有得，人人能確指修養之法以示學者。如周子之主一，張子之變化氣質，明道之識仁，伊川之用敬致知，上蔡之去矜，豫章延平之觀喜怒哀樂未發前氣象，南軒之辨義利，朱子之格物致知，象山之先立其大等，皆諸儒以其生平得力之處，示學者以正鵠，學者可由之以證入之法也。」〔註一七〕朱子教人，強調踐履篤行，嘗云：「爲學之實，固在踐履，苟徒知而不行，誠與不學無異。」〔註一八〕則朱子講學，非欲人徒尙空言明矣。陳文蔚講學亦是如此。宋元學案滄洲諸儒學案稱其學以求誠爲本，躬行實踐爲事。桂萬榮講學於石坡書院，宋元學案慈湖學案稱其學樸質無華葉，蓋以躬行爲務，非徒從事於口。林之奇受業於呂居仁，宋元學案紫微學案稱居仁教之以廣大爲心，以踐履爲實。彭仲剛受學於呂祖謙，宋元學案麗澤諸儒學案稱其學不事論說，以實踐爲宗旨，尤有吏才。凡此均說明書院講學，並非只坐而論道，而不能起而力行者也。既如是，則顏元論開書院講學「講云講云」之論即不攻自破矣。白珽、黃宗義言宋明儒高談性命，不能經世致用，扶持治道；顏元言宋明儒「生民之不治自若也」，此亦一曲之論。北宋書院講學以「明體適用」爲宗旨，固不待言。〔註一九〕即南宋書院教育雖以「希聖希賢」爲宗旨，然其指歸亦在扶持治道，提升政治之水平，而此正所謂「用」也。宋儒講學於心性義理之辨最精，然宋儒並不以瑣瑣心性自足。朱子云：「若論爲學，治己治人，有多少事。至如天文、地理、禮樂、制度，皆是著實有用之事業，無非自己本分內事。」〔註二〇〕於探討心性義理之際，宋儒亦每能留心於禮樂政刑，視書院爲訓練吏才之地。故學於書院諸生，一旦躡高科，居高位，得志於天下，亦每能以其所學，衍爲兵法治道，而開物成務，廣濟天下。宋元學案載木天駿道出嶽麓書院，累官建昌守，有聲。〔註二一〕又載戚如琥從呂東萊遊，出知台州，尋改袁州，政績大著。〔註二二〕又載徐子石嘗聽象山講集義義襲之說，具有省發，逆金寇淮，欲窺浮光，徐子石與太守嚴備，賊不敢犯。〔註二三〕又載晁百談學於象山，知南康軍，至郡，適旱蝗後，首罷科率之令，貴粟薄征，民無流徙。〔註二四〕凡此均說明書院講學亦通達治體，其術足以匡時，其言足以救世，曷嘗有空疏無用之病哉！本文附錄二——宋代書院師長一覽表所列百餘書院師，唯范仲淹、趙汝愚居相位而得遂行其道，其餘或為胥吏，或投閑置散，或屏伏山林，大抵固窮守約以終其身。雖有經天緯地之鴻圖，開閫扞邊之偉抱，安邦定國之長才，亦將無所施也。夫如是，安得以「上不見一扶危濟難之功，下不見一可將可相之才」詆之？南宋書院教育以希聖希賢為宗旨，強調內聖之德而忽視外王之道，固不能為社會政治奠立堅實穩固之基礎，不能成就文化之充實繁富，而文化生命之創造力亦不免衰萎。然其中自有許多歷史與時代之因緣委曲及學術思想內部之道理可說。〔註二五〕若一味歸咎宋儒之言心性、講義理，甚至譏諷宋儒「平日袖手談心性」「臨危一死報君王」，此何足以服宋儒哉？再則，宋代書院本係一自由講學之地，正因講學自由，故不為政府之附庸以及科舉之尾閭，而能充分表現出議政之精神。如柴中行嘗講學於南溪書院，屢論朝政之非，極言君子小人之辨，而冀當朝絕私意，布公道，以結人心。〔註二六〕呂祖儉講學於麗澤書院，韓侂冑方用事，呂祖儉極言侂冑假人主之聲勢，漸竊威權，恃權怙寵，搖憾外庭。〔註二七〕朱熹知南康軍，講學於白鹿洞書院，屢上疏：「宰相、臺省、師傅、賓友、諫諍之臣皆失其職，而陛下所與親密謀議者，不過一二近習之臣。上以蠱惑陛下之心者，使陛下不信先王之大道，而說於功利之卑說；不樂莊士之讜言，而安於私暬之鄙態。下則招集天下士大夫之嗜利無恥者，文武彙分，各入其門。所喜則陰爲引援，擢置清顯；所惡則密行訾毀，公肆擠排。交通貨賂，所盜者皆陛下之財；命卿置將，所竊者皆陛下之柄。」〔註二八〕凡此均說明書院講學具有評議朝政之精神。雖則評議朝政不免招致學禁之惡運，然由於書院講學具有議政之精神，對於宋代政治有制衡與監督之效。既如是，安得以無用詆之乎？

三、從社會觀評「書院講學亡國論」

主書院講學亡國論者以周密、顧炎武及清高宗爲代表。周密有云：

嘗聞吳興老儒沈仲固先生云：道學之名，起於元祐，盛於淳熙，其徒有假其名以欺世者，眞可以噓枯吹生。凡治財賦者，則目爲聚斂，開閫扞邊者，則目爲麤材，讀書作文者，則目爲玩物喪志，留心政事者，則目爲俗吏。其所讀者，止四書、近思錄、通書、太極圖、東西銘、語錄之類，自詭其學爲正心、修身、齊家、治國、平天下，故爲之說曰：「爲生民立極，爲天地立心，爲萬世開太平，爲前聖繼絕學。」其爲太守、爲監司，必須建立書院，立諸賢之祠，或刊註四書，衍輯語錄，然後號爲賢者，則可以釣聲名，致膴仕。而士子場屋之文，必須引用以爲文，則可以擢巍科、爲名士，否則立身如溫國，文章氣節如坡仙，亦非本色也。於是天下競趨之，稍有議及，其黨必擠之爲小人，雖時君亦不得而辨之矣，其氣焰可畏如此。然夷考其所行，則言行了不相顧，卒皆不近人情之事，異時必將爲

國家莫大之禍，恐不在典午清談之下也。〔註二九〕

顧炎武曰：

孔門弟子不過四科，自宋以下之爲學者，則有五科，曰語錄科。劉石亂華，本於清談之流禍，人人知之。孰知今日之清談有甚於前代者。昔之清談談老莊，今之清談談孔孟。未得其精而已遺其粗，未究其本而先辭其末，不習六藝之文，不攷百王之典，不綜當代之務。舉夫子論學論政之大端，一切不問，而曰一貫，曰無言，以明心見性之空言，代修己治人之實學，股肱惰而萬事荒，爪牙亡而四國亂，神州蕩覆，宗社丘墟。〔註三〇〕

清高宗則曰：

有講學，必有標榜；有標榜，必有門戶；尾大不掉，必致國破家亡，漢、宋、明其殷鑒也。〔註三一〕

三氏之說固不無道理，然以書院講學禍國，則非持平之論。周密引沈仲固之語謂宋儒講學「言行了不相顧，卒皆不近人情之事，異時必將爲國家莫大之禍，恐不在典午清談之下」，斯乃冬烘腐儒之論。宋儒講學之可貴處，即在其言行合一，以身作則。索之史料：吳漢英學出嶽麓書院，期爲有用之學，見於吏事，本不欺之心，知繁昌縣，通判滁州，皆有聲，而「平居無媟語，無漫容，縑素之衣，十年不易，皆其勿自欺之學所得也。」〔註三二〕趙良淳受學於饒魯石洞書院，知立身大節，及仕，所至以幹治稱。〔註三三〕歐陽守道講學，如布帛菽粟，求爲有益於世用，而不爲高談虛論，以自標榜於一時，及其持身，如履冰、如奉盈、如處子之自潔，後爲嶽麓書院副山長，學者悅服。〔註三四〕凡此均說明書院講學不僅非言行了不相顧，且從未自絕於社會人群。如是，以之比於魏晉淸談，豈不謬哉？顧炎武謂宋明儒但習語錄，淸談孔孟，以明心見性之空言，代修己治人之實學，必致「神州蕩覆，宗社丘墟」，則未免以偏概全，失之籠統。尊孔崇儒原係書院講學情志之所在，宋明儒之尊孔，重聖德而輕王道，剋就政治社會而言，確不及漢唐之健勁剛強，生機蓬勃。然未必致神州蕩覆，宗社丘墟也。淸高宗「尾大不掉，必致國破家亡，漢宋明其殷鑒」之說尤難服人，蓋此實爲傳統封建社會，箝制民族思想，蹂躪民族意識之鬼蜮伎倆。宋明儒講學，原寓有愛民族、愛民族文化之意識，在某意義下宋明儒之學堪稱爲民族哲學，爲發揚民族復興民族之學。〔註三五〕淸廷方將進行思想控制之際，此富民族意識之教育制度，對淸廷而言，實如芒刺在背，欲拔之而後快。淸熊賜履云：「夫學也者，學爲聖賢也；講也者，講明所以爲聖賢之理，俾知所從事也，因其迹以考其心，豈非宇宙之常經，人生之切務，而君師天下者之所樂聞而亟許之者乎。」〔註三六〕夫如是而謂講學誤國亡國，則已失之偏頗矣。宋明之亡於異族，原有其歷史之規律因緣可說。若歸究宋明儒之講學，實苛責已甚。賀自昭謂：宋朝之受制於異族，宜從軍事政治方面去解釋。〔註三七〕此言得之也。趙宋立國之初，懲於唐代藩鎭之禍，自「杯酒釋兵權」〔註三八〕以降，重文輕武，強幹弱枝成爲立國一貫策略，加之奸佞弄權，斲喪國本，折撓士氣。〔註三九〕遂致國事積弱不振，而終亡於異族。書院講學言義理，談心性，論宇宙人生，窮究宇宙根本，其中雖不免「學而優則仕」，然宋儒大抵始終居於忠而見謗，信而見疑之孤臣孽子地位，而未能一展長才以兼善天下。及其屏伏幽壑，講學山林，爲盡名分，踐大義，以實現治國平天下之王道理想，亦每能敦風俗、厚教化，以扶持世道人心。及國破家亡之際，復能仗節死義，臨難不苟。閩中理學淵源考卷八稱林艾軒講學於紅泉精舍，「其出入起居，語默問對，無非率禮蹈義。士者化之，間有經行井邑而衣冠肅然有不可犯之色。人雖不識，望之知其爲艾軒弟子也。」全祖望鮚埼亭集稱焦瑗講學於書院，動必中禮，使人望之儼然，即之也溫，「及先生歿，而弟子遵其禮法，如先生無恙。雖極貴顯者，其容止莊敬，衣冠端嚴，人之見之，不問皆知其爲先生弟子也。」〔註四〇〕宋元學案卷八十八巽齋學案稱尹穀爲嶽麓書院堂長，日未出，授諸生經及朱氏四書，而「諸生隆暑必盛服端居終日，夜滅燭始免巾幘。早作，必冠而後出帷，行市中，市人見其舉動有禮，相謂曰：『是必尹先生門人也。』詰之果然。」凡此均說明書院講學具有移風易俗之功效。宋史忠義傳序稱：「靖康之難，志士投袂，起而勤王，所在有之。及宋之亡，忠節相望，斑斑可書。」而其所以然者，書院講學之功實居首焉。宋元學案稱：「南軒嶽麓之教身後不衰，宋之亡也，嶽麓精舍諸生，乘城共守，及破，死者無算。」〔註四一〕又稱王㷆爲上蔡書院山長，「生平清修剛勁，李芾、趙卯發、唐震皆從之遊，皆以節死，忠義之士，萃於一門。」〔註四二〕他如文天祥受學於歐陽守道，忠肝如鐵石，及宋亡，從容就義，其衣帶贊有云：「孔曰成仁，孟曰取義，惟其義盡，所以仁至。讀聖賢書，所學何事，而今而後，庶幾無愧。」〔註四三〕謝枋得受學於徐霖，以忠義自任，及宋亡，不食而死，其與李養吾書云：「人可回天地之心，天地不能奪人之心。大丈夫行事，論是非不論利害，論逆順不論成敗，論萬世不論一生。志之所在，氣亦隨之；氣之所在，天地鬼神亦隨之。」（註四四）凡此均說明書院教育具有崇尚氣節之精神。夫國者，人之積也；人者，心之器也。政治之治亂，繫乎社會之隆汚；社會之隆汚，繫乎人心之振靡。宋代書院既具有移風易俗之教、振奮人心之功，則於宋代社會國家，厥功偉矣。孫彥民謂：

書院有轉移風氣之效用，自胡瑗施教於蘇湖，身教之風始盛。其後理學家更注意個人修養；或主誠、或主敬、或主一，要皆在於以心性修養，變化個人氣質，追求至善人生，進而培養良好社會風氣，不屈不撓之國民人格。故宋儒得君則正言極諫，失時則退而講道授徒。書院之中充滿「窮則獨善其身，達則兼善天下」及「先天下之憂而憂，後天下之樂而樂」之精神，其影響於社會國家者，自不待言。（註四五）

此乃持平之論，自宋代書院對宋代社會風氣之貢獻觀之，指責宋儒言心性義理，無補於世風治道，已失之偏頗；倘復詆之不能執干戈以衞社稷，毫無救亡圖存之功，則其謬將有不可言者也。

以上但依宋代書院對宋代教育、政治與社會之貢獻，駁斥歷代儒者對書院制度之譏評與誤解。自歷史角度觀之，任何制度，甚難全美無失，書院制度亦然。就組織上言，書院制度著重縱方向之關係，強調師生間之契合，而忽略橫方向之聯繫，各書院間缺乏永久性之整合溝通；就行政上言，書院制度以山長或洞主掌理院務，集行政與講學於一身，不免缺乏專業精神降低工作效率；就經濟上言，書院雖有學田，然管理失當，缺乏經常廩餼，長久枵腹從公，必致後繼乏力。（註四六）凡此均為書院制度之缺失。雖然如此，書院制度却能久經時間之驗證，歷宋、元、明、清四代，垂千餘載，而成為中國教育史上優良學制之一。是則，其正面意義遠過於其負面影響，必無疑也。

一學術風氣之形成，不僅為學術思想自然發展之歷程，亦是時勢激盪與教育訓練必然之結果。傳統書院教育，於孔孟人文精神之薰陶下與德行生活之實踐上，本有極其深刻之體認與成就。而傳統知識分子於道德理想之引導下，亦嘗於歷史軌跡中建立諸多據點。曾幾何時，由於現代文明之流毒日深，人心積溺之弊日著，遂使原本純然至善之學術殿堂，充斥一股浮泛膚淺與譁世盜名之歪風。學術風氣之良窳，關係國家之治亂與民族之興衰。今後，如何滌除污染學術園地之惡因，培養純正篤實之精神，樹立一具有傳統文化性格之優良學風，實為吾人應深思之課題。傳統書院教育雖不無缺憾，然其自由講學、尊嚴師道、教訓合一、明體適用與篤信好學之精神，卻足為今日教育之針砭焉。

附註

註　一　參見本文第二章，第一節，宋代書院興盛之原因，第二目。

註　二　引自李清馥，閩中理學淵源考卷二十五。

註　三　引自袁燮絜齋集卷十，東湖書院記。

註　四　見重修河東書院記，引自湖北通志卷五十九。

註　五　見儆季所著書七種，儆季雜著，史說略卷四，論書院。

註　六　見議覆整頓各省書院摺，引自沈雲龍主編，皇朝經世文統編卷九。

註　七　見宋元學案卷六十九，滄洲諸儒學案上。

註　八　見宋史卷四〇八，吳昌裔傳。

註　九　見宋史卷四〇九，唐璘傳。

註一〇　見朱子大全文集卷七十九，衡州石鼓書院記。

註一一　見湛淵靜語卷二。

註一二　見南雷文定後集卷三，贈編修弁玉吳君墓誌銘。

註一三　見存學編卷一，總論諸儒講學。

註一四　見習齋記餘卷六，論開書院講學。

註一五　見戴望，顏氏學記卷一。

註一六　見中國哲學史，第三卷頁八三一～八三四，香港友聯出版社，一九八〇六月初版。

註一七　見中國通史要略，頁一二九，臺灣商務印書館，六十九年八月台十一版。

註一八　見朱子大全文集卷五十九，答曹元可。

註一九　參見本文第三章，第一節，宋代書院之教育宗旨，第二目。
註二〇　見張伯行編，續近思錄卷二。
註二一　見宋元學案卷五十，南軒學案，木天駿傳。
註二二　見宋元學案卷七十三，麗澤諸儒學案，戚如琥傳。
註二三　見宋元學案卷七十七，槐堂諸儒學案。
註二四　同前註。
註二五　參見蔡仁厚，儒家學術與儒教（上），人生十八卷九期。
註二六　參見宋史卷四〇一，柴中行傳。
註二七　前引書卷四五五，呂祖儉傳。
註二八　前引書卷四二九，道學傳三。
註二九　見癸辛雜識續集卷下，道學。志雅堂雜鈔卷下所錄略同。
註三〇　見日知錄卷七，「夫子之言性與天道」條。
註三一　見欽定四庫全書東林列傳、御製題辭。
註三二　見宋元學案卷五十三，止齋學案。
註三三　見宋元學案卷八十三，雙峯學案。
註三四　見宋元學案卷八十八，巽齋學案。

註三五　參見賀自昭，文化與人生頁四十四～四十九「宋儒的新評價」，出版時、地、版次均不詳。

註三六　見東林書院記，引自天下書院總志卷三。

註三七　同註三五。

註三八　宋史卷二〇五載：乾德初，帝因晚朝與守信等飲酒，酒酣，帝曰：「我非爾曹不及此，然吾為天子，殊不若為節度使之樂，吾終夕未嘗安枕而臥。」守信等頓首曰：「今天命已定，誰復敢有異心，陛下何為出此言耶。」帝曰：「人孰不欲富貴，一旦有以黃袍加汝之身，雖欲不為，其可得乎。」守信等謝曰：「臣愚不及此，惟陛子哀矜之。」帝曰：「人生駒過隙爾，不如多積金，市田宅以遺子孫，歌兒舞女以終天年，君臣之間無所猜嫌，不亦善乎。」守信謝曰：「陛下念及此，所謂生死而肉骨也。」明日，皆稱病，乞解兵權，帝從之，皆以散官就第，賞賚甚厚。

註三九　如蔡京、秦檜、韓侂胄、賈似道均為禍國之大憝。

註四〇　見鮚埼亭集外編卷十六，大函焦先生書院記。

註四一　見宋元學案卷五十，南軒學案。

註四二　前引書卷八十，鶴山學案。

註四三　前引書卷八十八，巽齋學案。

註四四　前引書卷八十四，存齋晦靜息庵學案。

註四五　見宋代書院制度之研究頁一三七，政治大學教育研究所，教育研究叢刊乙種。

註四六　參見陳繼新，從教育觀點析論宋代書院制度，學記三期。

附錄一　宋代書院創建一覽表

說　明

一、本表計分院名、院址、創建期、創建者及資料來源五欄，依各省府縣治，依次串聯排列。因文獻不足，創建年代及人物難以考證者，則暫從缺。

二、本表所列書院，有一院二名者，則並列之，以括號註記於左。由於取材不一，或有一院異名，見諸不同文獻者，則擇其記載詳者而錄之。

三、本表資料之來源，以各地方志爲主，方志所缺，則以古今圖書集成職方典、天下書院總志、宋元學案及各種文集補之。

四、本表所列各書院，以創建或重修於宋代者爲限，如清風書院（江南通志卷九：宋范仲淹讀書處，明正德十五年知縣李東即其地建書院）之類，不在收錄之列。

五、本表所列各書院，以「書院」名者列前，如藍田精舍（浙江通志卷二十九：宋時里人姚世傑讀書處）、武彝講堂（江西通志卷八十一：宋朱子與門人黃榦、蔡沈、黃鐘講學於此）之類，則別爲一欄，附列於後。

六、本表所羅列書院，雖力求完備，但囿於文獻，蔽於見聞，或有遺漏之處，將於日後增補之。

院名	院址	創建期	創建者	資料來源
豫章書院	江西南昌縣	南宋		江西通志卷八十一
友教書院			舊名友教堂，祀澹臺滅明。	
東湖書院		嘉定年間	郡丞豐有俊因李寅涵虛閣故址創建，以館遊學之士。	
隆岡書院			進士劉邦本建。	
隆岡書院			鄉貢進士李天福建。	
虎溪書院	江西新建縣	嘉定年間	進士程必東、程必簡改飛麟學塾爲書院。	江西通志卷八十一
秀溪書院		太平興國四年	鄧晏建。	
香溪書院		太平興國年間	鄧武建。	
東山書院			邑人羅伯高建。	
竹梧書院			邑人裘萬頃所構。	
萬坊書院			邑人萬驥建。	

柳塘書院	江西新建縣		邑人鄒一唯建。	江西通志卷八十一
三洲書院			邑人夏文政建。	
五溪書院			邑人丁錟建。	
東山書院			白鹿洞院長創于二十都。	天下書院總志卷五
盛家洲書院	江西豐城縣		邑人盛溫如建。	江西通志卷八十一
龍光書院		紹興年間	陳自俛建。朱子嘗過書院，留居一月。	
蓮溪書院			侍郎李琮建，招周謂講學於此。	
龍山書院			朱子、李後林、姚雪坡三賢講學之所。	
敷山書院			孫慶餘建。	
華林書院	江西奉新縣	雍熙年間	邑人胡仲堯家塾。	江西通志卷八十一
龍洲書院			直學士余驤建。	
柳山書院	江西武寧縣	紹興年間	邑人陳功顯建。	

濂山書院	江西義寧縣	宋仁宗時	濂溪周子創書院以延遊學之士。	江西通志卷八十一
芝蘭書院			黃中理築二舘以延四方學者，宋郊、宋祁並至焉。	
櫻桃書院			黃中理建。	
徐氏書院			邑人徐德占所築。	天下書院總志卷五
樂善書院	江西瑞州	宋寧宗時	州守王淹建，以訓宗室子弟。	
桂巖書院	江西		幸元龍重建。	江西通志卷八十一
西澗書院		端平三年	州守陳韡建。	
文溪書院	高安縣	咸淳末	邑人陳仲徽建。	
義方書院	江西		處士蔡湮築室百楹，以舘學者。	天下書院總志卷七
熊氏書院	新昌縣		糧科院熊襄讀書處。	
南軒書院	江西宜春縣	端平年間	州守彭芳建。	江西通志卷八十一
鈐陽書院	江西分宜縣	淳熙年間	縣令王杭遷建。	

宗濂書院	江西萍鄉縣		周敦頤監稅是鎮，立書院以教授，後人即其地建祠宗濂書院。	江西通志卷八十一
濂溪書院				
東軒書院			朱子門人胡安之讀書處。	
清江書院	江西清江縣		著作郎張洽建。	
金鳳書院			國子司業黎立武建。	
高峰書院	江西新淦縣		縣令黃幹建。	
蒙山書院	江西新喻縣		司業黎立武建。	
白鷺洲書院	江西廬陵縣	淳祐元年	州守江萬里以程大中嘗爲廬陵尉，乃於是洲建書院以祀周、三程、張朱六君子。	
光祿書院		開寶二年	邑人劉玉建。	
鳳山書院		紹定年間	曾宏甫建，初名別墅，後拓爲書院。	
龍洲書院（鷺洲書院）	江西泰和縣	嘉泰二年	縣令趙汝驀建。	
雲津書院		嘉定年間	邑人劉逢原建。	

書院	地點	年代	創建	資料來源
文溪書院	江西泰和縣		邑人曾有憑建。	
柳溪書院		嘉定年間	邑人陳德卿建。	
南薰書院			蕭行叔建。	
白雲書院	江西吉水縣		邑人陳子張建。	
磻溪書院			周澤之建。	
龍城書院			曾三異建。三異曾與朱子論揲者之數，學者稱雲巢先生。	
山松書院			王子俊建。	天下書院總志卷八
山堂書院			王介建。	
龔坊書院			龔義甫建。	
崇桂書院		咸淳四年		江西通志卷八十一
清風書院	江西永豐縣		邑人劉禹錫仕至湖北提刑，淳熙間致仕，歸築清風臺，後改爲書院。	
湖頭書院			邑人金汝礪建，聚徒講學。	天下書院總志卷八

秀溪書院	江西安福縣	嘉泰年間	里人周奕建。	江西通志卷八十一
竹園書院			邑人劉宏仲建。	
石岡書院			邑人蕭儀鳳建。	
盤窩書院	江西龍泉縣		孫氏（失名）建。	江西通志卷八十一
濂溪書院（龍溪書院）	江西萬安縣		周敦頤司理虔州，嘗遊龍溪及香林寺，後人因建濂溪祠，後改爲龍溪書院。	
昂溪書院			宋儒段奎齋讀書處。	
鰲溪書院			文天祥遊學於此，顏其額。	天下書院總志卷八
興魯書院	江西撫州		曾鞏就所居側，建以講學。	江西通志卷八十一
臨汝書院	江西臨川縣	淳祐九年	馮去疾提舉江南西路，以朱子嘗臨是邦，故立書院祀之。	
峨峰書院		嘉定年間	參政李皖、知縣黃幹同建。	天下書院總志卷七
碧澗書院			知南康軍晁百談建。	江西通志卷八十一
漁墅書院（文溪書院）	江西崇仁縣		安撫使陳元晉建。	

槐堂書院	江西金谿縣	紹定六年	縣令陳詠之建。祀陸九齡、九淵。	江西通志卷八十一
石林書院			州守葉夢得建。	
鹿岡書院	江西宜黃縣	嘉祐年間	杜子野建，王安石嘗師事子野於此。	
定菴書院		靖康年間	王革讀書處。	
遺安書院			鄒次陳講學處。	
心齋書院			董德修師事陸九淵，教授於家，從遊者爲建書院。	
子男書院			廬陵開國子董德元，長清開國男董敦逸建。	
慈竹書院	江西樂安縣		侍郎樂史建。	
杏隖書院			里人鄧氏（失名）建。	
沂水書院			曾思文建。	
古梅書院			詹元吉由進士授古田尉，致仕家居，味伊洛遺書，四方來學者衆，建書院以居之。	
盱江書院	江西南城縣		宋儒李覯教授之所。	

水雲書院	江西南豐縣		劉壎讀書之所。壎號水邨，以道學鳴於時。	江西通志卷八十一
進修書院	江西瀘溪縣		元豐進士石松建。	
帶湖書院		淳熙年間	辛棄疾讀書所。	江西通志卷八十二
道一書院	江西		程紹開建。	
御書院	上饒縣		吏部尚書徐直諒疏請祀其父元杰，敕建書院。	
疊山書院			謝枋得講學所。	
懷玉書院	江西	淳熙年間	懷玉書院在玉山縣金剛嶺之陽，唐大歷中僧志初創法海寺於峯下，宋學士楊億精舍亦在山麓，朱子與陸九淵、汪應辰諸學者講學其間，有司及門人拓建書院。	
端明書院	玉山縣		端明學士汪應辰講學之所。	
草堂書院			朱子講學於此。	
疊山書院	江西弋陽縣		謝枋得講學所。	
象山書院	江西貴溪縣	紹定四年	陸九淵講學之所，紹定四年提刑袁甫請於朝，遺上舍生洪陽祖即其地建書院。	天下書院總志卷六

桐源書院	江西貴溪縣		唐高寬仁故居，至宋其七世孫可仰建書院於此，以教鄉族子弟。	江西通志卷八十二
玉溪書院			宋儒盧孝孫講學處。	
理源書院			宋儒龔霆松講學處。	
鵝湖書院（文宗書院）	江西鉛山縣		朱子、呂祖謙、陸九齡、九淵講學之所。淳祐十年，江東提刑蔡抗講於朝，賜名文宗。	
稼軒書院（瓢泉書院）			秘閣修撰辛棄疾寓居於此。	
龍山書院	江西廣豐縣	嘉定年間	黃運幹惟直建。	天下書院總志卷六
河源書院			校書郎周天驥建。與陳克齋、趙章泉、徐梅野、劉端明、湯息菴講學於此。	江西通志卷八十二
瑜山書院			提刑俞掞建，集里中之貧士，讀書其中。	
白石書院	江西興安縣		劉養浩讀書之所。	天下書院總志卷六
鄱江書院	江西鄱陽縣		朱子門人金去僞講學處。	江西通志卷八十二
忠定書院	江西餘干縣	淳祐年間	趙汝愚與朱子講道之地。淳祐初，汝愚子崇憲爲禮部尚書，請作忠定書院。	
東山書院			趙汝愚及從弟汝靚建。汝愚子崇憲，師事朱子于此講學。	

南溪書院	江西 浮梁縣		提刑柴中行講學處。理宗朝，中行以右文殿修撰乞歸，講學南溪之上。	江西通志卷八十二
長薌書院		慶元三年	監鎮李齊愈建。	
新田書院		紹興年間	侍郎李椿年建。嘉定間，李大有新之，延李德俊教族弟子。	
銀峰書院		淳熙年間	邑人余瀚、余淵延朱子講學其中。	
蒙齋書院	江西 德興縣		朱子門人程端蒙講學所。	
柳湖書院			朱子門人程珙隱居講學所。	
深山書院			黃榦門人董鼎講學所。	
雙桂書院			相傳朱子贈程韡、程燧兄弟詩：「君家構屋積玉堆，兩種天香手自栽；清影一簾秋淡蕩，任渠豔冶鬥春開。」書院之名由此。	天下書院總志卷五
初菴書院			教諭黃棠建。	江西通志卷八十二
息齋書院			宋儒余芑舒講學所。	
拙齋書院			宋儒王過講學所。	

歸軒書院	江西德興縣		宋儒鄒近仁講學所。	江西通志卷八十二
靖翁書院			宋儒李思正講學所。	
雙溪書院			宋儒王炎裔孫淳講學處。	天下書院總志卷五
玉貞書院	江西安仁縣		邑人吳紹古建。	
錦江書院			邑人倪玠講學之所。	
環溪書院			尚書湯漢師事餘干柴中行，因建書院。	
石洞書院	江西萬年縣		宋儒饒魯初作朋來館以居學者，後從遊日衆，遂建書院。	江西通志卷八十二
斛峯書院			尚書李伯玉建。	
白羊書院			大理寺丞陳嶠建。	
翠巖書院			邑人葉舜民建。	
修江書院	江西建昌縣		朱子知南康軍時，邑人游其門者建書院於府城。	
雷塘書院（雷湖書院）	江西安義縣	至道年間	敕旌義門洪文撫，令有司築書堂以淑其子孫。	

社平書院	江西安義縣	嘉祐年間	義門陳思悅建。	江西通志卷八十二
濂溪書院	江西德化縣		周敦頤過潯陽，愛廬山之勝，因其麓有溪，取故里之號名之，並築書堂其上。	
白鹿洞書院	江西星子縣		唐貞元中，洛陽人李渤與兄涉隱於此。宋初置書院，與睢陽、石鼓、嶽麓並名。淳熙六年，朱子知南康軍，訪遺址，檄教授楊大法，縣令王仲傑重建書院。一時名儒如陸九淵、劉清之、林擇之皆來講學。	
太傅書院	江西上猶縣		陸鎮行縣，見太傅山林壑幽美，請於朝建設書院，立山長以教授之。	天下書院總志卷八
道源書院	江西大庾縣	淳祐二年	漕臣江萬里屬軍，林壽公創書院。	江西通志卷八十二
先賢書院	江西贛縣	淳熙元年	提刑趙晟建。	
安湖書院	江西興國縣	咸淳八年	縣令何時建以課士。	
梅江書院	江西寧都縣	淳祐六年	知州夙子興建，祀朱子門人曾興宗。	
琴江書院	江西石城縣			
龜山書院	浙江餘杭縣	崇寧末	楊時知縣事，有遺愛於民，民請立書院祀之。	浙江通志卷二十五
傳貽書院	浙江石門縣		宋儒輔廣讀書之所，後人立書院以祀焉。	浙江通志卷二十六

安定書院	浙江湖州	淳祐五年	知州蔡節即城西建。	浙江通志卷二十六
長春書院	浙江歸安縣	淳熙年間	宣教郎朱弁建，朱子顏其額。	
東萊書院	浙江德清縣	嘉熙年間	章鑑創建。	
履齋書院		淳祐年間	丞相吳潛宅，淳祐間奉敕建。	
桃源書院	浙江寧波		王說家塾。	浙江通志卷二十七
甬東書院			鄭清之建以祀樓昉，理宗御書扁賜之。	
菊坡書院	浙江鄞縣		樞密陳清敏卓建。	
慈湖書院	浙江慈谿縣		郡守劉褫建以祀楊文元公。	
杜洲書院			童居易讀書之所。	
石坡書院			杜萬榮字夢協，嘗問道慈湖，慈湖告以心之精神是謂聖，遂築石坡書院。	宋元學案卷七十四
龍津書院	浙江奉化縣	乾道年間	朱文公奉使至此，士人咸留問道，遂立書院。	浙江通志卷二十七
廣平書院			舒璘講學於此。	

登瀛書院	浙江奉化縣	咸淳年間	鄉人（失名）共建。	浙江通志卷二十七
丹山書院	浙江象山縣		趙善晉建。	
翁洲書院	浙江定海縣		理宗書扁以賜參知政事應䌛。	
岱山書院		咸淳癸酉	魏榘建。	
虹橋書院			太師余天錫建。	浙江通志卷二十七
稽山書院	浙江紹興		朱文公嘗司本郡常平事，三衢馬天驥建祠祀之，其後九江吳革因請為書院。	
高節書院	浙江餘姚縣	淳祐年間	劉黻建。	
怡思書院			修職郎孫一元建。	
月林書院	浙江上虞縣		朱子講學所，潘時建。	
石鼓書院	浙江新昌縣		太傅石亞之建。	
上蔡書院	浙江台州		上蔡先生謝良佐遭黨禁未解而卒，台州守黃䇓祀於州學，後建書院於東湖上。	
溪山第一書院	浙江臨海縣		朱子書額。	

樊川書院	浙江黃巖縣		晦翁先生與南湖方山二杜公講學之地。	浙江通志卷二十七
上蔡書院	浙江仙居縣		趙必昇以浙漕引年而歸，請於朝，為上蔡書院。	
麗澤書院	浙江金華縣		吳成公作書堂於城西，取易兌象之義，以麗澤名。及卒，鄉人為祠宇以祭。	浙江通志卷二十八
北山書院			為何基立。	
重樂書院	浙江蘭谿縣		葉克誠延仁山先生講學處。	
瀫東書院			葉誕讀書處。	
南園書院	浙江東陽縣		蔣友松建，聚書三萬餘卷，賓碩儒以教其族黨子弟。	
石洞書院		慶元四年	郭君欽止作書院於石洞之下。	水心先生文集卷九
西園書院			郭良臣字德鄰，築西園、南湖、石澗三書院，招延呂成公、薛象先教授子弟。	宋元學案卷七十三
南湖書院			郭良臣建。	
石澗書院			郭良臣建。	
瀛山書院	浙江遂安縣	熙寧年間	邑人詹安闢，其孫儀之與朱子論學於此。	浙江通志卷二十八

默山書院	浙江壽昌縣	慶曆年間	校書郎胡楚材建。	浙江通志卷二十八
岑山書院			國子監丞鄭彥建。	
明正書院	浙江西安縣		汪應辰及子逵寓衢，郡守張嵲築室居之，後人即此建祠，咸淳中趙孟奎重建。	
石門書院	浙江常山縣		趙鼎立。	
逸平書院	浙江江山縣		逸平先生與朱子講道之所。	
江郎書院			祝維建。	
克齋書院			侍郎徐復殷退居學易之所，宋理宗御書扁。	
崧山書院		咸淳年間	邑人柴氏（失名）立。	
集義書院			著作郎張恪同弟太學生正恢建。	
包山書院	浙江開化縣		淳熙間汪觀國建逍遙堂，翼以軒曰聽雨，與弟杞論道讀書，其子浤立書院，後孫繼榮請於朝，賜額包山書院。	
釣臺書院	浙江嚴州	紹定戊子	陸子遹知州事，闢書院於臺下，徙僧廬於東偏，復葺高風閣，置經史子集，用訓廸嚴方二家子弟。	浙江通志卷二十九

柯山書院	浙江衢州	景定戊寅	徐霖仕於朝，道不合，歸隱著書，郡守游鈞建柯山精舍，延霖開講，士友群集。景定壬戌，郡守謝奕中復請衍聖公孫孔元龍爲山長，後燬於寇。丁丑，山長徐天俊重建，明年改爲柯山書院。	浙江通志卷二十八
清獻書院		咸淳年間	郡守陳蒙請於朝，即趙抃故居立書院。	
橋南書院	浙江衢縣	嘉定元年	徐叔載建。	渭南文集卷二十一
石峽書院	浙江淳安縣		方逢辰講道之所，度宗手詔賜額名。	浙江通志卷二十九
柘山書院		淳祐年間	黃蛻即所居前山以爲授徒講學之所。	
五峯書院			黃蛻、呂人龍等讀書於此，張栻題額。	
雉峯書院			宋儒融堂先生（錢時）即所居爲聚徒講學之處。	圖書集成職方典卷一〇一九
雲峰書院			進士吳攀龍建。	
永嘉書院	浙江溫州	淳祐年間		浙江通志卷二十九
宗晦書院	浙江樂清縣		舊名藝堂書院，咸淳中改名宗晦。	
東山書院	浙江永嘉縣		王儒志講學所。	

浮沚書院	浙江永嘉縣	大觀三年	周行己字恭叔，大觀三年，侍御史毛氏劾先生師事程氏，卑汚苟賤，無所不爲，遂罷歸，築浮沚書院以講學。	宋元學案卷三十二
龍川書院	浙江永康縣		陳亮讀書之所。	浙江通志卷二十八
會邱書院	浙江平陽縣		陳經正、經邦讀書處，朱子題額。	
心極書院	浙江瑞安縣		陳止齋讀書所。	
中村書院	浙江泰順縣	淳祐年間	吳子良建。	浙江通志卷二十九
侯林書院		淳祐年間	吳子良建。	
美化書院	浙江縉雲縣	嘉熙年間	朱文公講道於此，嘉熙中，縣尉陳實建。	
明善書院	浙江松陽縣	咸淳年間	淳熙九年，朱文公爲浙東常平使者，至此講道。咸淳間，葉再遇建以祀公。	
陸宣公書院	浙江嘉興		知州李正己建。	圖書集成職方典卷九六〇
桂山書院	浙江龍泉縣	端平年間	里人張奉議建。	浙江通志卷二十九
笏洲書院		端平三年		
仙巖書院		咸淳年間	邑人張公權建。	

古靈書院	福建福州		陳襄讀書處。	
拙齋書院			林之奇與其徒呂祖謙、劉世南並從子子沖講學處	
三山書院		寶祐二年	提刑王泌建。	
藍田書院	福建長樂縣	紹興年間	邑人陳坦然建。	
石塘書院	福建福清縣	景定四年	林公遇講學之所。	福建通志卷六十二
溪山書院	福建古田縣	淳化二年	朱子扁曰：溪山第一。	
浣溪書院			朱子書扁。	
螺峯書院			朱子黃榦講學處。	
魁龍書院				
藍田書院			朱子門人余偶立。	
德成書院		乾道年間		圖書集成職方典卷一〇三八
朱壩書院	福建莆田縣		監丞陳虛捨地建祀朱子。	福建通志卷六十三

溫陵書院（泉山書院）	福建泉州		朱子建。	福建通志卷六十三
石井書院		嘉定四年	舊名鼇頭精舍，嘉定四年，鎮官游絳白郡守鄒應龍建書院。	
丹詔書院	福建詔安縣	紹興年間	南詔場周申建。	福建通志卷六十四
石屏書院			陳景肅講學處。	
南溪書院	福建尤溪縣		朱子誕生之地。嘉熙丁酉李脩即其地爲祠，淳祐元年，理宗賜額曰南溪書院。	
紫芝書院	福建建寧	嘉定三年	郡侯寶謨閣直學士諫議李公建。	攻媿集卷五十四
建安書院		嘉熙二年	郡守王埜建朱子祠，以廖德明門人鄭師尹、蔡元定之孫謨典教事。	福建通志卷六十四
同文書院		乾道年間	朱文公建以貯圖書，祀孔子於中。	
雲谷書院	福建建陽縣	乾道六年	朱子建。	福建通志卷六十五
蘆峰書院		乾道年間	蔡文正公沈構精舍，淳祐二年，理宗御書蘆峰書院四字扁之。	
環峯書院		淳祐年間	黃榦建爲師友講道之所。初名龜峰精舍，淳祐四年，理宗賜立環峯書院。	
潭溪書院			黃幹（榦）建。	天下書院總志卷十一

溪山書院	福建建陽縣		黃賀孫建。	天下書院總志卷十一
鷹山書院			游酢建。	
考亭書院		淳祐四年	朱熹建，淳祐四年，理宗御書考亭書院扁於門。	福建通志卷六十五
鰲峯書院			熊公知至自號鰲峰先生，隱德不仕，立書院於鰲峰之下，宋季勿軒先生重而新之。	熊勿軒先生文集卷六
雲莊書院		嘉定三年	劉文簡公（爚）故居，嘉定庚午改建，賜今額。	圖書集成職方典卷一〇五九
橫渠書院		寶祐甲子		
化龍書院			劉炳曾孫應李建。	天下書院總志卷十
獨善書院	福建建安縣		熊茂叔建。	圖書集成職方典卷一〇五九
梓翁書院				
南山書院			蔡九峯（沈）建，以爲講學之所。	
文定書院	福建崇安縣		胡安國建。	天下書院總志卷十
屏山書院			劉子翬建。	

武彝書院	福建崇安縣	淳熙十年	朱子建，原名武彝精舍。	福建通志卷六十五
蘆峰書院		乾道年間	蔡沈建，寶祐二年理宗大書蘆峯二字刻於石。	
九峯書院			蔡抗建。	
少微書院			江贄建。	
紫陽書院			朱子建。	
西山書院	福建浦城縣	嘉定年間	原名西山精舍，眞德秀建爲講學之所。	福建通志卷六十六
湛盧書院	福建松溪縣		政和尉朱松父森墓在星溪，朱子嘗讀書其上，邑人因創書院以祀之。	
星溪書院	福建政和縣	政和年間	縣尉朱松建。	
雲根書院		政和年間	朱松建。	
雲巖書院	福建光澤縣		李方子講學之所。	
石湖書院	福建福鼎縣		朱子講學處。	
北山書院	福建福安縣		鄭寀建。	

晦翁書院	福建福安縣		朱子父韋齋寓此。	福建通志卷六十六
考亭書院			朱子與楊復講學處。	
來清書院	福建寧德縣		姚周二姓建，初名學古齋，紹定九年易扁。	天下書院總志卷十一
靈溪書院		大觀二年		
豫章書院	福建寧洋縣		羅從彥祖居。	福建通志卷六十六
松明書院			蘇軾建。	天下書院總志卷十一
平湖書院			寇準、蘇軾嘗寓此。	
連城書院	福建連城縣		邱鱗讀書處。	圖書集成職方典卷一〇六八
龜山書院	福建將樂縣	咸淳二年	邑人馮夢得奏立。	
小山叢竹書院	福建晉江縣		朱文公種竹建亭，講學其中。	晉江縣志卷四
涵江書院	福建興化縣	淳祐年間	知軍楊棟、涵江鎭官鄭雄飛作書院，景定八年，理宗御書涵江書院四大字賜之。	福建通志卷六十三
延平書院	福建延平	嘉定二年	郡守陳宓倣白鹿洞規式建書院，爲奉祠講學之地	圖書集成職方典卷一〇六八

芝山書院（龍江書院）	福建龍溪縣		知州危稹建，中祀朱子。	龍溪縣志卷四
觀瀾書院			蔡汝建。	
泉山書院	福建同安縣	咸淳年間	趙宗正希悰建。	後村先生大全集卷九十三
樵溪書院	福建邵武縣	景定年間	攝軍事方澄孫倅錢謙孫建。	圖書集成職方典卷一〇九一
諫議書院（了齋書院）	福建沙縣	嘉定二年	郡守徐景瞻即陳瓘故居建書院以祀之。	圖書集成職方典卷一〇六八
鳳岡書院		淳熙年間	邑人黃顥建。	
栟櫚書院	福建永安縣		鄧肅讀書處。	
嶽麓書院	湖南長沙	開寶年間	潭州守朱洞建，張栻、朱子嘗講學於此。	湖南通志卷六十八
城南書院			張栻講學地，其扁額四字傳為張浚書。	
湘西書院	湖南善化縣		劉輔建，朱子重建。	
汨羅書院	湖南湘陰縣	祥符年間		
笙竹書院		天禧年間	縣人鄧咸建以訓子弟及游學之士。	

文靖書院	湖南瀏陽縣		楊時令瀏陽，後人建書院，以其謚名。	
昭文書院	湖南		黎貴臣講學處。	
東萊書院（萊山書院）			呂祖謙讀書於此。	
西山書院	醴陵縣	淳祐年間		湖南通志卷
碧泉書院	湖南		胡安國南遊築室，其子宏與張栻講學於此。	六十八
龍潭書院（主一書院）	湘潭縣		朱子講學地，其門人鍾震建主一書院。	
道山書院	湖南寧鄉縣		胡宏、張栻講學之所。	
松風書院	湖南益陽縣		李學士（失名）講學之所。	
漣濱書院（漣溪書院）	湖南湘鄉縣	嘉定年間	眞德秀帥潭，命知縣徐質夫建。	圖書集成職方典卷一二〇七
明經書院	湖南	淳熙年間	岳飛討曹成感，尹彥德犒軍，飛請於朝，遣國子生教其子弟，淳熙初建書院。	湖南通志卷
南溪書院			進士譚光國讀書處。	
東山書院	茶陵州		進士陳古迂讀書處。	六十八

石鼓書院	湖南衡州	至道三年	李士眞請建書院以居衡之學者，景祐二年劉沆請於朝，賜額石鼓書院。	圖書集成職方典卷一二四五
玉峯書院	湖南		周必大讀書處。	
清溪書院	安仁縣	嘉定年間	知縣王槐建。	湖南通志卷六十九
南嶽書院（鄴侯書院）	湖南衡山縣		唐李泌隱居於此，名端居室，宋建書院。	
趙抃書院（清獻書院）		宋神宗時	抃以太子少保致仕，其子屼奉抃徧遊諸名山，遂於衡山卜居，有書院遺址存焉。	圖書集成職方典卷一二四五
南軒書院			南軒張栻受學於五峯先生，又與朱子同遊講學，置書院於岳山後。	
雙蹲書院（芹東書院）	湖南常寧縣		龔夢錫、王習隱二先生講學地。	湖南通志卷六十九
臺山書院	湖南酃縣		邑人尹沂讀書講學之所。	
濂溪書院	湖南道州	嘉定十三年	董侯與幾命知營道縣胡朷建。	鶴山先生大全集卷四十七
濂溪書院	湖南寶慶	紹興甲寅	知州潘燾建。	圖書集成職方典卷一二三〇
濂溪書院	湖南新化縣		知縣胡軫建。	湖南通志卷六十九
諫議書院	湖南武岡州		諫議周儀讀書處。	天下書院總志卷十二

天岳書院	湖南巴陵縣			天下書院總志卷十二
陽坪書院	湖南平江縣		朱子門人吳雄建。	湖南通志卷六十九
臺川書院			吳景思建。	
殊恩書院			田夢駒建。	
龍津書院	湖南龍陽縣	紹定乙未	進士周德元（轔）建。	圖書集成職方典卷一二五七
東洲書院	湖南瀘溪縣	紹興年間	王廷珪建。	湖南通志卷七十
寶山書院	湖南黔陽縣	寶慶年間	縣令饒敏學建。	
濂溪書院	湖南郴州			
觀瀾書院	湖南興寧縣		曹靖建。	
辰岡書院			袁文敷建。	
作新書院	湖南靖州		郡守黃棨建。	
鶴山書院		嘉定三年	魏了翁建以講學。	鶴山先生大全集卷四十一

侍郎山書院	湖南靖州		程敦厚謫靖講學處。	圖書集成職方典卷一二八六
澧陽書院（溪東書院）	湖南澧州		范仲淹讀書處，後人因建書院。	湖南通志卷七十
深柳書院	湖南安鄉縣		范仲淹隨長山朱氏令安鄉，讀書於此，後人慕之，構堂祀焉。	
石林書院	湖南桂陽州	淳熙五年	進士黃照鄰及子植讀書處。	圖書集成職方典卷一二四五
南薰書院	湖南臨武縣		邑人陳騤溪建。	
環綠書院		景定年間	邑人譚衡建。	
濂溪書院	湖南寧遠縣		縣令黃大明建。	圖書集成職方典卷一二七五
龍潭書院	湖南攸縣	慶元元年	廖仰之、廖天經兄弟建。	誠齋集卷七十五
湘江書院（濂溪書院）	廣東韶州		知州周舜元建，祀周敦頤。淳祐中，提刑楊大異改建。	廣東通志卷一三九
豐湖書院	廣東惠州	寶祐二年	州守劉克剛建。	
羅浮書院	廣東博羅縣		鄉人（失名）所立。	圖書集成職方典卷一三二八
鄭公書院			寺丞鄭玠讀書所，子康佐嘗葺之，作一書堂。	

擢桂書院	廣東博羅縣		鄉人（失名）所立。	圖書集成職方典卷一三二八
清灣書院			鄉人（失名）所立。	
釣鰲書院		紹興年間	羅從彥建。	
張留書院		紹興年間	張宗卿爲布衣時，讀書於此。	廣東通志卷二二一
豫章書院			羅從彥讀書處。	
韓山書院	廣東海陽縣	元祐五年	知州王滌建。	廣東通志卷一三九
元公書院			周子嘗漕廣東，其孫梅叟爲郡時建書院。	廣東通志卷二二二
得全書院			宰相趙鼎謫潮州，號得全居士，後人即其所居爲書院。	
文明書院	廣東遂溪縣	元符三年	蘇軾南遷，由儋徙廉，謂陳夢英曰：「此地當有文明之祥。」後人因建書院。	
禺山書院	廣東番禺縣	嘉定年間	梁百揆講學於此。	番禺縣志卷二十三
玉嵒書院			進士朝議大夫鍾啓初讀書處，與崔與之友善，講學賦詩其中。	番禺縣志卷十六
平湖書院	廣東海康縣		郡守陳大震建。	廣東通志卷一四一

砦峰書院	廣東龍川縣		循州守梁克俊建以祀韋學士、王尚書。	廣東通志卷二二一
東山書院（三沙書院）		景定二年	吳潛建。	
望高書院			尚書王汝礪建。	
菊坡書院	廣東增城縣		丞相崔與之故居。	廣東通志卷二一九
羊額書院	廣東順德縣	淳祐年間	盧滄建。	圖書集成職方典卷一三〇六
金峰書院			張文獻公後裔以學錄致政於家，建斯院以誨鄉曲子弟。	
鼎齋書院		咸淳年間	麥雷奮咸淳登進士，任南恩州參軍兼陽江尉，得請歸田，遂建書院。	
義齋書院		咸淳年間	江西進士官制置使黎宏建。	
涵暉谷書院	廣東英德縣	景德年間	郡守王仲達奉詔建。	廣東通志卷二三〇
丞相書院	廣東連州		張浚立。	廣東通志卷二二五
星巖書院	廣東高要縣		包拯建。	廣東通志卷二二二
濂溪書院	廣東四會縣	景定五年	縣令宋有萬建。	

濂溪書院	廣東陽江縣			廣東通志卷二二二
濂溪書院	廣東德慶州		周敦頤經此，縣令許鑒因建書院。	
翔龍書院	廣東吳川縣	景炎年間	陸秀夫建。	廣東通志卷二二三
東坡書院	廣東瓊山縣		蘇軾謫瓊州時嘗寓此，後北歸，郡人思之，建書院。	廣東通志卷二二四
孔林書院	廣東保昌縣	東隆七年	孔閏建。	廣東通志卷二二五
蛻齋書院	廣東高明縣		宋儒譚惟寅建。	高明縣志卷三
零春書院	廣東儋縣		王霄建。	廣東通志卷二二四
果山書院	四川蓬州		知州王旦建。	四川通志卷七十九
蟠龍書院	四川宜賓縣		龍圖閣學士程公許讀書處。	
柳溝書院	四川富順縣		李文淵建。	
修文書院	四川洪雅縣		田錫讀書修文山麓，後即其地建書院。	
同人書院	四川夾江縣		高少保定子知縣時所建。	

晉階書院			即少陵書院。	
靜暉書院	四川		知州王十朋建。	
竹林書院	夔州	嘉熙年間	知州孟珙建以處襄漢流寓之士。	四川通志卷
南陽書院			知州孟珙建。	七十九
東臺書院	四川		任伯傳讀書地。	
太元書院	鹽亭縣		文同讀書地。	
巽崖書院	四川	紹興年間	李燾建。	
東館書院	丹陵縣	紹興年間	呂君玘倣古鄉校創。	四川通志卷五十六
棚頭書院		紹興年間		
鶴山書院	四川邛州		魏了翁講學地。	四川通志卷
鶴山書院	四川蒲江縣		魏了翁講學地。	七十九
鶴山書院	四川瀘州	開禧年間	知州魏了翁建。	

五峰書院	四川瀘州	慶元年間	知州楊汝明建。	四川通志卷七十九
龍門書院	四川江安縣	乾道年間	瀘州隱士呂伯佑講學處。	
紫巖書院	四川綿竹縣		張浚讀書地。	
滄江書院	四川仁壽縣	乾道淳熙間	范蓀字季才，仁壽虞提刑剛簡嘗請先生講學滄江書院。	宋元學案卷七十二
玉淵書院	四川漢源縣		薛紱字仲章，其知黎州，州爲群蠻所居，而能興起其民，築玉淵書院以講學。	
雲山書院	四川三台縣		楊子謨字伯昌，講學於雲山書院，與諸生敷陳論孟學庸大義。	
明道書院	江蘇上元縣	淳祐年間	郡守吳淵倣白鹿洞創建，理宗賜明道書院額。	江南通志卷九十
南軒書院			張栻講習之地，眞德秀建祠祀焉。	
學道書院	江蘇吳縣	咸淳年間	知府趙順孫，黃鏞相繼改建。	圖書集成職方典卷六七四
鶴山書院			參知政事魏了翁之賜第，理宗親書鶴山書院四字題額。	江南通志卷九十
澹臺書院			尹焞讀書之所。	
和靖書院	江蘇長洲縣	端平二年	胡淳曹豳奏立書院以祀焞。	

玉峰書院	江蘇崑山縣		衛文節公涇藏修之所。	天下書院總志卷二
九峯書院	江蘇華亭縣		邑人衛謙建，後趙驥以李綱生於華亭，因祀綱於此。	江南通志卷九十
孔宅書院	江蘇青蒲縣		舊有孔子廟，宋時因其地立書院以養士。	
東林書院	江蘇金匱縣		楊時講學處。	
遂初書院	江蘇無錫縣		尤文簡公袤讀書地。	圖書集成職方典卷七一四
淮海書院	江蘇丹徒縣	淳熙年間	太常少卿龔基先創建，宋理宗御書四字賜爲額。	江南通志卷九十
濂溪書院		寶祐年間	郡守徐粟以祀元公。	圖書集成職方典卷七二八
茅山書院	江蘇金壇縣	天聖年間	侯仲逸創建，教授生徒。	江南通志卷九十
南湖書院	湖北武昌縣	淳祐年間	黃瑞諒建。	湖北通志卷五十九
義學書院	湖北嘉魚縣	慶曆年間	邑人李宗儒建。	
新溪書院	湖北蒲圻縣		進士周登仕建。	
相山書院	湖北咸寧縣		馮京讀書處。	

山谷書院	湖北崇陽縣		黃庭堅讀書處。	
疊山書院	湖北興國州		謝枋得讀書處。	
河東書院	湖北黃州	寶祐年間	郡守李節因二程祠增建書院。	湖北通志卷五十九
萬松書院	湖北麻城縣		邑宰張仁甫築亭萬松嶺，課士其中。	
竹林書院	湖北公安縣		荊湖帥孟珙因蜀士聚於公安，爲書院，以沒入田廬贍之。	
南陽書院	湖北荊州		荊湖帥孟珙因襄陽士人聚於江陵，乃建書院，以沒入田廬隸之。	
東山書院			孫何兄弟讀書所。	
六一書院			歐陽修建。	天下書院總志卷十二
紫陽書院	安徽徽州	淳祐六年	郡守韓補始建於城南門下，理宗賜額曰紫陽書院。	
天門書院	安徽當塗縣		守臣陳塏建，爲淮士流寓者肄業之所。	安徽通志卷九十二
丹陽書院		景定五年	貢生劉某（失名）建，郡守朱禩孫聞於朝，賜額丹陽書院。	
芝山書院	安徽無爲州			

西湖書院	安徽阜陽縣	皇祐元年	歐陽修守潁，愛西湖之勝建。	安徽通志卷九十二
西疇書院	安徽歙縣		鮑壽、孫元、曹涇、方回皆講學其中。	圖書集成職方典卷七九一
秘閣書院			直秘閣汪叔詹、汪若海建。	
武陟書院	安徽六安洲		焦炳、焦煥嘗讀書於此。	圖書集成職方典卷八二一
中天書院	安徽黟縣		宋明先儒講學處。	圖書集成職方典卷七九一
爨堂書院（元功書院）	安徽南陵縣	熙寧年間	學士徐元功乞老歸建，延師訓鄉子弟。	圖書集成職方典卷七九九
駕鶴書院	廣西柳州	紹興年間		廣西通志卷一三五
龍溪書院	廣西荔波縣		黃山谷講學處。嘉定九年，張自明以黃太史謫宜時嘗僦居此，即舊地建祠。	圖書集成職方典卷一四一四
江東書院	廣西富川縣	嘉定十四年	澹然居士毛基建。	圖書集成職方典卷一四二五
清湘書院	廣西永福縣		刺史柳開讀書故址。	圖書集成職方典卷一四〇一
宣成書院	廣西桂林縣		經略朱禩孫建以祀南軒張宣公栻、東萊呂成公祖謙，理宗書額以賜。	
明經書院	廣西融縣		知州鄧公（失名）立。	廣西通志卷一三四

夏仙書院（興文書院）	廣西融縣		李興時建。	廣西通志卷一三四
勾漏書院	廣西容縣		祀宋安撫機宜吳元美。	圖書集成職方典卷一四三二
思賢書院			州守譚惟寅建。	
應天書院（睢陽書院）	河南商邱縣	祥符三年	應天府民曹誠即戚同文舊居建屋百五大間，聚書數千卷，博延生徒講習甚盛。	
同文書院	河南洛陽縣			河南通志卷四十三
首陽書院	河南偃師縣		即宋學宮，有徽宗大觀御製碑。	
嵩陽書院	河南登封縣		五代周時建，宋至道三年賜名太室書院。景祐二年，更名嵩陽書院。	
顯道書院（上蔡書院）	河南上蔡縣		謝顯道讀書之所。	
泰山書院	山東泰安府		孫明復偕石守道、胡翼之講學岱陽建。	山東通志卷八十八
尼山書院	山東曲阜縣		孔宗愿建。	山東通志卷十一
嶽麓書院	山東鄆城縣	咸平年間	守臣李允則建。	山東通志卷八十九
文學書院	山東莒縣		宋建，祀先賢卜子夏。	圖書集成職方典卷二六三

范公書院	山東青州		范文正公微時讀書處。	圖書集成職方典卷二六三
聖澤書院	山東汶上縣	元祐四年	周師中宰邑建。	圖書集成職方典卷二一八
西谿書院	河北		唐隱士姚敬棲遁處，宋張著爲增葺之。	畿輔通志卷
中谿書院	元氏縣		宋初李昉講業處，院長張皤叟等相繼授徒。	一一五
封龍書院			李昉、張皤叟講學於此。	
芸閣書院	陝西藍田縣		呂大臨建。	陝西通志卷
嘉嶺書院	陝西醴泉縣		范仲淹建。	
綠野書院	陝西武功縣		宋儒張子厚與武功簿張山甫善，武功弟子從子厚遊，亭此講學焉。	二十七
雄山書院	山西長治縣	靖康年間		山西通志卷三十六
曾潭講堂	江西		宋儒傅夢泉師事朱子、陸象山、張南軒，講學曾潭之滸，從遊日衆，構室以居之。	江西通志卷八十一
龍眠書屋	南城縣		寧文智講學處。	
槐蔭精舍	江西清江縣		劉清之建。	宋史卷四三七

武彝講堂	江西新建縣		朱子與門人黃榦、蔡沈、黃鍾講學於此。	江西通志卷八十一
紅泉精舍	江西臨川縣		曾極建。	
菴山學舍	江西資溪縣		石永壽建。	
志學精舍	江西		孝廉郭廷發與兄松壑、弟梅莊講肄所。	
梅花書屋	新昌縣		孝廉熊良翰講學所。	
南園書舍	江西餘干縣		信州守胡預致仕歸建，以課其族黨子弟。	江西通志卷八十二
西山精舍	福建蒲城縣	嘉定十四年	眞德秀建爲講學之所。	福建通志卷六十五
東湖書堂	福建蒲田縣		黃績等建。	宋元學案卷七十
六經講堂	福建寧德縣		李鑑、龔郯建。	福建通志卷六十六
五經講堂			黃超叔建。	
石鼓書堂	福建建安縣		葉夢鼎建。	古今圖書集成職方典卷一〇五九
碧沚講院	浙江鄞縣		楊簡講學之所。	宋元學案卷五十一

竹洲講院	浙江鄞縣		沈煥講學之所。	宋元學案卷五十一
樓氏精舍			袁燮講學於此。	
城南書社	浙江瑞安縣		陳傅良講學處，林淵叔嘗從陳止齋學於此。	宋元學案卷五十三
石壇精舍	湖南常德縣		丁易東建。	湖南通志卷六十九
昭文精舍	江蘇江寧縣		梁蕭統宴遊之地，有東湖講書堂，宋咸淳中，方逢辰扁曰昭文精舍。	江南通志卷九十
永城學舍	河南永城縣		杜誼建。	宋史卷四五六

附錄二　宋代書院師長一覽表

姓名	書院	職稱	行誼傳略	著作	參考資料
胡瑗	泰山書院	講學	字翼之，七歲善屬文，十三通五經，即以聖賢自期許。家貧無以自給，往泰山與孫明復、石守道同學。滕宗諒知湖州，聘爲教授，倡明正學，以身先之。其教人之法，科條纖悉具備，立經義治事二齋，隨材高下而修飾之，學者稱安定先生。	周易口義、洪範口義、資聖集。	宋元學案卷一
孫復	泰山書院	講學	字明復，進士不第，退居泰山，學春秋，著尊王發微十二篇。石徂徠介著名山左，自徂徠以下，躬執弟子禮師事之，稱爲富春先生。	春秋尊王發微、睢陽小集。	宋元學案卷二
石介	泰山書院	講學	字守道，篤學有志尚，樂善疾惡，喜聲名，遇事奮然敢爲。丁父母艱，垢面跣足，躬耕徂徠山下，以易教授，魯人稱徂徠先生。	怪說、中國論、唐鑑、徂徠集。	宋元學案卷二

戚同文	應天府書院	講學	字文約，幼孤，以孝聞。值晉末喪亂，絕意祿仕，築室聚徒，請益之人，不遠千里而至。登第者五十六人，門人稱正素先生。	孟諸集二十卷。	宋元學案卷三
范仲淹	應天府書院	掌教	字希文，少有志操，依戚同文學，晝夜不息。泛通六經，尤長於易，學者多從質問，爲執經講解，亡所倦。	丹陽集。	宋元學案卷三
戚舜賓	應天府書院	主持	戚同文之孫，大中祥符二年曹誠即同文舊居，廣舍百五十楹，聚書千餘卷，以延學者，舜賓主之。		宋元學案補遺卷三
李覯	盱江書院	講學	字泰伯，學者稱爲盱江先生，俊辯能文，舉茂才異等不中，親老以教授自資，學者常數十百人。	周禮致太平論、平土書、禮論、退居類稿、皇祐續稿、盱江集。	宋元學案卷三

曾　鞏	興魯書院	講學	字子固，生而警敏，揮筆成文，歐陽修一見奇之。爲文本於六經，斟酌司馬遷、韓愈，平生嗜書，家藏至二萬餘卷，手自讎校，學者稱南豐先生。	元豐類稿、續元豐類稿	宋元學案卷四
王開祖	東山書院	講學	字景山，杜門著書，從學常數百人，學者稱儒志先生。是時伊洛未出，安定、泰山、徂徠、古靈諸公甫起，先生之言，實遙與相應。永嘉後來問學之盛，蓋始基之。	儒志編。	宋元學案卷六
鄧　咸	笙竹書院	講學	湘陰人，天禧間縣未有學，咸創立義塾，以訓族子弟及遊學之士，馮京、鄭獬胥從之遊，時論嘉之。		宋元學案補遺卷六
明　起	白鹿洞書院	洞主	太平興國六年調爲蔡州褒信主簿，旌儒學榮學校。		宋元學案補遺卷六

周式	嶽麓書院	山長	湘陰人，以行義著。大中祥符間，召拜國子主簿，詔留講詔王宮，固辭，賜對衣鞍馬內府書，還山教授。	論語集解辨誤。	宋元學案補遺卷六
高懌	白鹿洞書院	洞主	字文悅，十三能屬文，通經史，嘗從种放受學，放奇之不敢處以弟子行。與張堯、許渤號南山三友。	少微諸宮集、續東皐子、兵源掛冠錄、煙霞志。	宋元學案補遺卷九
周敦頤	濂溪書院	講學	字茂叔，熙寧初，因趙抃、呂公著薦爲廣東轉運判官。二程先生父珦攝通守事，視其氣貌非常，因與爲友，使二子受學焉，即明道先生顥、伊川先生頤也。	通書、太極圖說。	宋元學案卷十一
程顥	嵩陽書院	講學	字伯淳，資性過人，而充養有道，和粹之氣，盎其面背，門人交遊相從數十年，未嘗見其忿厲之容。得不傳之學於遺經，以興起斯文爲己任，辨異端、闢邪說，使聖人之道，煥然復明於世，學者稱明道先生。	程子遺書。	宋元學案卷十三

程　頤	東林書院	講學	字正叔，與顥同受學於周敦頤。其學本於誠，以大學、論語、孟子、中庸爲指標，而達於六經，動止語默，一以聖人爲師，世稱伊川先生。	易傳、春秋傳、語錄、文集。	宋元學案卷十五
楊　時	東林書院	講學	字中正，師事二程子，以著書講學爲事，東南學者推爲程氏正宗。朱熹、張栻之學，其源皆出於時，學者稱龜山先生。	二程粹言、龜山集、三經義辯。	閩中理學淵源考卷一
徐　存	逸平書院	講學	字誠叟，受業於楊時之門。隱居教授，學者稱逸平先生，從學者至千餘人。	五經講義。	宋元學案卷二十五
周行己	浮沚書院	講學	字恭叔，學者稱浮沚先生，風儀秀整，語音如鐘，從伊川遊，持身艱苦，塊然一室，未嘗窺牖。	浮沚集。	宋元學案卷三十二
胡安國	嶽麓書院 碧泉書院	講學	字康侯，除荊南教授，入爲漢學博士，潛心專講春秋。謝良佐稱其如大冬嚴雪，百草萎死而松柏獨秀。學者稱之爲武夷先生。	春秋傳、資治通鑑舉要補遺、上蔡語錄、文集。	宋元學案卷三十四

林之奇	拙齋書院	講學	字少穎，字拙齋，從居仁遊，教之以廣大爲心，以踐履爲實，稱高弟，學者稱三山先生。	尙書集解、春秋周禮講義、論語注、孟子講義、揚子講義、拙齋集。	宋元學案卷三十六
羅從彥	釣鰲書院	講學	字仲素，延平有吳儀以窮經爲學，先生師之，後從楊時於蕭山，學者稱豫章先生。	尊堯錄、春秋毛詩語解、中庸說、春秋指歸、豫章集。	宋元學案卷三十九
劉世南	拙齋書院	講學	字景虞，少從三山林之奇遊，與呂祖謙爲友，秉禮蹈義，鄉里敬之。		宋元學案卷三十九
陳景肅	石屏書院	講學	字和仲，有學行，師事高登，與同邑吳大成隱漸山石榴洞，講學其中。爲仙遊令，薄賦輕徭，旌善伐惡，官至朝議大夫。	禮疏、詩經、石屏擷翠集。	宋元學案補遺卷四十一
胡　宏	嶽麓書院 碧泉書院 道山書院	講學	字仁仲，自幼志於大道，先後師事楊時，侯仲良，而卒傳其父之學。優遊衡山二十餘年，玩心神明，不舍晝夜，張栻師之，學者稱五峰先生。	知言、易外傳、皇王大紀、五峯集。	宋元學案卷四十二

汪應辰	端明書院	講學	字聖錫，少從呂本中、胡安國遊，精於義理，好賢樂善，學者稱玉山先生。	文定集。	宋元學案卷四十六
趙汝愚	忠定書院	講學	字子直，性純孝，篤行聞于世，早有大志，學務有用，常以司馬溫公、富鄭公、韓魏公、范文正公自期。凡平昔聞於師友之言，欲次第行之。	詩文集、太祖實錄舉要、請臣奏議。	宋元學案卷四十六
林公遇	石塘書院	講學	字養正，號寒齋，性孝謹恬退，研思道理，考論古今，遁迹山水者二十年。	求心錄、石塘閒話。	宋元學案補遺卷四十七
朱熹	嶽麓書院 螺峯書院 石湖書院 滄洲精舍 龍山書院 懷玉書院 鵝湖書院 白鹿洞書院	講學	字元晦，號晦庵，晚號晦翁。其學出於李侗、羅從彥，而盡得程氏之傳。主張窮理以致其知，反躬以踐其實，其學說以居敬爲主。晚卜築於建陽之考亭，作滄洲精舍，講學其中。	易本義啓蒙、詩集傳、大學中庸章句或問、論語孟子集注、太極圖通書西銘解、楚辭集注辨證、韓文考異、文集。	宋元學案卷四十八

趙汝靚	東山書院	講學	趙汝愚之弟，苦節講學，於餘干建東山書院，延朱熹講學，餘干學者祀熹，而以靚爲配。		宋元學案卷四十九
張　栻	嶽麓書院 城南書院 道山書院 南軒書院	講學	字敬夫，一字樂齋，穎悟夙成，少長，從五峯先生，問程氏學。爲人坦蕩明白，表裏洞然，尤嚴於義利之辨，學者稱南軒先生。	南軒易說、癸巳論語解、癸巳孟子說、伊川粹言、南軒集。	宋元學案卷五十
張　庶	嶽麓書院	講學	字晞顏，栻之再從子。張栻嘗勉之以黜浮崇實之說，遂師之。侍栻九年，栻講學嶽麓書院，先生執筆爲司錄。		宋元學案卷五十
張忠恕	嶽麓書院	講學	字行父，學者稱拙齋先生。士之出湖湘者，皆從之遊。		宋元學案卷五十
張　洽	白鹿洞書院	山長	宣公栻之孫也，官揚州司理參軍，有兄弟爭財者，諭之曰：「訟于官是吏胥之利，冒法求勝，孰若全手足之愛。」訟者感悟。		宋元學案卷五十

呂祖謙	麗澤書院 拙齋書院 鵝湖書院	講學	字伯恭，與朱熹、張栻齊名，號稱東南三賢。其文詞宏肆辨博，淩厲無前，於詩書春秋，多究古義，於十七史皆有詳節，學者稱東萊先生。	古周易、易說、書說、春秋左氏傳說、東萊左氏博議、大事記、歷代制度詳說、呂氏家塾讀詩記、少儀外傳。	宋元學案卷五十一
薛叔似	南湖書院 西園書院 石澗書院	講學	字象先，雅慕朱熹，窮道德性命之旨，於天文地理，鐘律象數之學，無所不通。	薛文節公集	宋元學案卷五十二
陳傅良	嶽麓書院 城南書社	講道 講學	字君舉，少有重名，授徒僧舍，士子莫不歸敬。薛艮齋過之，啓以其端，已而束書屏居。艮齋又過之，問治何業，先生陳其所得。艮齋曰：「吾懼子之累於得也。」於是往依艮齋而卒學焉。	周禮說、春秋後傳、左氏章旨、毛詩解詁、建隆編、西漢史鈔、止齋文集。	宋元學案卷五十三

呂沖之	白鹿洞書院	講道	字大老，呂聲之從弟，師陳博良，簽判南康軍。	壁經宗旨。	宋元學案卷五十三
陸九韶	石林書院	講學	字子美，撫州金溪人。陸九齡、九淵之兄也。學問淵粹，隱居不仕，與學者講學梭山，因號梭山居士。	梭山日記。	宋元學案卷五十七
陸九淵	懷玉書院 象山書院 鵝湖書院	講學	字子靜，自號存齋，居貴溪之象山，學者輻湊，學者稱爲象山先生。嘗與朱熹會講鵝湖，論辯多不合。	象山集、語錄。	宋元學案卷五十八
陸持之	東湖書院	講學	字伯微，九淵之子，七歲能文。九淵居象山之上，學者數百人，有未達者，持之爲敷繹之。	易提綱、諸經雜說。	宋元學案卷五十八
龔霆松	理源書院	講學	號艮所，潛心理學，時朱陸議論不一，霆松折衷其說，時稱朱陸忠臣。	四書朱陸會同注釋。	宋元學案補遺卷五十八

劉清之	槐蔭精舍 白鹿洞書院	講學	字子澄，學者稱靜春先生，初欲應博學宏詞科，及見朱熹，盡取所習焚之，慨然志於義理之學，宗族有流寓者，皆迎養之。	管子內外雜篇、訓蒙新書、外書、戒子通錄、祭儀、時令書、續說苑、農書、文集。	宋元學案卷五十九
趙蕃	河源書院	講學	字昌父，學者稱章泉先生。始受學於劉清之，年五十，受學於朱熹。	乾道稿、淳熙稿、章泉稿。	宋元學案卷五十九
黃棨	作新書院	講學	字肅甫，嘗爲靖州倅，於州學旁建書院，政暇講學其中。		宋元學案補遺卷六十一
黃榦	武彝講堂 螺峰書院	講學	字直卿，號勉齋。少受業於朱熹之門，熹嘉其志堅思苦，以女妻之。歷官漢陽軍、安慶府，所蒞多有善政，安慶人以黃父稱之。	書說、六經講義、禮記集註、論語通釋、論語意原、勉齋集。	閩中理學淵源考卷二十六

劉養浩	白石書院	講學	受學於黃榦，淳祐七年爲寧國府教授，後進之士從之者無虛日，相地於白石山爲書院以處學者，從學者稱爲白石先生。		宋元學案補遺卷六十三
輔廣	傳貽書院	講學	字漢卿，號潛庵。師事呂祖謙及朱熹，寧宗初，僞學禁嚴，學徒多避去，廣不爲所動。學者稱傳貽先生。	四書纂疏、六經集解、通鑑集義、詩童子問、日新錄。	宋元學案卷六十四
陳埴	明道書院	山長	字器之，少師葉適，長從朱熹遊，所見超卓，世稱潛室先生。	禹貢辯、洪範解、王制章句、木鐘集。	宋元學案卷六十五
杜煜	樊川書院	講學	字良仲，初從石𡼖遊，後事朱熹十餘年，學者稱南湖先生。（煜，疑爗之誤）	南湖先生文集。	宋元學案卷六十六
杜知仁	樊川書院	講學	字仁仲，號方山。少有俊才，嘗爲詩文，即乃棄去。即論孟六經，考論一時諸先生風旨。訂禮、讀易、說詩，多所論述。		宋元學案卷六十六

蔡沈	武彝講堂 南山書院	講學	字仲默，少師事朱熹。熹晚年欲著書傳，遂以屬沈。沈受父師之託，沈潛反復數十年，成書經集傳、洪範皇極，發明先儒之所未及。晚居九峰，學者稱九峰先生。	書經集傳、洪範皇極。	宋元學案卷六十七
蔡杭	麗澤書院 上蔡書院	書院師	字仲節，元定之孫，博通經史，邃於理學，淳祐十一年，知金華郡，亟踵北山、魯齋之門。		宋元學案卷六十七
蔡模	建安書院	典教事	字仲覺，隱居篤學，一以聖賢爲師，學者稱覺軒先生。	易傳集解、大學衍說、論孟集疏、河洛探頤。	宋元學案卷六十七
蔡權	蘆峰書院	山長	字仲平，九峯三子，聰明英毅，肄業於家庭，兄弟聯席，自相師友。以兄恩補承務郎，教授鄉里，講明義理，獨處靜室幽軒，終日怡怡，學者稱靜軒先生。		宋元學案卷六十七

劉逢源	雲津書院	講學	蔡杭之門人，杭稱之爲畏友，其入國學，杭贈之序曰：逢源自總髮讀書，慨然以古道自任，其爲文章，不守近世師法。		宋元學案補遺卷六十七
蔡　和	東湖書院	堂長	字廷傑，晉江人，心慕朱文公，以親老不能，勉陳易往受業，而以書請質之，居白石村，喪祭酌古今禮，鄉閭化之，號蔡白石。		宋元學案卷六十八
李　燔	白鹿洞書院	堂長	字敬子，嘗從朱熹學，任襄府教授，往見朱子，朱子嘉之。凡諸生未達者先令訪燔，俟有所發，乃從熹折衷，諸生畏服。		宋史卷四十三
李方子	雲巖書院	講學	字公晦，號果齋，朱熹高弟。端謹純篤，天資近道，累官國子錄，通判辰州。	朱子年譜、禹貢解、傳道精語。	宋元學案卷六十九
陳　宓	白鹿洞書院	講學	字師復，莆田人，丞相俊卿之子，爲文公門人，嘉定間知南康軍，有政聲。	論語註義問答、春秋三傳鈔、續通鑑綱目、唐史贅疣。	白鹿洞書院志卷五

程　珙	柳湖書院	講學	字仲壁，號柳湖，程端蒙之從曾孫，登朱熹之門。	易說。	宋元學案卷六十九
王　過	拙齋書院	講學	字幼觀，從學朱子，學者稱拙齋先生，與程（端蒙）、董（銖）稱三先生。		宋元學案卷六十九
胡安之	南軒書院	主講席	字叔器，萍鄉人，受業朱晦庵。經學疑義，多所著述，學者稱白齋先生。		宋元學案補遺卷六十九
鍾　震	主一書院	講學	湘潭人，師事朱熹。眞德秀帥潭，延典郡教，學者稱主一先生。		宋元學案補遺卷六十九
吳　雄	嶽麓書院 陽坪書院	講學	字伯英，居臨安，師事朱熹，深明性命之學，博學貫通，有志於當世，星緯占候，孫吳兵法，咸詣其妙。後歸建陽平書院，日講學其中，學者稱陽平先生。（平或作坪）		宋元學案補遺卷六十九
金去僞	鄱江書院	講學	字敬直，一舉於鄉，即棄而從朱子遊，潛心體驗，學者稱草窗先生。或勸之著書，曰：經經也，史緯也，諸儒之訓釋，晦庵折衷之，集其大成矣。卒不著書。		宋元學案補遺卷六十九

曾三異	龍城書院	講學	字無疑，少有詩名，尤尊經學，屢從朱熹問辨，能作小楷，號雲巢先生。		宋元學案補遺卷六十九
劉南甫	白鷺書院	講學	字山立，號月澗，警敏絕倫，最爲江萬里所重，歐陽巽齋雖與爲輩行，然師事之。		宋元學案卷七十
程端蒙	蒙齋書院	講學	字正思，號蒙齋，師事江介，已而再受業於朱子。	性理字訓、毓蒙明訓、學則。	宋元學案卷六十九
胡　泳	竹梧書院	講學	字伯量，朱熹弟子，不樂仕進，學者翕然尊之，稱爲桐源先生。	四書衍說	宋元學案卷六十九
楊　復	考亭書院	講學	字志仁，受業於朱熹之門，勁特通敏，考索最精。眞德秀帥閩，即郡學創貴德堂以處之，學者稱信齋先生。	祭禮、儀禮圖解、家禮雜說附註。	宋元學案卷六十九
黎貴臣	昭文書院	講學	醴陵人，從朱熹受業，講明道學，士類多宗之。		宋元學案卷六十九
林學蒙	道南書院	堂長	字正卿，初從朱子遊，後卒業於黃勉齋。僞學禁起，築室龍門庵下，講明性命之旨。生平識趣高明，文足以發義理，行足以激貪懦，凡所講論易說，朱子皆然之。	梅塢集。	閩中理學淵源考卷十七

陳文蔚	河源書院	講學	字才卿，號克齋，受業於朱熹之門，其學以誠爲本，以躬行實踐爲事。	克齋集，尚書解注。	宋元學案卷六十九
黃義勇	白鹿洞書院	堂長	字去私，從文公於武夷精舍，黃榦謂：「向來問學之士，彫落殆盡，江西則甘吉甫、黃去私兄弟、張元德，不過數人耳。」		宋元學案卷六十九
龔蓋卿	雙蹲書院	講學	字夢錫，以明經擢第。師事朱子，明義理之學。		宋元學案卷六十九
黃　績	東湖書堂	講學	字德遠，少凝重，稍長慨然有志學道，聞陳師復（宓）、潘瓜山（柄）得朱子學於黃榦，遂師之。生平不作韻語，偶有感興，亦得風人之趣。	四書遺說、近思錄義類。	宋元學案卷七十
	涵江書院	山長			
趙順孫	學道書院	講學	字和仲，縉雲人也，嘗謂朱子之微言奧旨，散出於門人所記錄者，莫克互見，乃集以爲四書纂疏，學者盛傳之，世稱格齋先生。	近思錄精義、孝宗繫年錄、中興名臣言行錄、格齋集。	宋元學案卷七十

吳　獵	嶽麓書院	堂長	字德夫，學者稱畏齋先生。全祖望評之曰：「如先生者，有得於宣公求仁之學，而施之經綸之大者，非區區迂儒章句之陋。而其好用善人，則宰相材也。」	畏齋文集。	宋元學案卷七十一
鍾如愚	南嶽書院	山長	字師顏，湘潭人，南軒之弟子也，弱冠舉中進士科，刻意學而不仕，晚官嶺海，引年而歸。		宋元學案卷七十一
范　蓀	滄江書院	講學	字季才，乾淳以後，南軒之學盛於蜀中，范子長與范蓀並稱嫡傳。魏了翁初爲考索記問之學，季才以斂華就實語之。		宋元學案卷七十二
薛　紱	玉淵書院	講學	字仲章，幼穎悟，日誦萬言。嘗知黎州，州爲群蠻所居，紱興起其民，治績卓著，學者稱符谿先生。	則書十卷。	宋元學案卷七十二
楊子謨	雲山書院	講學	字伯昌，號浩齋。其父雲山老人，得張宣公之學，以授先生，先生朝夕究圖，凝然一室，往往踰月不足戶。	浩齋退稿。	宋元學案卷七十二

李義山	龍山書院	講學	字伯高，號後林，受業於南軒之門人。	後林遺稿、思過錄。	宋元學案卷七十二
馮興宗	象山書院	堂長	字振甫，與從弟國壽皆師事慈湖，時號二馮。於書無所不讀，每聆誨言，輒心領神會。		宋元學案卷七十四
錢　時	象山書院	主講席	字子是，慈湖高弟，讀書不爲世儒之習。大抵發明人心，指摘痛快，聞者皆有得焉，世稱融堂先生。	周易釋傳、尚書演義、四書管見、春秋大旨、冠昏記、百行冠冕集。	宋元學案卷七十四
桂萬榮	石坡書院	講學	字夢協，一字石坡，以進士授餘干尉。邑多豪吏，一以紀律繩之，馭民則用慈愛，子弟獲訓廸者，恥爲不善。		宋元學案卷七十四
鄒近仁	歸軒書院	講學	字季友，一字魯卿，號歸軒，嘗問道於楊簡，性至孝，所當爲雖強禦不畏。	歸軒集。	宋元學案卷七十四
曹漢炎	慈湖書院 杜洲書院	堂長	字可久，慈谿人也。		宋元學案卷七十四

夏溥	安定書院	山長	字大之，博通經學，兼工詩，鄭師山學於淳安，自言得大之啓發之功，趙東山亦嘗師之。		宋元學案卷七十四
舒璘	廣平書院	講學	字元質，一字元賓，少聞伊洛之說，長遊太學，結交皆良友。時張宣公宦中都，往請益焉。朱子與呂成公講學於婺，徒步往從之。嘗教授徽州，徽之士習久壞，先生以身率之，教以日用常行之道，諸生漸知所向方。	詩學發微、詩禮講解、廣平類稿、文靖集。	宋元學案卷七十六
傅子雲	象山書院	主講	字季魯，號琴山，登陸象山之門。九淵出守荊門，使子雲居象山精舍，從遊日衆，嘗主簿甌寧，決訟必傳經義。	易傳、論語集傳、學庸解、孟子指義、離騷經解。	宋元學案卷七十七
危稹	龍江書院	講學	字逢吉，號巽齋，學者稱驪塘先生。嘗遊陸子之門，以文章爲洪邁、楊萬里所賞。	巽齋集。	宋元學案卷七十七

柴中行	南溪書院	講學	字與之，餘干人，以儒學顯。與弟中守、中立講學南溪之上，時從遊數百人，因稱之曰南溪先生。	易繫集傳、書集傳、詩講義、論語童蒙說。	宋元學案卷七十九
崔與之	蘿峰書院	講學	字正之，號菊坡，與攻媿友善。少卓犖，有奇節，歷仕四十七年，清風高節，屹然師表，未嘗沾一彈墨。		宋元學案卷七十九
魏了翁	鶴山書院	講學	字華父，嘗築室白鶴山下，以聞於輔廣李燔者，開門授徒，士子爭負笈從之，學者尊之爲鶴山先生。	九經要義、古今考、經外雜鈔、師友雅言、鶴山集。	宋元學案卷八十
高　崇	玉淵書院	講學	字西叔，兄弟自相師友，而淵源出於南軒。嘗通判黎州，尋爲守，兼管內安撫使。黎本夷壤，西叔信賞必罰，以作士氣，邊警以息。	周官解。	宋元學案卷八十
王　爚	上蔡書院	山主	字仲潛，一字伯晦。生平清修剛勁，李芾、趙卯發、唐震皆從之遊，皆以節死，忠義之士，萃於一門。	言子。	宋元學案卷八十

孔元龍	柯山書院	山長	字季凱，尙志篤學，從眞德秀遊，任餘干縣簿，後爲柯山精舍山長，以宣教郎致仕。	柯山講義、論語集說、魯樵斐稿、奏議叢璧。	宋元學案卷八十一
徐元杰	河源書院 延平書院	講學	字仁伯，一字子祥，號梅野。陳文蔚講書鉛山，往師之，後師事西山。	楳埜集。	宋元學案卷八十一
徐　幾	建安書院	山長	字子與，號進齋，博通經史，尤精於易。景定間與何基同以布衣召補廸功郎，有經義行世。	易輯。	宋元學案卷八十一
盧孝孫	石林書院 玉溪書院	講學	字新之，受業眞西山之門，學者稱玉溪先生。	四書集義。	宋元學案補遺卷八十一
周天驥	河源書院	講學	字子德，號穎齋，嘗與眞德秀學，西山作穎齋爲學二記勉之。		宋元學案補遺卷八十一
梁百揆	禺山書院	講學	字宗盛，少謹厚，苦志力學，晚隱禺山，闢異端，彰聖學，有功名教，學者稱端懿先生。		宋元學案補遺卷八十一

何　基	麗澤書院	山長	字子恭，從黃榦遊，得紫陽正傳。其學以刻苦心地、正實工夫爲要，所述皆程朱諸子之學，人稱北山先生。	大學發揮、中庸發揮、大傳發揮、易啓蒙發揮、太極通書、西銘發揮、北山集。	宋元學案卷八十二
王　柏	麗澤書院	書院師	字會之，少慕諸葛孔明，自號長嘯，後更號魯齋。從何基遊，質實堅苦，工詩善畫，著述甚富。	讀易記、書疑、詩疑、研幾圖、魯齋集、可言集。	宋元學案卷八十二
	上蔡書院	堂長			
金履祥	重樂書院	講學	字吉甫，少敏睿，長從王柏、何基遊，遂窮濂洛之學，爲一代名儒，學者稱仁山先生。	通鑑前編、大學疏義、尚書表註、論孟集註考證、仁山集。	宋元學案卷八十二
	麗澤書院				
方逢辰	和靖書院	講學	字君錫，其學以格物爲窮理之本，以篤行爲修己之實，學者稱爲蛟峰先生。	孝經解、易外傳、尚書釋傳、中庸大學註釋、格物入門、文集。	宋元學案補遺卷八十二
	石峽書院				

王賁	上蔡書院	堂長	字蘊文，號石潭，介特有守，鄉俗化之，不肯爲非，師事王柏之門。		宋元學案卷八十二
袁易	石洞書院	山長	字通甫，少敏於學，蘊積之素，一發於詩，未始高談性命，以師道自任。其在石洞，推明雙峯之說，上及於考亭，多諸生所未聞，莫不敬服焉，學者稱靜春先生。	靜春堂集。	宋元學案卷八十二
饒魯	石洞書院	講學	字伯輿，一字仲元，從黃榦、李燔學。嘗赴試不遇，遂專意聖學，以致知力行爲本，四方聘講無虛日，學者稱雙峰先生。	五經講義、論孟紀聞、春秋節傳、學庸纂述、太極三圖、近思錄註。	宋元學案卷八十三
程若庸	安定書院 臨汝書院 武彝書院	山長	字逢原，從饒魯、沈貴珍得朱子學，學者稱徽庵先生，又稱勿齋先生。	性理字訓講義、太極洪範圖說。	宋元學案卷八十三
	斛峰書院	講學			

湯　漢	象山書院	山長	字伯紀，度宗即位，以端明殿學士致仕。嘗自儆曰：春秋責備賢者，造物計較好人，一點莫留餘滓，十分成就全身。王深寧謂：此老晚節，庶幾踐斯言也。	文集。	宋元學案卷八十四
謝枋得	疊山書院	講學	字君直，觀書五行俱下，一覽終身不忘。與人論古今治亂，必掀髯抵几，跳躍自奮，以忠義自任。徐霖稱其如驚鶴摩霄，不可籠縶。	文章軌範、疊山集。	宋元學案卷八十四
湯　中	河源書院	講學	字季庸，號息庵，與兄湯千並事柴中行，又並事眞西山，人稱大小湯。		宋元學案卷八十四
袁　桷	麗澤書院	山長	字伯長，鄞縣人，爲童子時，已著聲，部使者舉茂才異等，起爲麗澤書院山長。		宋元學案卷八十五
黃叔英	杜洲書院	講道	字彥實，其學一以躬行爲本，以家學教授閩越間，與韓性相友善。受業其門者，皆卓然有立，學者稱蕢庵先生。	蕢庵雜著、蕢庵暇筆。	宋元學案卷八十六
	和靖書院、采石書院	山長			

歐陽守道	嶽麓書院	副山長	字公權，少孤貧，自力於學，以德行爲鄉郡儒宗。於學無所不講，尤深明前代治亂興廢存亡之說。晚號巽齋，學者稱巽齋先生。	易故、巽齋文集。	宋元學案卷八十八
	白鷺洲書院	講說			
歐陽新	嶽麓書院	講書	字仲齊，與子必泰寓居瀏陽，因家焉。聞巽齋至，往訪之。巽齋延爲嶽麓講書。		宋元學案卷八十八
文天祥	西澗書院	講學	字宋瑞，一字履善，體貌豐偉，美晳如玉，秀眉長目，顧盼燁然。元兵至，不屈而死，其衣帶贊曰：「孔曰成仁，孟曰取義，惟其義盡，所以仁至，讀聖賢書，所學何事，而今而後，庶幾無愧。」	文山集、文山詩史。	宋元學案卷八十八
劉辰翁	濂溪書院	山長	字會孟，號須溪。賈似道當國，殺直臣以塞言路，辰翁因對策極論之。	須溪集、班馬異同評。	宋元學案卷八十八
尹　穀	嶽麓書院	講書	字耕叟，自號務實。性剛烈莊厲，初處郡學，士友均嚴憚之。調常德推官，知崇陽縣，所至均有廉聲。蒙古兵入侵，自焚而死，諸生數百人往哭之。城破，多感激死義者。		宋元學案卷八十八

曹　涇	西疇書院	講學	字清甫，八歲能通誦五經，博學知名，馬端臨嘗師事之。	服膺錄、讀書記管見、泣血錄、過庭錄、課餘雜記。	宋元學案卷八十九
余芑舒	息齋書院	講學	號息齋，爲朱熹之學，每日讀書暇，則整襟端坐，辟補學錄不就。	蔡氏書傳疑、書傳解、易解、讀孝經誤、息齋集。	宋元學案卷八十九
馬端臨	慈湖書院 柯山書院	山長	字貴與，樂平人。休寧曹涇精詣朱子學，先生從之遊，師承有自。	文獻通考。	宋元學案卷八十九
董　鼎	深山書院	講學	字季亨，別號深山。私淑於黃榦、董銖，采拾諸家極博，不守一師之說，有功於尚書。	尚書輯錄纂註、四書疏義、書詩二經訓釋、孝經大義。	宋元學案卷八十九
鄒次陳	遺安書院	講學	字周弼，一字悅道，宋末中博學宏詞科，遠近學者多從之遊。	遺安集、史錄、書義斷法。	宋元學案補遺別附卷二

姚　勉	西澗書院 龍山書院	講學	字述之，一字誠一。吳潛入相，召爲校書郎。帝過東宮，勉講否卦，因指斥權奸，忤賈似道，遂免歸。	雪坡文集。	宋元學案補遺別附卷二
尹　沂	臺山書院	講學	幼聰明，積學好古，嘉定中建臺山書院，延明經以教士，並置田百二十畝贍之。		宋元學案補遺別附卷二
朱　沂	考亭書院	講學	字泳道，文公曾孫。與謝枋得游，枋得稱其論古今人物高下，國家興廢，善類仕止，久速之故，脫盡華葉，獨存根株，文公之後，世濟其美者，泳道一人耳。		閩中理學淵源考卷十五
鄭乾道	南溪書院	講學	號義齋，官至金紫光祿大夫，歷著治績而文名尤見重於韋齋，因相與友善，時共講學。		閩中理學淵源考卷十五
祝　洙	涵江書院	山長	字不詳，舊在家庭，講論精密，北來涵江，闡揚師訓，發明經旨，知軍徐直諒方欲擢用，拂袖歸。		閩中理學淵源考卷二十

鄭師尹	建安書院	典教事	字未詳，郡守王埜以鄭師尹爲賢，開館迎之。王遂建安書院記謂鄭師尹出廖公德明之門。		閩中理學淵源考卷二十七
楊耿	石屏書院	講學	字國光，與吳大成、鄭柔、薛京齊名。從陳景肅講學漸山石屏書院，闢精一堂，講明經術。所著詩多寓言，而忠愛之意宛然如見。		閩中理學淵源考卷三十二
林擇之	白鹿洞書院	講學	字用之，閩人，從文公最久，文公守南康時，擇之嘗從講學於洞。		白鹿洞書院志卷五
袁萬頃	竹梧書院	講學	字元量，號竹齋，素有孝行，節操學問粹然一出於正，其詩爲洪邁所推賞。	竹齋詩集。	南宋文範作者考下
林光朝	紅泉精舍	講學	字謙之，自少聞吳中陸子正學於尹和靖，固往從之。由是專心聖賢踐履之學。其學通六經，貫百氏，言動必以禮，四方來學者，無慮數百人，學者稱艾軒先生。	艾軒集。	宋元學案卷四十七

袁　燮	樓氏精舍	講學	字和叔，少讀東都黨錮傳，慨然以名節自期。登淳熙八年進士，爲司封郎官，遷國子祭酒，延見諸生，必廸以反躬切己，忠信篤實，學者稱絜齋先生。	絜齋家塾書鈔、絜齋毛詩、經筵講義、絜齋集	宋元學案卷七十五
眞德秀	西山精舍	講學	字景元，後更景希，慶元五年進士，自韓侂冑立僞學之名以錮善類，凡近時大儒之書皆顯禁絕之，而西山晚出獨立，慨然以斯文自任，講習而服行之，黨禁既開，而正學遂明於天下，學者稱西山先生。	西山甲乙稿、對越甲乙集、經筵講義、四書集編、文章正宗。	宋元學案卷八十一
徐　霖	柯山精舍	講學	字景說，號徑畈，年十三，有志聖道，焚所作文，精研六經之奧，謝枋得嘗師之。		宋元學案卷八十四
沈　煥	竹洲講院	講學	字叔晦，乾道五年進士，歷太學錄事，早暮延見學者，孜孜誨誘，同僚忌其立異，調高郵軍教授，後通判舒州，閒居雖病，猶不廢書，拳拳然以母老爲念，善類凋零爲憂，紹熙二年卒，謚端憲。	定川集。	宋元學案卷七十六

楊簡	碧沚講院	講學	字敬仲，乾道五年進士，授富陽主簿，會陸九淵道過富陽，問答有契，遂定師弟之禮，調知樂平縣，興學訓士，邑人以訟爲恥，夜無盜警，路不拾遺，民呼楊父。寶慶二年卒，謚文元，學者稱慈湖先生。	楊氏易傳、五誥解、慈湖詩傳、冠記、昏記、慈湖遺書。	宋元學案卷七十四
楊棟	麗澤書院 上蔡書院		紹定二年登進士第一，爲宗正少卿進對。其學本諸周程，負海內重望。	崇道集、平舟文集。	宋元學案補遺卷十二
李昉	封龍書院	講學	字明遠，爲人和厚多恕，不念舊惡，在位小心謹愼，爲文章慕白居易，尤淺近易曉，所居有園亭別墅之勝，多召故人親友，宴樂其中。	太平御覽、文苑精華、太平廣記、文集五十卷	宋史卷二六五
王洙	應天府書院	說書	字原叔，少聰悟博學，記問過人，汎覽傳記，至圖緯、方技、陰陽、五行、算數、音律、詁訓、篆隸無所不通。嘗預修集韻、祖宗故事、鄉兵制度、三朝經武聖略。	易傳十卷、雜文千餘篇	宋史卷二九四

李芾	虎邱書院	講學	字叔章，爲人剛介，不畏強禦，臨事精敏，姦猾不能欺。作虎邱書院以祠尹焞，置學官，親爲學規以教之，學者甚盛。	宋史卷四五〇
杜子野	鹿岡書院	教授	宜黃人，王安石幼嘗師之。	宋史翼卷三十六
周諤	蓮溪書院	講學	字鯁臣，號浩翁，天資穎悟，端重嚴謹，雅有趣尚，紹聖中試大學，補弟子員，居十餘年，學益成，乃以餘資市書歸，作浩齋書室，竭力營構，事親教子。	檆溪居士集卷十二
黃嘉	白鷺洲書院	山長	字亨父，清苦有守，善治書。	巽齋文集卷十四
傅夢泉	曾潭講堂	講學	字子淵，號若水，爲人機警敏悟，疏通洞達，學於象山，性地剛毅，嘗講學曾潭之滸，學者稱曾潭先生。	宋元學案卷七十七

黃鍾	武彝講堂	講學	字器之，號定齋，從陳昭度遊，乾道中登第，待次德化尉，講學授徒，里人服其教。	周禮集解、荀揚續註、杜詩註釋、史要。	宋元學案卷四十七
杜誼	永城學舍	講學	字漢臣，事父母至孝，父母繼喪，日夜號慟，及卜葬，徒跣負土爲墳，廬墓終孝。嘗以大理評事知永城縣，父老稱其爲政爲不可及。		宋史卷四五六

附錄三——宋代書院刊本書影

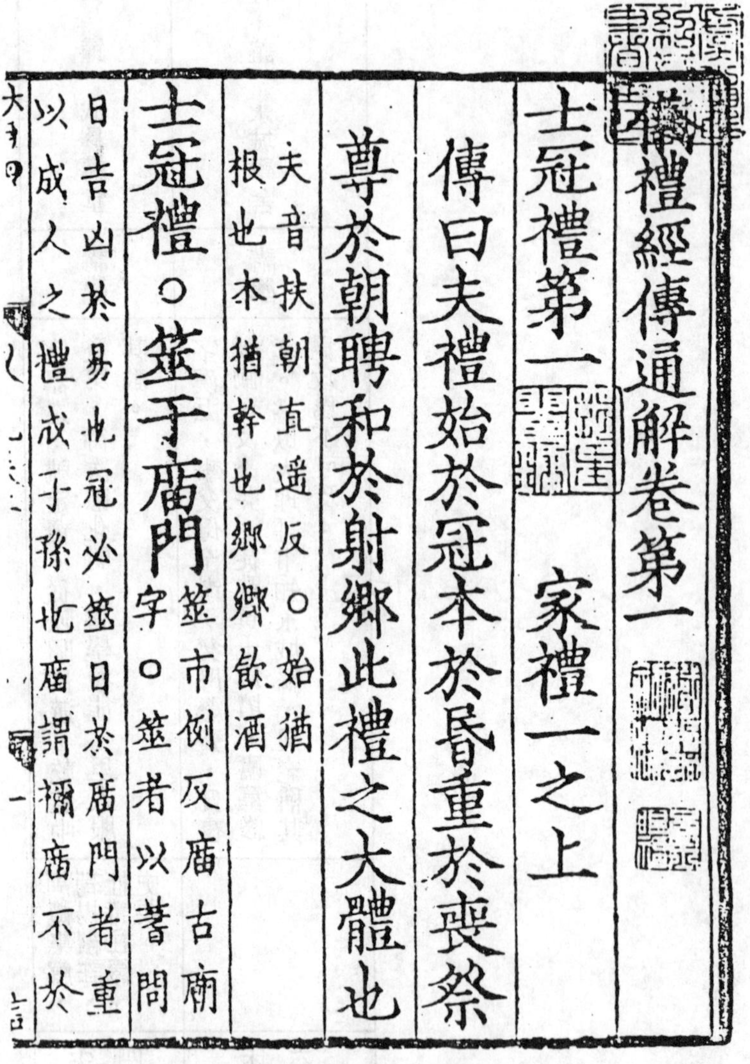

儀禮經傳通解卷第一

家禮一之上

士冠禮第一

傳曰夫禮始於冠本於昏重於喪祭尊於朝聘和於射鄉此禮之大體也夫音扶朝直遥反○始猶根也本猶幹也鄉鄉飲酒

士冠禮○筮于廟門筮市制反廟古廟字○筮者以蓍問日吉凶於易也冠必筮日於廟門者重以成人之禮成子孫也廟謂禰廟不於

（江左書院刊朱子儀禮經傳通解集註，採自鐵琴銅劍樓宋本書影經部）

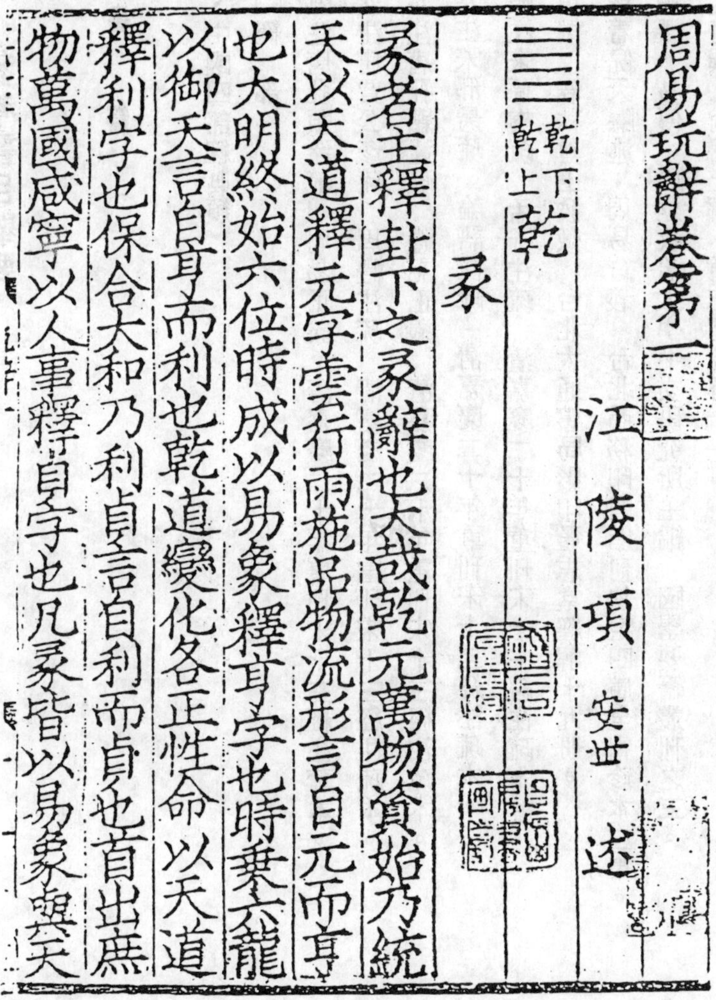

周易玩辭卷第一

江陵　項安世　述

☰☰ 乾下乾上 乾

彖

彖者主釋卦下之彖辭也大哉乾元萬物資始乃統天以天道釋元字雲行雨施品物流形言自元而亨也大明終始六位時成以易象釋亨字也時乘六龍以御天言自亨而利也乾道變化各正性命以天道釋利字也保合大和乃利貞言自利而貞也首出庶物萬國咸寧以人事釋貞字也凡彖皆以易彖與爻

（建安書院刊項安世周易玩辭，採自國立中央圖書館善本書經部）

附錄四　參考書目舉要

壹、書　籍

一、中國四部經典類

㈠經　部

1. 魏王弼注唐孔穎達疏　周易正義　清嘉慶二十年重刊宋十三經注疏本。
2. 漢鄭玄注唐賈公彥疏　周禮注疏　清嘉慶二十年重刊宋十三經注疏本。
3. 漢鄭玄注唐孔穎達疏　禮記正義　清嘉慶二十年重刊宋十三經注疏本。
4. 魏何晏注宋邢昺疏　論語注疏　清嘉慶二十年重刊宋十三經注疏本。
5. 漢趙岐注宋孫奭疏　孟子注疏　清嘉慶二十年重刊宋十三經注疏本。
6. 宋孫復撰　春秋尊王發微　台北大通書局影印通志堂經解十九册。
7. 宋胡瑗着倪天隱述　周易口義　台北商務印書館刊欽定四庫全書珍本三集。
8. 宋程頤撰　易傳　國立政治大學中文研究所主編　國學要籍叢刊之三。
9. 宋林之奇撰　尚書全解　通志堂經解十一册。

10.宋朱熹撰　四書集註　台北世界書局刊仿古字版。

11.宋張栻撰　南軒易說　欽定四庫全書珍本三集。

12.宋張栻撰　南軒孟子說　南軒論語說　通志堂經解三十五册。

13.宋孫覺撰　春秋經解　嚴一萍百部叢書集成之二七　聚珍版叢書十三函。

14.宋王柏撰　詩疑　通志堂經解十七册。

15.宋王柏撰　書疑　通志堂經解十三册。

16.宋蔡沈撰　書集傳　台北世界書局刊楊家駱主編中國學術名着一輯。

17.宋袁燮撰　絜齋毛詩經筵講義　嚴一萍百部叢書集成之二七　聚珍版叢書九函。

18.宋袁燮撰　絜齋家塾書鈔　欽定四庫全書珍本初集。

19.宋楊簡撰　慈湖詩傳　欽定四庫全書珍本四集。

20.宋楊簡撰　楊氏易傳　欽定四庫全書珍本七集。

21.宋楊簡撰　五誥解　文淵閣四庫全書經部書類。

22.宋陳傅良撰　春秋後傳　通志堂經解二十一册。

23.宋袁甫撰　蒙齋中庸講義　國防研究院刊四明叢書三集。

24.宋金履祥撰　尚書表註　通志堂經解十三册。

25.宋金履祥撰　論語集注考證　嚴一萍百部叢書集成之九五　金華叢書五函。

㈡史　部

1.漢司馬遷撰　史記　台北鼎文書局刊楊家駱主編中國學術類編新校本。

2.漢班固撰　漢書　台北鼎文書局刊楊家駱主編中國學術類編新校本。

3.宋范曄撰　後漢書　台北鼎文書局刊楊家駱主編中國學術類編新校本。

4.晉常璩撰　華陽國志　台北商務印書館刊王雲五主編國學基本叢書四百種。

5.唐張九齡撰　唐六典　欽定四庫全書珍本六集。

6.宋歐陽修李祁撰　新唐書　台北鼎文書局刊楊家駱主編中國學術類編新校本。

7.宋歐陽修撰　新五代史　台北鼎文書局刊楊家駱主編中國學術類編新校本。

8.宋司馬光撰　資治通鑑　台北世界刊楊家駱主編中國學術名着五輯。

9.宋李攸　宋朝事實　欽定四庫全書珍本別輯。

10.宋趙汝愚等撰　宋名臣奏議　欽定四庫全書珍本二集。

11.宋馬令撰　南唐書　嚴一萍百部叢書集成之四七　墨海金壺三函。

12.宋陸游撰　南唐書　百部叢書集成之十五　秘册彙函二函。

13.宋鄭文寶撰　江表志　百部叢書集成之二四　學海類編四函。

14.元托克托撰　宋史　台北鼎文書局刊楊家駱主編中國學術類編新校本。

15.元馬端臨撰　文獻通考　台北新興書局影乾隆殿本。

16. 明陳邦瞻撰　宋史紀事本末　台北鼎文書局刊楊家駱主編中國學術類編。
17. 明黃宗羲撰清全祖望補　宋元學案　台北世界書局刊楊家駱主編中國學術名著三輯。
18. 明李應昇重訂　白鹿洞書院志　明天啓二年南昌官刊本（微捲）。
19. 清陳鼎撰　東林列傳　欽定四庫全書珍本五集。
20. 清萬斯同撰　儒林宗派　台北廣文書局刊筆記四編。
21. 清熊賜履撰　學統　台北廣文書局刊中國哲學思想要籍叢編。
22. 清李清馥撰　閩中理學淵源考　欽定四庫全書珍本二集。
23. 清高宗敕撰　續文獻通考　台北新興書局影乾隆殿本。
24. 清王夫之撰　宋論　台北里仁書局七十年十月版。
25. 不着撰人　天下書院總志　台北廣文書局刊史料六編。

㈢子　部

1. 宋程頤程顥撰　二程全書　台北中華書局四部備要據江寧刻本校刊本。
2. 宋周敦頤撰　周子全書　台北商務印書館刊王雲五主編人人文庫。
3. 宋張載撰　張子全書　台北商務印書館刊王雲五主編人人文庫。
4. 宋朱熹撰　近思錄　台北商務印書館刊王雲五主編人人文庫。
5. 宋黎靖德編　朱子語類　台北正中書局據日本內閣文庫藏覆成化本修補本。

6.宋王應麟撰　困學紀聞　台北商務印書館刊王雲五主編人人文庫。
7.宋陳振孫撰　直齋書錄解題　台北商務印書館刊王雲五主編人人文庫。
8.宋吳曾撰　能改齋漫錄　台北新興書局刊筆記小說大觀續編。
9.宋張齊賢撰　洛陽搢紳舊聞記　台北新興書局刊筆記小說大觀正編。
10.宋李元剛撰　厚德錄　收於上海涵芬樓明鈔本說郛卷九十四。
11.宋僧文瑩　湘山野錄　百部叢書集成之四六　學海討津二四函。
12.宋周密撰　癸辛雜識　日本京都中文出版社刊明毛晉輯增補津逮秘書本。
13.宋周密撰　齊東野語　日本京都中文出版社刊明毛晉輯增補津逮秘書本。
14.宋李昌齡撰　樂善錄　百部叢書集成之一四　稗海二函。
15.元白珽撰　湛淵靜語　百部叢書集成之二九　知不足齋叢書九函。
16.清顏元撰　習齋紀餘　台北廣文書局刊筆記四編。
17.清顧炎武撰　日知錄　台北商務印書館刊王雲五主編人人文庫。
18.清張伯行編　廣近思錄續近思錄　台北世界書局刊楊家駱主編中國學術名着五輯。

(四)集　部

1.宋范仲淹撰　范文正公集　台北商務印書館刊大本原式精印四部叢刊正編。
2.宋朱熹撰　朱子大全　台北商務印書館刊大本原式精印四部叢刊正編。

3.宋晁補之撰　雞肋集　台北商務印書館刊大本原式精印四部叢刊正編。

4.宋李覯撰　直講李先生文集　台北商務印書館刊大本原式精印四部叢刊正編。

5.宋陸游撰　渭南文集　台北商務印書館刊大本原式精印四部叢刊正編。

6.宋葉適撰　水心先生文集　台北商務印書館刊大本原式精印四部叢刊正編。

7.宋陳傅良撰　止齋先生文集　台北商務印書館刊大本原式精印四部叢刊正編。

8.宋楊萬里撰　誠齋集　台北商務印書館刊大本原式精印四部叢刊正編。

9.宋劉克莊撰　後村先生大全集　台北商務印書館刊大本原式精印四部叢刊正編。

10.宋樓鑰撰　攻媿集　台北商務印書館刊大本原式精印四部叢刊正編。

11.宋魏了翁撰　鶴山先生大全文集　台北商務印書館刊大本原式精印四部叢刊正編。

12.宋汪應辰撰　文定集　百部叢書集成之二七　聚珍版叢書七一函。

13.宋陳文蔚撰　陳克齋先生集　百部叢書集成之二六　正誼堂全書五函。

14.宋謝枋得撰　謝疊山先生集　百部叢書集成之二六　正誼堂全書五函。

15.宋文天祥撰　文文山全集　台北世界書局刊民族正氣叢書之一　四部刊要。

16.宋張栻撰　南軒集　台北廣學社印書館刊綿邑洗墨池重刊本。

17.宋陸九淵撰　象山先生全集　台北商務印書館刊王雲五主編人人文庫。

18.宋石介撰　徂徠集　欽定四庫全書珍本四集。

19.宋呂祖謙撰　東萊集　欽定四庫全書珍本十一集。
20.宋游酢撰　游廌山集　欽定四庫全書珍本四集。
21.宋劉爚撰　雲莊集　欽定四庫全書珍本二集。
22.宋歐陽守道撰　巽齋文集　欽定四庫全書珍本二集。
23.宋林希逸撰　竹溪鬳齋續集　欽定四庫全書珍本二集。
24.宋徐元杰撰　楳埜集　欽定四庫全書珍本別輯。
25.宋陳淳撰　北溪大全集　欽定四庫全書珍本四集。
26.宋姚勉撰　雪坡集　欽定四庫全書珍本十一集。
27.宋黃榦撰　勉齋集　欽定四庫全書珍本二集。
28.宋胡宏撰　五峯集　欽定四庫全書珍本初集。
29.宋孫復撰　孫明復小集　欽定四庫全書珍本八集。
30.宋胡寅撰　斐然集　欽定四庫全書珍本初集。
31.宋周行己撰　浮沚集　欽定四庫全書珍本別輯。
32.宋袁燮撰　絜齋集　欽定四庫全書珍本別輯。
33.宋劉辰翁撰　須溪集　欽定四庫全書珍本四集。
34.宋林之奇撰　拙齋文集　欽定四庫全書珍本二集。

35. 宋方逢辰撰　蛟峯文集　欽定四庫全書珍本四集。
36. 宋劉宰撰　漫塘文集　欽定四庫全書珍本九集。
37. 元吳澄撰　吳文正集　欽定四庫全書珍本二集。
38. 元李祁撰　雲陽集　欽定四庫全書珍本二集。
39. 元虞集撰　道園學古錄　台北商務印書館刊王雲五主編國學基本叢書四百種。
40. 明胡居仁撰　胡敬齋先生集　百部叢書集成之二六　正誼堂全書五函。
41. 明黃宗羲撰　南雷文定　台北世界書局刊楊家駱主編中國學術名着六輯。
42. 清李顒撰　李二曲先生全集　台北華文書局影印道光八年惲珠重刊本。
43. 清全祖望撰　鮚埼亭集　國學基本叢書四百種。
44. 清湯斌撰　湯子遺書　欽定四庫全集珍本十一集

二、近代學術論述類

(一)中文書目

1. 熊十力　讀經示要　台北明文書局　七十三年七月初版。
2. 劉貞　辨學與從政　台北商務印書館　六十年九月台二版。
3. 程發軔　理學概論　台北正中書局　六十一年十一月台初版。
4. 林尹　中國學術思想大綱　台北商務印書館　七十年十月修訂二版。

5.方豪　宋史　中國文化大學出版部　六十八年十月新一版。
6.李威熊　根葉集　台北華正書局　七十年十一月初版。
7.李威熊　中國文化精神的探索　台北黎明文化事業公司　七十四年十一月初版。
8.董金裕　宋儒風範　台北東大圖書公司　六十八年十月初版。
9.黃公偉　宋明清理學體系論史　台北幼獅文化公司　六十年九月出版。
10.禚夢庵　宋代人物與風氣　台北商務印書館　六十三年二版。
11.劉伯驥　六藝通論　台北中華書局　四十五年九月台初版。
12.夏君虞　宋學概要　台北華世出版社　六十五年十二月台一版。
13.劉伯驥　廣東書院制度　台北國立編譯館中華叢書編審委員會　六十七年三月再版。
14.盛朗西　中國書院制度　上海中華書局　二十三年十一月出版。
15.張正藩　中國書院制度考略　台北中華書局　七十年三月初版。
16.余兆豐　中國通史　台北中華書局　四十五年七月台一版。
17.繆鳳林　中國通史要略　台北商務印書館　六十九年八月台十一版。
18.任時先　中國教育思想史　台北商務印書館　五十三年台初版。
19.陳青之　中國教育史　台北商務印書館　六十七年八月台六版。
20.陳東原　中國教育史　台北商務印書館　六十九年十二月台四版。

21.胡美琦　中國教育史　台北三民書局　六十七年七月初版。
22.余書麟　中國教育史　台北國立台灣大學出版組　六十年十月三版。
23.王鳳喈　中國教育史　台北正中書局　四十三年十二月台三版。
24.伍振鷟　中國大學教育發展史　台北三民書局　七十一年十月初版。
25.柳詒徵　中國文化史　台北正中書局　四十三年五月台二版。
26.楊幼炯　中國文化史　台北台灣書店　五十七年五月出版。
27.溫世喬　中國文化發展史　台中洋洋出版社　六十九年元月出版。
28.陳彬龢　中國書史　台北盤庚出版社　六十七年九月初版。
29.劉伯驥　宋代政教史　台北中華書局　七十一年十二月出版。
30.黃公偉　中國哲學史　台北帕米爾書店　六十年十一月二版。
31.鄺士元　中國學術思想史　台北里仁書局　七十年七月台二版。
32.本田成之　中國經學史　台北廣文書局　六十八年五月初版。
33.馬宗霍　中國經學史　台北商務印書館　六十八年九月台二版。
34.狄百瑞著李弘祺譯　中國的自由傳統　台北聯經出版事業公司　七十二年出版。
35.李弘祺　宋代教育散論　台北東昇出版公司　六十九年四月初版。
26.王鎭華　中國建築備忘錄　台北時報出版公司　七十三年九月二版。

37.陳鍾凡　兩宋思想述評　台北華世出版社　六十六年台一版。
38.孫彥民　宋代書院制度之研究　國立政治大學教育研究所教育研究叢刊乙種　五十二年六月出版。
39.葉國良　宋人疑經改經考　台北國立台灣大學文史叢刊之五十五　六十九年六月初版。

(二)日文書目

1.多賀秋五郎　近世東アジア教育史研究　東京學術書出版會　昭和四十五年出版。
2.宮崎市定　アジア史研究　京都同朋社　昭和五十四年出版。
3.寺田剛　宋代教育史概說　京都博文社　昭和四十年出版。
4.林友春　近世中國教育史研究　東京國土社　昭和三十三年出版。

貳、期刊論文

一、期刊

1.陳東原　白鹿洞書院沿革考　民鐸雜誌七卷一～二期。
2.陳東原　書院史略　學風一卷九期。
3.楊國賜　宋明新儒與書院之發展　中國文化大學創新週刊六期。
4.陳繼新　從教育觀點析論宋代書院制度　學記三期。

5.陳道生　書院制度之源流　思與言　一卷四期。
6.程運　宋代教育宗旨闡釋　中正學報二期。
7.羅耀珍　唐宋時代師道之歧途　教師之友十一卷五期。
8.曹松葉　宋元明清書院概況　國立中山大學語歷週刊十集一一一～一一四期。
9.胡適　書院制史略　東方雜誌二十一卷三期。
10.邱兆偉　宋代書院教育之成因　台灣教育輔導月刊十七卷二期。
11.楊家駱　書院之緣起及其優點　東方雜誌三十七卷十五期。
12.班書閣　書院藏書考　國立北平圖書館館刊五卷三號。
13.費海璣　南宋書院新考　現代學苑一卷十一期。
14.葉鴻灑　宋代書院教育之特色及其組織　淡江學報十五期。
15.黃金鰲　我國書院制度及其精神　鵝湖四卷一期。
16.費海璣　宋代書院的新研究　學園　八卷三～四期。
17.王鏡第　書院通徵　國學論叢一卷一期。
18.錢穆　五代時之書院　責善半月刊二卷十八期。
19.陳道生　中國書院制度新論　國立師範大學教育研究所集刊一期。
20.趙汝福　中國書院制度　台中師專學報二期。

21. 張正藩　中國書院制度的興起及其對於學術的影響　中華文化復興月刊四卷九期。
22. 丁肇怡　書院制度及其精神　民主評論　十卷十三期。
23. 張正藩　中國書院史料述　反攻　四二三期。
24. 張正藩　書院講學對學術的影響　反攻　四二五期。
25. 張正藩　中國書院之興起與發展　海外學人八十期。
26. 辜瑞蘭　中國書院刊刻圖書考　國立中央圖書館館刊九卷二期。
27. 葉鴻灑　論宋代書院制度之產生及其影響　國立編譯館館刊二卷三期。
28. 何佑森　兩宋學風的地理分佈　新亞學報一卷一期。
29. 程運　兩宋學術風氣之分析　國立政治大學學報二十一期。
30. 張其昀　宋代四明之學風　宋史研究集第三輯。
31. 余英　宋代儒者地理分佈的統計　禹貢半月刊一卷六期。
32. 周學武　兩宋永嘉學術思想之變遷　書目季刊十卷二期。
33. 吳康　南宋湘學與浙學　學術季刊四卷二期。
34. 林繼平　魏鶴山之生平學術及其特色　中華文化復興月刊十七卷十一期。
35. 蔣勵材　醇儒張南軒的湘學　孔孟學報三十六期。
36. 唐君毅　略談宋明清學術的共同問題　哲學與文化四卷三期。

37.屈萬里　宋人疑經的風氣　大陸雜誌二十九卷三期。
38.朱學瓊　宋代的經學風氣與張南軒經解的弊病　中華文化復興月刊七卷六期。
39.李威熊　兩宋治經取向及其特色　中華學苑三十期。
40.蔡仁厚　朱子門人及其後學　孔孟學報三十九期。
41.程發軔　程朱及其門人之理學　孔孟學報十六期。
42.吳康　二程門人學述　學術季刊三卷二期。
43.程元敏　宋人在學術資料方面之貢獻　國立編譯館館刊二卷三期。
44.嚴耕望　唐人讀書山林寺院之風氣　中央研究歷史語言研究所集刊三十本。

二、論　文

1.董金裕　宋永嘉學派之學術思想　國立政治大學中文研究所博士論文。
2.張元　南宋永嘉學派之經學思想　私立東海大學歷史研究所碩士論文。
3.張元　宋代理學家的歷史觀　國立台灣大學歷史研究所博士論文。
4.李正富　宋代科舉制度之研究　國立政治大學教育研究所碩士論文。
5.倪天蕙　宋儒春秋尊王思想研究　國立政治大學中文研究所碩士論文。
6.呂仁偉　浙江書院之研究　國立師範大學歷史研究所碩士論文。
7.黃晴文　中國古代書院及其刻書之探研　私立中國文化大學史學研究所碩士論文。

問題		
白鷺洲書院發展史略	何明棟	江西教育學院學報88.3
景仰書院小考——兼評《景仰書院——陶瓷專業教育的雛型》史料失真	徐鎭壽	江西教育學院學報88.3
關於東亞同文書院	吉宜庫	上海文史資料選輯等17輯
浙江紫陽書院簡述	孫孟晉	浙江文史資料選輯第 2 輯
“萬木草堂”回憶	梁啓勛	全國文史資料選輯第25輯
對《萬木草堂回憶》的質疑	李文傑	全國文史資料選輯第31輯
廣雅書院鱗爪	潘心一	廣州文史資料選輯第10輯
《廣雅書院鱗爪》的訂正	陸丹林	廣州文史資料選輯第15輯
廣雅書院之建設及其變更	謝祖賢	廣州文史資料選輯第 1 輯
清末維新派辦書報對士林和場屋之影響及文瀾書院之活動	陳曙風	廣州文史資料選輯第 7 輯
清末省辦各書院及幾間公私立學堂簡介	沈瓊樓	廣州文史資料選輯第10輯
廣州西關士紳和文瀾書院	龔志鎏	廣州文史資料選輯第12輯
明德社和學海書院	章董鵬等	廣州文史資料選輯第15輯
東坡書院史話	潘序倫	宜興文史資料選輯第 1 輯
武昌文華書院的始末	盧春榮	湖北文史資料選輯第 1 輯
蓮池書院回憶錄	刑贊亭	河北文史資料選輯第 1 輯
江睿昌和他創辦的蒙文書社	白彥巴圖	內蒙古文史資料選輯第 5 輯
清代福州的書院	薩伯森	福州文史資料選輯第 4 輯
貴山書院改辦學堂的經過	殷亮軒遺稿	貴陽文史資料選輯第 2 輯
私塾回憶	李鐵夫	四川文史資料選輯第16輯

（錄自吳以寧編朱熹及宋元明理學，國際文化出版公司，一九九〇年六月。）

	辦公室	資料	
中國書院史略	曹繼英	濟寧師專學報	87.4
宋明理學大師與衡州書院	陳有期	衡陽師專學報	87.4
象山書院及其歷史變遷史略	陳炎成	江西教育學院學報	87.4
關於書院“講會”與“會講”之答問	李才棟	江西教育學院學報	87.4
宋代泰山書院初考	袁愛國	山東教育史志資料	87.4
孔府書院及其特點	駱承烈等	山東教育史志資料	87.4
回憶兩湖書院	陳英才	湖北教育史志資料	87.5
簡談清代甘肅的書院	王迎喜	西北史地	88.1
揚州書院與揚州學派	徐祥玲等	揚州師院學報	88.2
徽商與兩浙崇文書院	汪慶元	江淮論壇	88.3
“海內書院第一”——白鹿洞書院	王 瑞	爭鳴	88.1
略論廣雅書院的創設及其主要特點	黃新憲	華中師大學報	88.4
論張之洞與兩湖書院的興辦及改制	黃新憲	齊齊哈爾師院學報	88.4
論元代廟學書院的規模	（日）牧野修二著 趙 剛譯	齊齊哈爾師院學報	88.4
書院研究	湖南省書院研究會衡陽市博物館編	（湖南大學）	88.5
清末的兩湖書院	陳遠發	中國教育報	88.6.25
湖北歷代書院考	羅 新	江漢論壇	88.10
關於幾所書院研究中的若干	李才棟	江西教育學院學報	88.3

的發展			
安徽歷史上的書院	宋良文	安徽教育	86.9
岳麓書院“忠孝廉節”四字書者考辨	虞逸夫等	文物	86.11
唐代集賢殿書院考論	趙永東	南開學報	86.4
試論宋元明清時期的廣西書院	李彥福等	廣西社會科學	86.4
朱熹與福建書院考評	黃金鐘	教育評論	86.5
箴言書院簡述	羅慶康	益陽師專學報	86.4
象山書院及其歷史變遷	陳炎成	爭鳴	87.1
論宋代的精舍與書院	張惠芳	華東師大學報	87.1
清末沂州書院簡況	李澤鈞	山東教育史資料	87.1
蒲坂古郡書院多——永濟縣歷代書院	永濟縣教育志編寫小組	山西教育史志資料	87.1
福州四大書院述略	鄞陳靈	福建省圖書館學會通訊	87.2
范仲庵與應天書院	養　拙	商丘師專學報	87.2
湛江地區書院的興廢及其特點	程永年	雷州師專學報	87.2
竇克勒與朱陽書院	王樹林	商丘師專學報	87.3
書院教學制度與討論教學方法	鄭　禮	高等教育研究	87.3
求是書院在我國近代教育史上的地位及其辦學經驗	萬　佳等	杭州師院學報	87.3
試論我國傳統教育的揚棄——兼談古代書院的教風與學風	吳翼鑒	九江師專學報	87.4
城南書院述略	李行之	長沙史志通訊	87.4
濟南的書院	陳善從等	山東教育史志資料	87.4
曹州重華書院簡介	荷澤地區教育志	山東教育史志	87.4

雲南書院及其向學校的轉化過渡	劉光智	雲南師大學報	85.2
南昌東湖書院考述	李才棟	南昌師專學報	85.2
古代書院藏書概述	楊建東	四川圖書館學報	85.5
安徽書院考	張雨青	安徽史學	85.5
我國書院藏書漫談	徐　文	圖書館雜誌	85.3
書院的起源與宋代書院的發展	李才棟	華東師大學報	85.3
唐代的書院制度	吳曉明	上海師大學報	85.3
我國古代書院的特點和研究書院的價值	李才棟	教育研究	85.10
我國古代的書院院長	劉重來	百科知識	85.11
白鹿洞書院考略	李才棟	江西教育學院學刊	85（專刊）
南京書院述略	俞潤生	南京師大學報	85.4
五華、經正、育材書院考略	肇　予	雲南教育學院學報	85.4
東明書院考述	汪根年等	浙江師大學報	86
奉新古代書院史略	徐冰雲	教育評論	86.1
北宋時期泰山書院說略	劉文仲	泰安師專學報	86.1
略論我國古代書院的教學特點	余永德	安徽師大學報	86.2
昭通地區歷史上的書院及義學	溫梁華	昭通師專學報	86.2
楊簡學行與慈湖書院	胡繩繫	寧波師院學報	86.2
中國古代書院教學的傳統及其現實意義	車樹實	教育叢刊	86.2
朱熹的書院教育與禮教思想	蔡尙思	江西教育學院學刊	86.2
關於書院研究的通訊五則	李才棟	江西教育學院學刊	86.2
可資借鑒的書院教學論	陳　璇	西北師院學報	86.3
南宋書院的教學與教育流派	周德昌	上饒師專學報	86.3（增刊）

關於白鹿洞書院史實的若干質疑	李才棟	江西教育學院學刊	83.1
宋代的學校制度與書院	關履權	《兩宋史論》（中州書畫社）	83.5
關於朱熹興復白鹿洞書院的芻議	李才棟	江西教育學院學刊	83
古代書院的“講會”制度	王炳照	光明日報	83.8.26
宋代的書院	泉　蓉	河南教育	83.10
福州鶴齡英華書院概況	陳懷楨	福州文史資料選輯(二)	83.12
中國古代的書院述要	朱志經	黃石師院學報	83
白鹿洞書院能稱是北宋四大書院之一嗎：北宋時期白鹿洞書院規模證實	李才棟	江西教育學院學刊	84.1
宋、元、明、的廣西書院	陳家經	玉林師專學報	84.1
《白鹿書院志》考	李才棟	九江師專學報	84.1
元代書院考略	王　頲	中國史研究	84.1
東林書院和東林黨	瞿林東	文史知識	84.11
徐州古代書院	吳書錦	徐州師院學報	84.4
上海格致書院述評	霍益評	華東師大學報	84.4
揚州書院史話	徐祥玲等	揚州師院學報	85.1
我國古代書院的三個特點	閻國華	光明日報	85.3.1
我國書院的產生發展及其歷史意義	劉　平	長春師院學報	85.1
白鹿洞書院編年稿（選載）	李才棟	江西教育學院學刊	85.1

宋代書院教育之成因	邱兆偉	臺北・教育輔導	67.2-17
東林書院之剛毅樸實學風	卓順揚	臺北・讀史札記	68.4
宋明新儒與書院之發展	楊國賜	臺北・中國文化大學創新月刊	70.12.19-6
宋代書院制度	孫彥明	臺北・女師專學報	72.8-2
宋代書院的新研究（上、下）	費海璣	臺北・學園	73.1、2-8:3、4
論宋代書院制度之產生及其影響	葉鴻洒	臺北・國立編譯館館刊	73.12-2:3
宋代書院教育之特色及其組織	葉鴻洒	臺北・淡江學報	77.9-15
中國古代書院的學風	楊榮春	華南師院學報	79-1
從東林書院說到東林學派	張正藩	臺北・反攻雜誌	79.9-424
廬山的白鹿洞書院	李國强	江西教育	80.1
書院制度簡論	陳元暉等	北京師大學報	80.5
中國古代的書院	陳元暉等	百科知識	80.1
關於嵩陽書院	劉文麟	鄭州師專學報	81.1
清代福州的書院	薩伯森	福州歷史與文物	81.1
淺談清代蘭州的書院	蔣制心等	蘭州學刊	81.1
鵝湖書院與鵝湖之會	阮志高	爭鳴	81.3
吉安白鷺洲書院	王澤民等	江西教育	81.7
宜春昌黎書院	易自歧	江西教育	81.12
東林書院和明末東林黨	秦壽容	江蘇教育	82.1
唐至北宋的江西書院——江西書院史略稿之一	李才棟	江西教育學院學刊	82.2
王守仁與敷文書院	昭　民	廣西教育	82.3
奉新華林書院	謝先模等	江西教育	82.8

學海堂考	容肇祖	嶺南學報	34.6-3:4
紫陽書院沿革考	吳景賢	學風	34.9-4:7
書院生徒考	班補闋	女師學院期刊	35.1-3:1
宋代書院的興起	張天量	大公報・史地周刊	35.4.12-30
明代的書院制度	梁甌第	現代史學	35.10-2:4
學海堂述略	古公愚	新民月刊	35.12-1:7、8
書院制度之精神與學海書院之設立	張君勱	新民月刊	35.12-1:7、8
河北省書院志初稿	王蘭蔭	師大月刊	36.2.9-25:29
宋代的書院制度	梁甌第	社會研究季刊	36.3-1:1
詁經精舍志初稿	張　崟	文瀾學報	36.3-2:1
龍溪書院考略	鄭師許	嶙南學報	35.4-4:1
歙縣之飛布書院與師山書院	鄭浩然	學風	36.5-6:3
山東省書院志初稿	王蘭蔭	師大月刊	36.9-29
明朝之學校	喬介林	師大月刊	30.10-30
明代國子監制度考略	于　登	金陵學報	36.11-6:2
兩宋書院制度	傅順時	之江期刊	37.1-1:7
近代書院學校制度變遷考	謝國楨	張菊生先生七十生日紀念論文集	37.1
元代書院制度	梁甌第	現代史學	37.4-3:2
洋川毓文曾院考	吳景賢	學風	37.5-7:4
白鹿洞書院之研究	俞敏良	協大藝文	38.12-9
五代時之書院	錢　穆	責善半月刊	41.12-2:18
廣西宋元明書院紀略	雷　晨	廣西省通志館館刊	48.4-2
白鹿洞書院	熊　躍	江西日報	62.3.24
南宋書院新考	費海璣	臺北・現代學院	65.2-1:11

附錄五

有關古代書院的研究論文

書院史略	陳東原	學風	1:9
書院制的歷史與精神	胡　適	教育與人生	23.12-9
書院制史略	胡　適	東方雜誌	24.2-21:3
宋元書院講學制	盛朗西	史地學報	25-3:6
		民鐸雜誌	25-6:1
盧山白鹿洞書院沿革考（上、下）	陳東原	民鐸雜誌	26.1-7:1 26.2-7:2
書院通徵	王鏡第	國學論叢	27.6-1:1
明季杭州讀書社考	朱　倓	國學季刊	29.12-2:2
宋元明書院概況（１—３）	曹松葉	語歷所周刊	29.12；30.1-10:111、112、113
明季毀書院考	班書閣	睿湖	30.10-2
江蘇書院志初稿	柳詒徵	江蘇國學圖書館年刊	31.8-4
安徽書院沿革考	吳景賢	學風	32-2:8
安徽書院志	吳景賢	學風	32-2:4至8
書院制度之研究	周書聆	師大學刊	32.11-1
清代書院風氣之變遷	陳東原	學風	33-3:5
書院興廢考	班書閣	女師學院期刊	33.12-2:1
書院掌故考	班書閣	女師學院期刊	33.7-1:2